权威·前沿·原创

皮书系列为
“十二五”国家重点图书出版规划项目

2012国家社会科学基金首批重大招标项目“国际传播发展新趋势与加快构建现代传播体系”，编号：12&ZD017
教育部人文社会科学重点研究基地重大项目“基于广播电视与新媒体的中国国际传播力建设研究”，编号：12JJD860003
中国传媒大学协同创新中心出品

全球传媒蓝皮书
BLUE BOOK OF GLOBAL MEDIA

全球传媒发展报告（2015）

ANNUAL REPORT ON THE DEVELOPMENT OF GLOBAL MEDIA (2015)

主　编／胡正荣　李继东　唐晓芬

社会科学文献出版社
SOCIAL SCIENCES ACADEMIC PRESS (CHINA)

图书在版编目（CIP）数据

全球传媒发展报告. 2015/胡正荣，李继东，唐晓芬主编. —北京：社会科学文献出版社，2015. 11
（全球传媒蓝皮书）
ISBN 978－7－5097－8314－6

Ⅰ. ①全… Ⅱ. ①胡… ②李… ③唐… Ⅲ. ①传播媒介－产业发展－研究报告－世界－2015 Ⅳ. ①G219. 1

中国版本图书馆 CIP 数据核字（2015）第 258654 号

全球传媒蓝皮书
全球传媒发展报告（2015）

主　　编／胡正荣　李继东　唐晓芬

出 版 人／谢寿光
项目统筹／蔡继辉　任文武
责任编辑／高　启　王　颉

出　　版／社会科学文献出版社 · 皮书出版分社（010）59367127
　　　　　地址：北京市北三环中路甲 29 号院华龙大厦　邮编：100029
　　　　　网址：www. ssap. com. cn
发　　行／市场营销中心（010）59367081　59367090
　　　　　读者服务中心（010）59367028
印　　装／北京季蜂印刷有限公司

规　　格／开 本：787mm × 1092mm　1/16
　　　　　印 张：17. 75　字 数：269 千字
版　　次／2015 年 11 月第 1 版　2015 年 11 月第 1 次印刷
书　　号／ISBN 978－7－5097－8314－6
定　　价／79. 00 元

皮书序列号／B－2011－206

《全球传媒发展报告》课题组

课题组组长 胡正荣　李继东　唐晓芬

课题组成员 （以姓氏笔画为序）

于啸月　王雨琼　王润珏　甘　露　龙　耘
刘　昶　刘　斌　刘奕奕　孙鹿童　李承恩
吴敏苏　陆　娟　杭　敏　张　磊　周　亭
周　菁　周玲玉　段　鹏　段茹佳　唐志成
姬德强　Savyasaachi Jain

主要编撰者简介

胡正荣 教授、博士生导师，中国传媒大学副校长、教育部人文社科重点研究基地——中国传媒大学广播电视研究中心主任。兼任国务院学位委员会新闻传播学评议组召集人，国家哲学社会科学基金项目评委，2013～2017年教育部新闻传播学类专业教学指导委员会主任委员，国家留学基金管理委员会评审会委员等职。主要研究领域为传播学理论、媒介政策与制度、传播政治经济学、新媒介与国际传播等。讲授课程有新闻传播学理论研究、传播学、媒介研究等。主持“传播学”国家级精品课、国家级教学团队和中国传媒大学“发展中国家国际传播硕士项目”；国家社科基金重大招标项目1项，国家级、省部级和大型横向科研项目40余项。出版著作数10部，中英文论文230余篇，发表成果近300万字。曾任美国哈佛大学肯尼迪政府学院客座研究员（2005）、英国威敏大学勒沃霍姆访问教授（2006）、英国威敏大学荣誉博士（2011）。应邀在IAMCR等多个国际顶级传播学会会议上发表主旨演讲。兼任新加坡*Media Asia*、韩国*Journal of Communication Research*、英国*Global Media and Communication*、香港《传播与社会学刊》和《现代传播》等国内外期刊编委以及亚洲媒介信息与传播中心（AMIC）顾问委员。2000年列为教育部“跨世纪优秀人才”，2001年获国务院政府特殊津贴，2006年获“新世纪百千万人才工程”国家级人选。

李继东 博士、研究员、硕士生导师，现供职于教育部人文社会科学重点研究基地中国传媒大学广播电视研究中心。担任“全球传媒蓝皮书”“国际传播蓝皮书”执行主编。已发表论文50余篇、专著《中国影视政策创新研究》《英国公共广播政策变迁与问题研究》两部；主编和副主编《中国国际传播发展报告》《北京市文化产业融合及其规制研究》《全球传媒产业发展报告》《世界主要媒体的国际传播战略》《广播影视发展政策》《中国广播电视公共服务体系：目标与实践研究》《21世纪初我国大众传媒发展战略研究》等著作10余部。主持国家社会科学基金项目“我国国际传播话语体系建设的理论创新研究”，参与国家社会科学基金重大项目、国家新闻出版广电总局社会科学重大项目、教育部重点研究基地重大项目以及国新办、文化部、江苏卫视、南京电视台、大连广播电视台和深圳广播电影电视集团等机构委托项目20余项。曾任英国牛津大学社会法研究中心访问学者（2007）、美国明尼苏达大学新闻与大众传播学院访问学者（2009）。获第八届全国广播电视学术著作评选决策管理类一等奖、北京第十和第十一届哲学社会科学优秀成果奖二等奖、北京市宣传系统优秀调研报告（2008）、全国出版社市场营销论坛优秀论文一等奖（2002）等奖励。

唐晓芬 博士，中国传媒大学广播电视研究中心助理研究员，主要研究领域为媒介公共政策、媒介产业、宣传与公共关系、新媒体研究。参与国家社会科学基金项目、教育部重点研究基地重大项目、国家新闻出版广电总局社会科学项目等科研项目的研究。曾任香港城市大学中国大陆新闻传播青年学者访问项目访问学者（2010），入选2013年北京市青年英才项目。

摘 要

《全球传媒发展报告（2015）》围绕“社会化生产与营销”这一主题，共分总报告、国家篇和专题篇三大板块，分析了 2014 ~ 2015 年世界主要国家和地区传媒发展态势。总报告从全球传播业总貌、传播行为、社会化传播和新闻消费四个层次分析了全球信息传播发展态势。国家篇从总体发展概况、行业与市场结构和发展趋势三个层次分别梳理和分析了 2013 ~ 2014 年中国、美国、日本、英国、法国、韩国、俄罗斯和印度等国家和地区的传媒市场发展情况。专题篇则从社会化传播影响的角度讨论了全球视听新媒体、有线电视机顶盒、传统电视转型等问题。

Abstract

"Annual Report on the Development of Global Media (2015)" focus on the theme of "socialized production and marketing," analyzed media development of the world's major countries and regions from the year 2014 to 2015 in three major parts (the general report, the country part and the focus part). The general report analyzed the development of global information and communication from four levels including the overall looks of global communication industry, communication behaviors, socialized communication and news consumption. The country part separately combed and analyzed the development of media market in China, U. S., Japan, UK, France, South Korea, Russia and India from 2013 to 2014 from three levels: general developing situation, industry and market structures and developing trends. The focus part discussed global audio - visual new media, cable TV boxes, transformation of traditional TV and other problems from the perspective of socialized communication and its influence.

目　录

BLUE BOOK

𝔹Ⅰ　总报告

𝔹Ⅱ　国家篇

BⅢ 专题篇

皮书数据库阅读**使用指南**

CONTENTS

ⅠB I General Report

B II Reports on Countries

BⅢ Special Reports

总 报 告

General Report

B.1

用户、连接与网络：2015年全球传媒发展报告

胡正荣　李继东 *

摘　要： 本报告关注了全球传播总貌、传播行为变化、社会化传播和新闻消费四个主题，聚焦于用户、连接和网络三个关键词。总的看来，本年度全球传播业收入继续增长，中国跃居世界第二大传播市场，互联网广告持续大幅增长，而移动互联网已是数字广告的主力。同时，全球传播行为在发生着变革，中国人对传统媒介的使用率最低，移动连接增幅却是最高的；而韩国宽带连接额定速率最高。在社会化传播方面，意大利社交网络的周使用比重最高，18～24岁

* 胡正荣，中国传媒大学副校长，广播电视研究中心主任、教授；李继东，中国传媒大学广播电视研究中心研究员。

的人使用社交网络最多，而且社交网络呈现高集中度。在新闻消费方面，网络已成为人们获取新闻的第一媒体，数字用户的比重已超过传统用户，有66%的智能手机用户通过网络看新闻。

关键词：全球传媒　传播业　传播行为　社会传播　新闻消费

一　全球传播业概貌：结构与类型

1. 中国成为全球第二大传播市场，美国传播业收入位居全球首位

2013 全球传播业总收入 118445 亿元（12050 亿英镑），比 2012 年增长了 2.1%。[①] 其中美国仍位居首位，中国超过日本，首次位居第二位（见图 1）；美国的电信收入达 17723 亿元（1790 亿英镑），仍比其他国家的总和还要多。同样，美国电视、邮政和广播的收入也是遥遥领先。

从人均收入来看，美国也是居首位，为 10334 元，澳大利亚居第二位（9626 元），日本居第三位（9163 元）。中国仅高于尼日利亚和印度，为 935 元，不及俄罗斯和巴西（见图 2）。

2. 电视收入仍保持增幅最大，互联网广告持续保持高速增长

就传播业收入结构而言，全球电信业收入增长仍是最大的，2013 年增长了 180 亿英镑，达 8420 亿英镑；电视收入持续保持增幅最大，为 3.1%，总额达 2540 亿英镑；随后是广播，增幅为 2.7%；邮政则持续下降，为 -0.6%。

从收入类型上看，广告投入整体上保持增长态势，2013 年增幅达 5%，为 302 亿英镑，近 5 年年均增长 6%。据 eMarketer 的统计表明，2014 年全

① 共统计了 18 个国家，包括英国、法国、德国、意大利、美国、日本、澳大利亚、西班牙、荷兰、瑞典、波兰、新加坡、韩国、巴西、俄罗斯、印度、中国和尼日利亚。

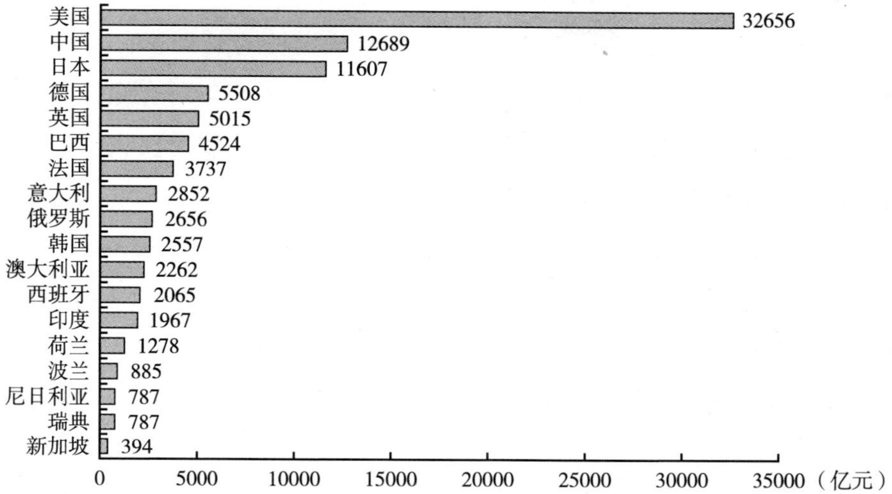

图 1　2013 全球主要国家传播业收入总额

数据来源：PwC，*Global Entertainment and Media Outlook 2014 - 2018*，2014。

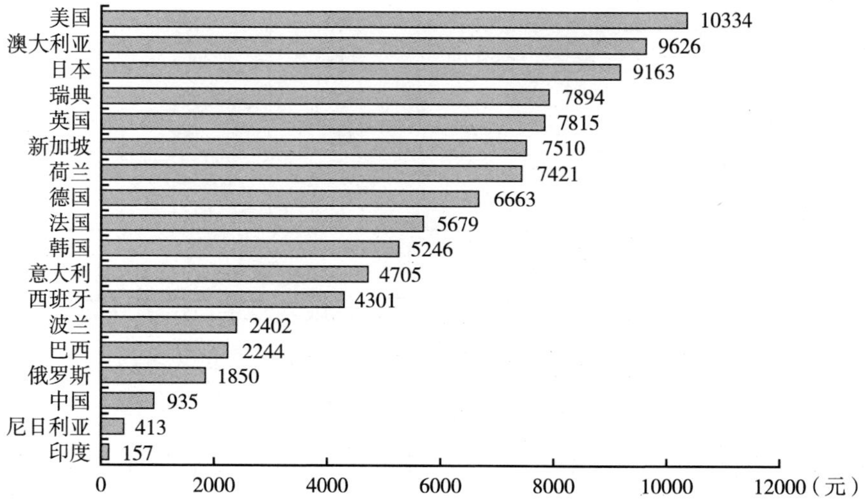

图 2　2013 全球主要国家传播业人均收入

数据来源：PwC，*Global Entertainment and Media Outlook 2014 - 2018*，2014。

球媒体广告投入增幅为6.1%，2015年有小幅下降，为5.7%。[①] 这主要得益于互联网广告，2009～2013年互联网年均增长达17.6%，2013年增幅达17.6%，计7375亿元（合750亿英镑），是近5年所有媒体广告增幅最大的一年，其增长幅度在2011年就超过了报纸，成为仅次于电视的第二大广告投放媒体，而电视等的广告增幅均在10%以下。近5年就年均增长率而言，影院为6.1%、电视为5.6%、户外5.1%、广播3.2%、杂志1.4%；而2013年增幅则均滑到5%以下的有户外4.6%、影院6.3%、广播2.3%、电视2.4%、杂志0.1%；报纸则一直处于下降之中，近五年年均增长率为-1.3%，2013年为-1.2%，计5133亿元（见表1）。

表1　2009～2013年全球主要媒体广告收入情况

单位：亿元

媒体	2009年	2010年	2011年	2012年	2013年
报　纸	5408	5388	5339	5212	5133
杂　志	2222	2301	2360	2350	2350
广　播	1967	2006	2055	2094	2144
电　视	8309	9233	9636	10108	10344
影　院	128	138	148	158	168
户　外	1829	1967	2065	2124	2222
互联网	3687	4395	5369	6273	7375

3. 数字广告占比近30%，移动互联网广告成为数字广告市场的主力

2015全球广告投入预计达到36278亿元（5696.5亿美元），其中数字广告增幅高达18.0%，为10837亿元（1701.7亿美元），占整个广告市场总的29.9%。移动互联网广告已成为数字广告市场的主要推动力，2014年的增幅达122.30%，占数字广告总额的29.4%；2015年增幅有所下降，

① *Total Media Ad Spending Growth Slows Worldwide*, http://www.emarketer.com/Article/Total-Media-Ad-Spending-Growth-Slows-Worldwide/1012981?ecid=NL1007#sthash.qNZcogbL.dpuf.

但占比却提高到 42.30%；2016 年占比将过半，预计 2018 年将达 66.2%（见表 2）。①

表 2 全球移动互联网广告变化

单位：亿元，%

指标	2014 年	2015 年	2016 年
总额	3333.9	4589.1	6684.4
增幅	122.3	37.6	45.7
占数字广告比重	29.4	42.3	52.9

二 全球传播行为：使用与连接

1. 传统媒体使用行为持续减少，中国人对传统媒介使用度最低

与 2013 年同期调查数据相比，2014 年主要国家看电视、听广播、读报纸以及通过邮局发物品等的人数在整体上继续呈下降趋势，而用手机、上网的人数则在增长。其中，中国人看电视、听广播、用固定电话和通过邮局发物品等传统媒介使用行为的比重是最低的，而读全国性报纸的比重要比美国高些，读地方性报纸则是倒数第三位；而移动上网则高达 51%，居首位，用手机、固网上网也名列前茅。从这个角度来看，中国人更喜欢新媒介。西班牙人、意大利人和德国人看电视的比重最高，德国人、意大利人和法国人听广播的比重最大。从整体上看，电视仍是各国人们日常最普遍的传播行为，其次是用手机和上网（见表 3）。

2. 中国移动连接增幅最大，美国固话连接降幅最大

从整体上看，固话连接呈下降趋势，而移动连接呈增长势头。自 2008 年以来美国固话下降幅度最大，中国移动连接增幅最大。无论固话连接还是

① *Total Media Ad Spending Growth Slows Worldwide*, http://www.emarketer.com/Article/Total-Media-Ad-Spending-Growth-Slows-Worldwide/1012981? ecid = NL1007 # sthash.qNZcogbL.dpuf.

表 3　世界主要国家日常媒介使用行为情况

单位：%

国　家	看电视	听广播	读全国性报纸	读地方性报纸	用手机	用固话	固网上网	移动上网	通过邮局发物品
英　国	88	64	44	36	82	60	82	28	28
法　国	88	73	32	45	82	66	84	27	34
德　国	90	75	33	60	85	81	79	28	40
意大利	90	74	58	54	91	62	68	47	27
美　国	85	63	20	48	70	47	66	19	26
日　本	88	40	43	25	81	41	56	16	18
奥地利	89	63	38	51	84	52	75	32	26
西班牙	91	72	54	51	90	75	78	44	15
中　国	79	28	32	45	82	27	76	51	12

数据来源：Ofcom，*Consumer Research*，2014。

移动连接，中国百人拥有的部数在主要国家中都是最低的，分别为 20 部和 91 部，法国固话拥有量最多，英国次之，德国和日本并列第三（见图 3）。除了中国，其他主要国家百人移动连接都超过了百部，其中意大利最多，达 159 部/百人，其次是德国，英国为第三（见图 4）。从增降幅度上来看，在固定电话连接方面美国降幅最大，其次是中国和澳大利亚，第三位是意大利

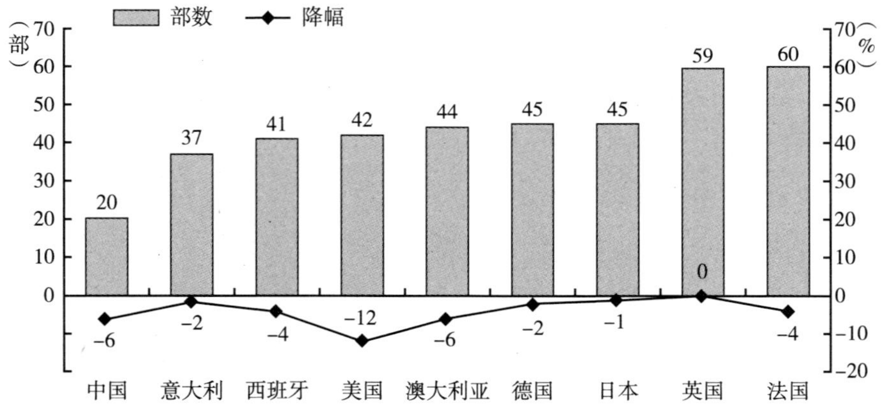

图 3　2013 年世界主要国家百人固定电话连接情况

数据来源：Ofcom，*Industry Data*。

和德国；在移动连接方面，中国增幅最大，其次是日本和法国，第三位是澳大利亚。

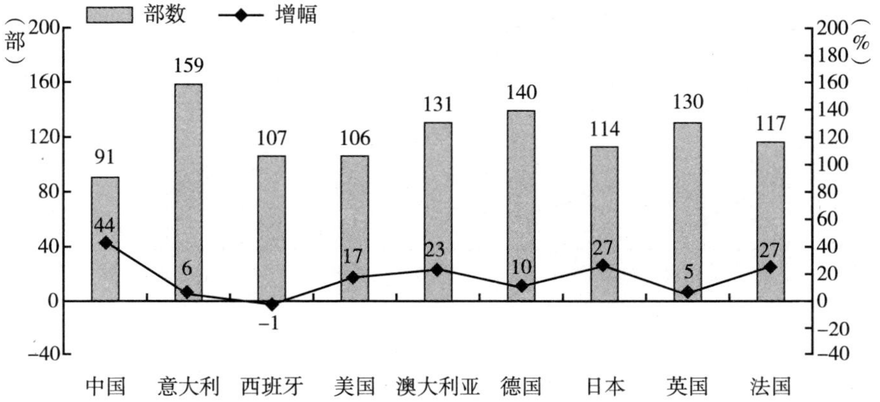

图4　2013年世界主要国家百人移动连接情况

数据来源：Ofcom，*Industry Data*。

3. 中国百人宽带连接数最低，韩国宽带连接额定传输速率最高

就固网宽带连接整体情况而言，在所比较的国家中，中国每百人宽带连接数最低（15），法国最高（38），其次是英国（36），第三是日本（35）（见图5）。而从额定传输速率（headline speeds）来看，100Mbit/s以上占比最大的是韩国（57%），其次是日本（54%），第三是新加坡（37%）；2Mbit/s以下占比最大的国家是尼日利亚（98%），其次是印度（50%），第三是巴西（40%）；如果将达到8Mbit/s以上合并计算的话，韩国则达到了100%，随后是新加坡（98%）、日本（97%）、法国（91%）（见表4）。

4. 中国人的个人终端百人使用量最高，笔记本电脑拥有量最高

Ofcom的网络调查发现，除了数字广播外，中国人使用智能手机等个人信息终端的比重均居于首位（见表5）。就平均水平而言，笔记本电脑（78%）和智能手机（68%）在主要国家中是拥有量最高的两个终端，数字广播最低（12%）。

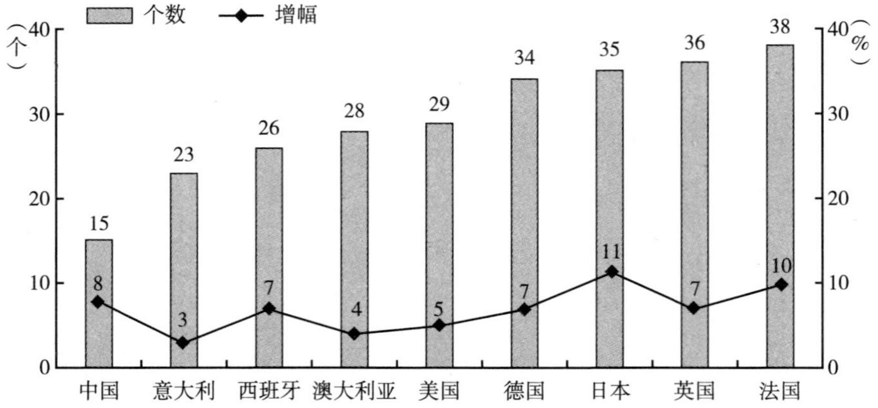

图5　2013年世界主要国家百人宽带连接情况

数据来源：Ofcom，*Industry Data*。

表4　2013年世界主要国家宽带连接额定网速情况

国　家	≤2Mbit/s	>2Mbit/s ≤8Mbit/s	>8Mbit/s ≤30Mbit/s	>30Mbit/s ≤100Mbit/s	≥100Mbit/s
中　国	4	59	23	12	1
美　国	11	18	38	32	1
日　本	0	3	22	21	54
德　国	6	39	40	13	3
英　国	0	10	65	23	1
巴　西	40	37	15	8	1
法　国	2	8	82	3	6
意大利	2	80	18	1	0
俄罗斯	1	19	36	41	4
韩　国	0	0	14	29	57
澳大利亚	3	34	46	16	1
西班牙	2	40	41	11	6
印　度	50	34	13	3	0
荷　兰	1	31	27	33	9
波　兰	6	35	20	37	2
尼日利亚	98	1	1	0	0
瑞　典	1	25	36	6	31
新加坡	0	2	17	44	37

表 5　世界主要国家个人信息终端百人拥有量

单位：%

国　家	智能手机	平板电脑	笔记本电脑	台式电脑	数字广播
中　国	80	60	84	82	13
美　国	50	38	71	65	5
西班牙	77	59	82	74	13
日　本	77	28	79	58	4
法　国	57	42	75	66	6
英　国	63	46	76	54	31
澳大利亚	69	51	81	64	17
德　国	62	37	78	66	9
意大利	76	54	79	67	—

数据来源：Ofcom，*Consumer Research*，2014。

5. 近5年，中国电视数字化增幅最大，高清电视在主要国家的家庭拥有量相对最高

截至 2013 年，在所比较的国家中，大部分已完成了电视数字化转型，其中英国、意大利、日本和奥地利都实现了 100% 电视数字化，而美国、法国、西班牙均达 95% 以上；数字化程度最低的是德国，其次是中国。从增幅上看，中国最快，其次是意大利（见图 6）。中国付费电视持续增长，平

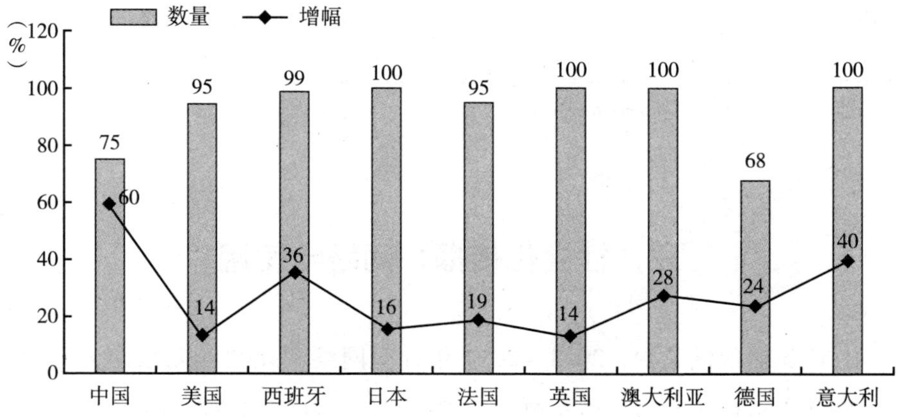

图 6　2013 年世界主要国家数字电视覆盖情况

数据来源：Ofcom，*Industry Data*。

均67%的家庭有付费电视，比2012年上升了2%，金砖国家是增长的主力，从2012年的63%增长到66%。

总体来看，人们对DVR、高清电视、VOD、智能电视和3D TV的拥有量并不高，被调研的国家平均拥有量不超过30%。其中，美国家庭在DVR、高清电视、VOD的拥有量居首位，中国家庭的智能电视拥有量最多，3DTV拥有量最多的则是澳大利亚。在这些设备中，高清电视是拥有量是最高的，从整体上看，日本、中国和法国视听设备的拥有量最低（见表6）。

表6　世界主要国家家庭视听设备拥有量

单位：%

国　家	DVR	高清电视	VOD	智能电视	3D TV
中　国	14	37	14	34	13
美　国	38	66	28	14	8
西班牙	24	61	8	21	14
日　本	22	27	8	16	6
法　国	14	40	18	12	8
英　国	30	63	22	22	9
澳大利亚	31	67	7	27	18
德　国	25	48	10	26	17
意大利	31	56	15	25	15

数据来源：Ofcom，*Consumer Research*，2014。

三　社会化传播：网络与使用

在所调研的国家中，2013～2014年社交网络和在线新闻是两大最为普遍的智能手机使用行为，而在奥地利手机银行比在线阅读更普遍。

1. 社交网络周使用比重意大利最高，日本最低

从社交网络的周使用率来看，意大利人的使用比重最高，其次是西班

牙，而日本人的使用比重最低，随后是德国。大部分国家社交网络的周使用比重在增长，而英国、美国、中国和日本却在下降（见图7）。

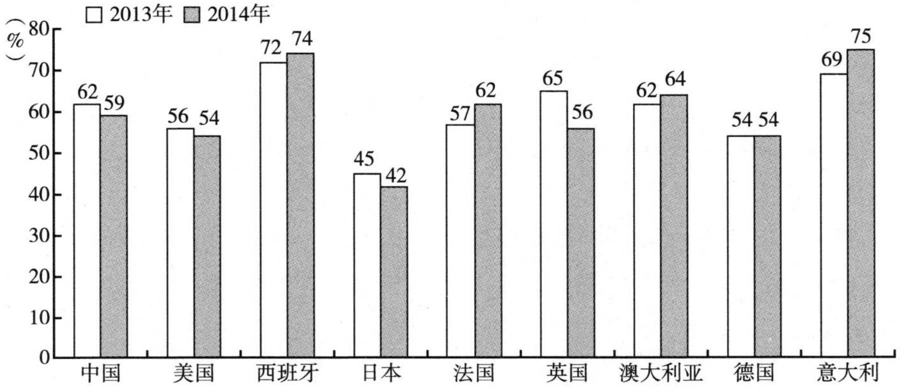

图7 世界主要国家社交网络周使用率

数据来源：Ofcom，*Consumer Research*，2014。

2. 18～24岁使用社交网络的人最多，脸书成为西方使用率最高的社交网络

从年龄来看，社交网络的使用率与年龄成反比，年龄越大的人群使用比重越低，18～24岁使用社交网络的人最多，总平均达72%；55～64岁使用的最少，总平均也超过一半（51%）。不过，各国家之间有一定的差异，中国社交网络使用比重最大的人群集中在25～34岁，比重较前一个年龄段高出2个百分点（见表7）。

表7 世界部分国家不同年龄段社交网络使用情况

单位：%

国家	18～24岁	25～34岁	35～44岁	45～54岁	55～64岁
中国	60	62	52	55	47
美国	62	58	57	51	51
西班牙	82	76	71	73	70
日本	56	47	48	37	33

续表

国家	18~24岁	25~34岁	35~44岁	45~54岁	55~64岁
法国	81	71	65	54	52
英国	74	66	55	49	44
澳大利亚	80	71	63	59	54
德国	72	62	53	49	46
意大利	80	79	74	74	65

数据来源：Ofcom，*Consumer Research*，2014。

脸书是西方主要国家使用率最高的社交网络，对其使用均在六成以上；而推特只有日本使用率在30%，其他如领英和谷歌的比重均没有超过30%（见表8）。

表8　一些国家主要社交网络使用情况

单位：%

国家	脸书	推特	领英	谷歌
美国	70	20	24	21
西班牙	70	26	15	22
日本	25	30	2	9
法国	66	13	13	17
英国	68	25	20	20
澳大利亚	60	12	24	14
德国	60	9	7	19
意大利	71	9	12	17

数据来源：comScore MMX，*Home and Work Panel*，2014。

3. 社交网络呈现高集中度，通过推特获取新闻的人占比最高

通过对12个国家的调查发现，2015年在社交网络上搜索、阅读、讨论和看新闻的人口比重都在上升，其中使用脸书、You Tube和推特网站的居前三位，其总和占70%，谷歌等10家所占比重均不足10%，Pinterest等6家仅各占1%（见图8）。18~24岁年龄群体周使用脸书的比重高达52%，You Tube为20%，推特为18%，共占比达90%，足见社交网络集中度之高。①

① Reuters Institute for the Study of Journalism，Oxford University，*Digital News Report*，2015.

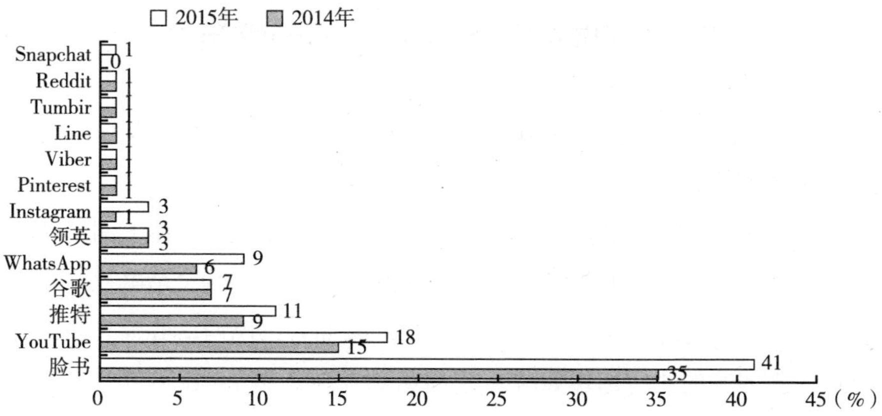

图8　2014～2015年12个国家的受访者通过社交网络获取新闻比重

数据来源：Reuters Institute for the Study of Journalism，Oxford University，*Digital News Report*，2015。

尽管脸书的用户量是最大的，但推特在作为重要的新闻获取渠道方面占比最高，为62%（见图9），也就是说在新闻功能上推特更胜一筹。

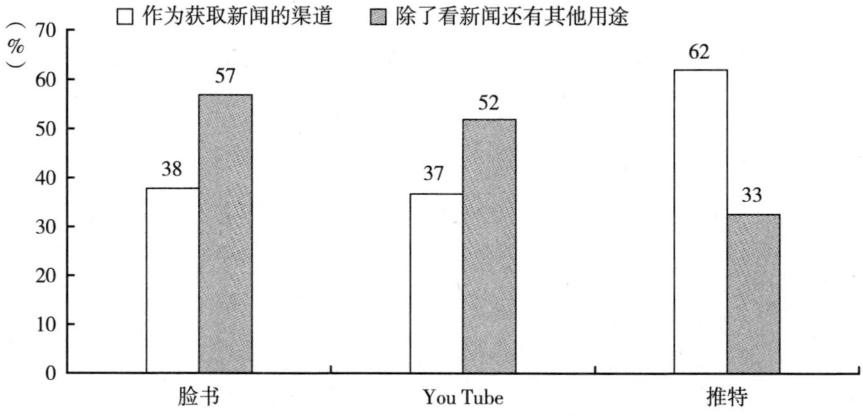

图9　受访者对社交网络新闻的态度

数据来源：Reuters Institute for the Study of Journalism，Oxford University，*Digital News Report*，2015。

四 新闻消费：数字用户与传统用户①

1. 网络已成为人们获取新闻的第一媒体，35岁以下的人群视网络为最具价值的新闻平台

通过对12个国家受访者获取新闻源的比重调研发现，整体上网络（含社交网络）已成为第一新闻来源媒体，平均比重达79%，其次是电视（76%），而报纸和广播占比均在37%左右。具体到国家而言，巴西、芬兰和西班牙将网络作为新闻源的比重超过86%，最高达91%（巴西）；比重低的分别是德国（60%）、日本（70%）和法国（71%）。德国、西班牙和巴西将电视作为新闻源的比重居前三位，分别为82%、82%、81%；低的分别是美国（64%）、澳大利亚（72%）和日本（73%）。而将广播作为新闻源比重高的分别是德国、爱尔兰和丹麦，均为50%，远不及网络和电视；将报纸视为新闻源比重高的分别是爱尔兰、芬兰和西班牙，也不足一半（见表9）。

表9 世界主要国家获取新闻的媒体比重

单位：%

	电视	广播	报纸	网络
爱尔兰	76	50	49	83
丹麦	75	50	33	85
芬兰	75	45	49	90
西班牙	82	40	47	86
澳大利亚	72	41	39	85
意大利	78	23	38	81
法国	80	28	19	71
巴西	81	39	33	91
英国	75	37	38	73
德国	82	50	38	60
日本	73	17	44	70
美国	64	26	23	74

数据来源：Reuters Institute for the Study of Journalism, Oxford University, *Digital News Report*, 2015。

① 本报告将网络、社交媒体和手机等新兴媒体用户均视为数字用户，而将纸质报纸、广播、电视的受众视为传统用户。数字用户也有使用传统媒体的，但主要还是使用新兴媒体。

从不同新闻平台的价值来看，电视在整体上仍是最具价值的新闻平台，在准确可靠等价值方面均超过了网络和社交媒体（见图 10），网络居第二位；在 35 岁以下的受访者中首选网络，电视在准确可靠、深度和速度上居第二位，社交媒体在“新鲜”方面超过电视，仅次于网络（见图 11）。

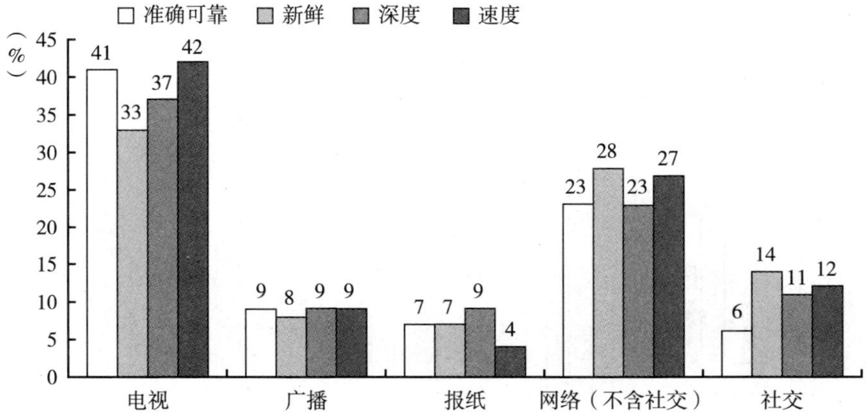

图 10　所有年龄段对不同新闻平台的价值认可度比较

数据来源：Reuters Institute for the Study of Journalism，Oxford University，*Digital News Report*，2015。

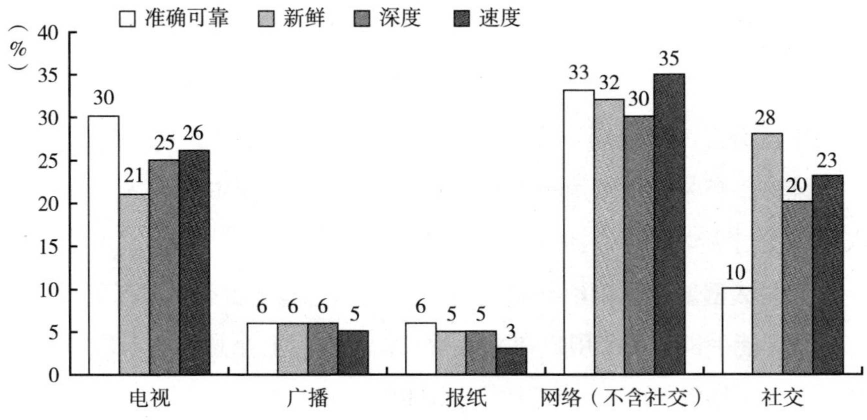

图 11　35 岁以下受访者对不同新闻平台的价值认可度比较

数据来源：Reuters Institute for the Study of Journalism，Oxford University，*Digital News Report*，2015。

2. 数字用户的比重已超过传统用户，传统用户呈现出“老穷低”的特征

除法国和德国之外，其他国家的数字新闻用户比重均高于传统用户，其中，巴西（城市居民）数字用户比重最高，其次是芬兰，第三是丹麦（见图 12）。从 12 个国家的平均值看，数字用户比重（40%）也高于传统用户（25%）。

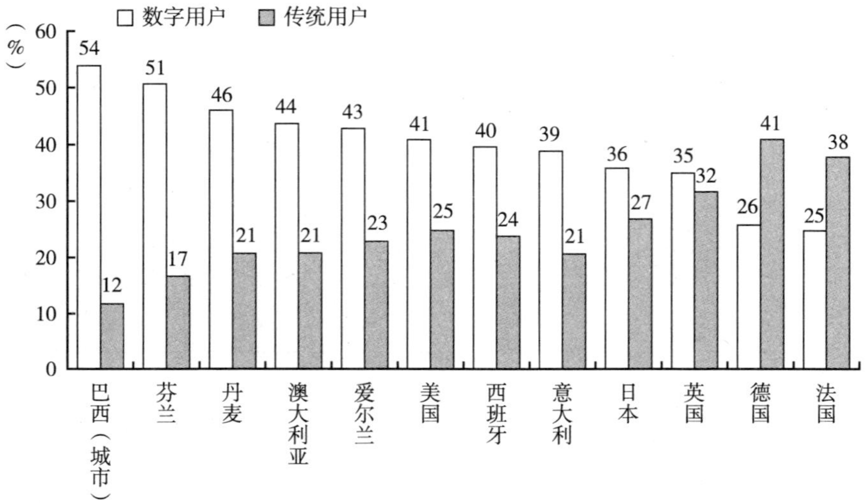

图 12　数字用户和传统用户比较

数据来源：Reuters Institute for the Study of Journalism, Oxford University, *Digital News Report*, 2015。

相比较而言，传统用户多为年龄大、收入低、教育程度低的人群和女性。据统计，45% 的传统用户在 55 岁以上，81% 的为中低收入人群，72% 的人没有受过大学教育或拥有学位，58% 的人是女性。①

3. 芬兰人最愿意为网络新闻付费，66%的智能手机用户看新闻

尽管智能手机等数字用户在大幅增长，但实际上愿意付费获取新闻的比重并不高（平均仅 10%），买报纸读新闻的比重并不低（平均达 46%）。其中，日本最高，达 61%，有 73% 是 55 岁以上的人群；第二是巴西，第三是爱

① Reuters Institute for the Study of Journalism, Oxford University, *Digital News Report*, 2015.

尔兰；丹麦、澳大利亚和美国最低（见图 13），而且美国 35 岁以下的在一周内购买报纸的只有 24%。最愿意为网络新闻付费的是芬兰人，其次是丹麦，第三是意大利，在这方面各国之间的差距没有报纸那么大（见表 10）。

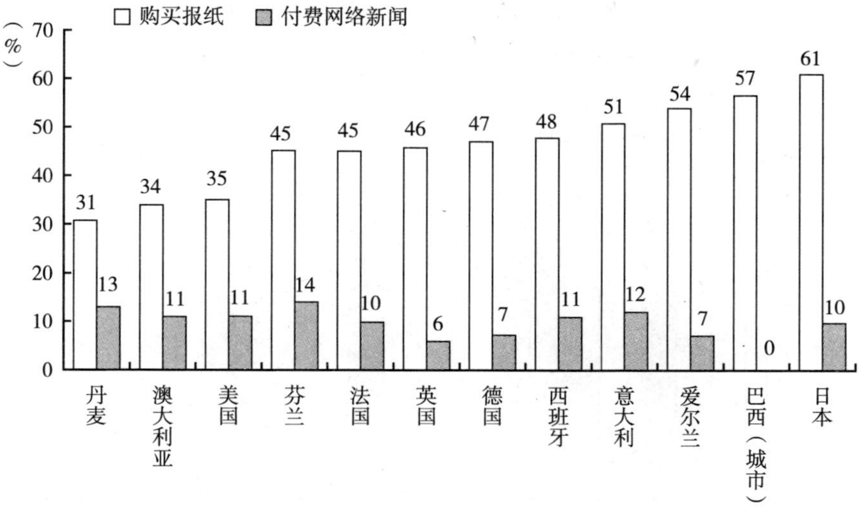

图 13　世界主要国家一周内购买纸质报纸的比重与付费阅读网络新闻的比重比较

数据来源：Reuters Institute for the Study of Journalism，Oxford University，*Digital News Report*，2015。

表 10　世界主要国家获取新闻的数字设备比重

单位：%

国　　家	电脑	智能手机	平板电脑
德　　国	57	34	16
法　　国	58	37	18
英　　国	59	42	31
美　　国	64	44	21
意 大 利	65	44	19
西 班 牙	66	48	24
丹　　麦	67	57	39
澳大利亚	67	59	35
巴西（城市）	71	50	19
爱 尔 兰	74	52	22
芬　　兰	75	50	26
日　　本	78	33	13

数据来源：Reuters Institute for the Study of Journalism，Oxford University，*Digital News Report*，2015。

据统计，2014 年通过智能手机获取新闻的比重显著增长，在比较的 12 个国家中周平均使用率从 2013 年的 37% 增长到了 46%，有 66% 的智能手机用户每周通过智能手机获取新闻。其中，18～24 岁比重最高，其次是 25～34 岁，第三是 35～44 岁；从增幅上看，各年龄段使用智能手机获取新闻的比重都在增长，其中 18～24 岁的增幅是最高的，达 11%（见图 14）。

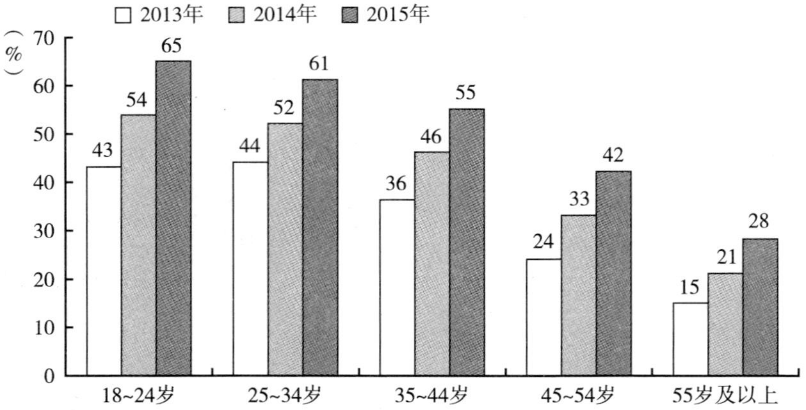

图 14　2013～2015 年各年龄段使用智能手机获取新闻的比重

国家篇

Reports on Countries

BLUE BOOK

B.2

探索与转型：2015年中国传媒产业发展报告

王润珏*

摘　要：2013～2014年，中央网络安全和信息化领导小组正式成立以及《关于推动传统媒体和新兴媒体融合发展的指导意见》的发布是来自国家层面对中国传媒业发展意义深远的两大制度安排，是国家推动信息化发展和传媒业转型思路的集中体现。在产业层面，中国传媒产业整体发展较为平稳，传统媒体领域增速放缓，其中报业各项指标出现明显下滑；新媒体领域继续维持较高的发展速度。总体来看，探索和转型仍然是中国传媒业发展的关键词。

关键词：中国传媒产业　数字化　增长　转型

* 王润珏：博士、主任编辑，中国传媒大学广播电视研究中心。

一　总体发展概述

（一）中央网络安全和信息化领导小组正式成立，政府更加重视互联网安全

2014 年是中国接入国际互联网 20 周年。截至 2013 年末，中国网民规模突破 6 亿人，电子商务交易规模突破 10 亿元。在成为互联网大国的同时，中国也成为受网络攻击的主要受害国，2013 年 12 月 23 ~ 29 日的一周里，境内感染网络病毒的主机数量就达 72 万个。[①] 互联网安全问题已成为关系国家安全和社会经济发展的关键问题。

2014 年 2 月 27 日，中央网络安全和信息化领导小组正式成立，并召开了第一次会议。中共中央总书记、国家主席、中央军委主席习近平亲自担任组长，李克强、刘云山任副组长。中央网络安全和信息化领导小组的正式成立显示出中国最高层在保障网络安全、维护国家利益、推动信息化发展的决心。

（二）《关于推动传统媒体和新兴媒体融合发展的指导意见》发布，媒体融合顶层设计进一步明确

2014 年 8 月，中央全面深化改革领导小组第四次会议审议通过了《关于推动传统媒体和新兴媒体融合发展的指导意见》（以下简称《意见》），提出“整合新闻媒体资源，推动传统媒体和新兴媒体融合发展，是落实中央全面深化改革部署、推进宣传文化领域改革创新的一项重要任务”。《意见》同时提出“着力打造一批形态多样、手段先进、具有竞争力的新型主流媒体，建成几家拥有强大实力和传播力、公信力、影响力的新型媒体集团”的要求和目标。《意见》的正式出台，明确了中央关于传统媒体与新兴媒体

① 国家互联网应急处理协调中心：《网络安全信息与动态周报》，2013 年 12 月 23 ~ 29 日。

融合发展的顶层设计，并将传统媒体与新兴媒体融合发展及新型主流媒体的建构提升至国家战略层面。

（三）传统媒体增长放缓，新兴媒体增长维持高速

在产业层面，传统媒体领域呈现出增速放缓的现象，部分传统媒体甚至出现负增长。2013 年，全国出版、印刷和发行服务业实现营业收入 18246.4 亿元，较 2012 年增长 9.7%，增长幅度下降了 4.5 个百分点。其中，报纸行业各项指标继续出现明显下滑，报纸行业实现营业收入 776.7 亿元，下降 8.9%；利润总额 87.7 亿元，下降 11.7%；43 家报业集团中有 15 家营业利润出现亏损。① 广播电视行业总收入为 3734.88 亿元，较上年增长 14.26%，增长幅度下降了 6.03 个百分点。② 新兴媒体领域则继续维持高速增长。2013 年，数字出版领域实现营业收入 2540.4 亿元，增长 31.3%。2014 年，中国网络广告市场规模达 1540 亿元，同比增长 40.0%。手机网购、手机支付、手机银行等手机商务应用用户规模分别增长 63.5%、73.2% 和 69.2%。

传统媒体增速放缓、新兴媒体高速增长是近年来全球传媒产业发展的共同趋势。中国传媒产业在文化体制改革释放的政策红利推动下经历高速成长阶段后，上述现象日益明显。因此，中国传媒产业需要尽快完成传统媒体的数字化转型和产业格局的调整，以适应数字化和网络化的发展趋势。

（四）全民阅读率有所提升，在线阅读增长明显

2014 年，中国成年国民图书阅读率为 58.0%，数字化阅读方式的接触率为 58.1%，各媒介综合阅读率为 78.6%，较 2013 年分别提高了 0.2 个、8 个和 1.9 个百分点。

---

① 中国新闻出版研究院：《2013 年新闻出版产业分析报告》，2014 年 7 月。

② 国家新闻出版广电总局发展研究中心：《中国广播电影电视发展报告（2014）》，社会科学文献出版社，2014，第 49 页。

在数字化阅读载体接触习惯方面，有49.4%的成年国民进行过在线阅读，51.8%的国民进行过手机阅读。在线阅读和手机阅读是中国国民最为主要的数字化阅读方式，并继续呈现出增长趋势。[①]

二　行业与市场分析

（一）新闻出版业

1. 行业发展进入中速阶段，数字出版继续维持高速

截至2013年，全国共有出版社582家（包括副牌社33家），其中中央级出版社221家（包括副牌社13家），地方出版社361家（包括副牌社20家）。全国新闻出版产业主要经济指标平稳增长，整体增速较2012年有所下降，产业发展进入中速增长阶段。2013年全国出版、印刷和发行服务实现营业收入18246.4亿元，较2012年增长9.7%；利润总额1440.2亿元，同比增长9.3%。[②]

2013年，数字出版领域继续维持高速增长，全年实现营业收入2540.4亿元，增长31.3%（见图1），占全产业营业收入的13.9%，提高了2.3个百分点。其中，新型数字化内容服务增长迅速，在线音乐与网络动漫营业收入增长达150%；但传统出版物的数字化转型步伐相对缓慢，电子书、互联网期刊与数字报纸营业收入增长速度约为7.0%。

2. 传统出版物增速放缓，报纸出版下滑明显

2013年，全国共出版图书、期刊、报纸、音像制品和电子出版物605.78亿册（份、盒、张），较2012年增长0.7%；其中图书83.10亿册、

① 洪玉华：《第十二次全国国民阅读调查结果发布》，国家新闻出版广电总局网站，http://www.gapp.gov.cn/news/1658/249412.shtml，2015年4月21日。

② 国家新闻出版广电总局出版产业发展司：《2013年全国新闻出版业基本情况》；中国新闻出版研究院：《2013年新闻出版产业分析报告》，国家新闻出版广电总局网站，http://www.gapp.gov.cn/govpublic，2014。

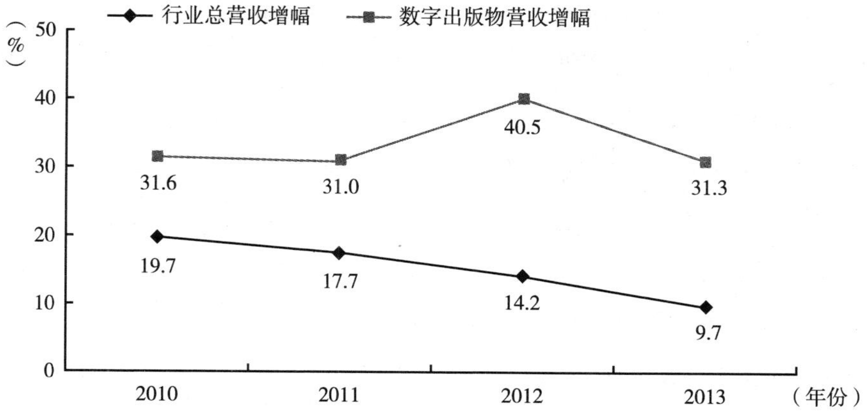

图 1　新闻出版行业营收增幅

期刊 32. 70 亿册、报纸 482. 40 亿份、音像制品 4. 06 亿盒（张）、电子出版物 3. 52 亿张（见图 2）。出版物产品数量结构与 2012 年基本一致。

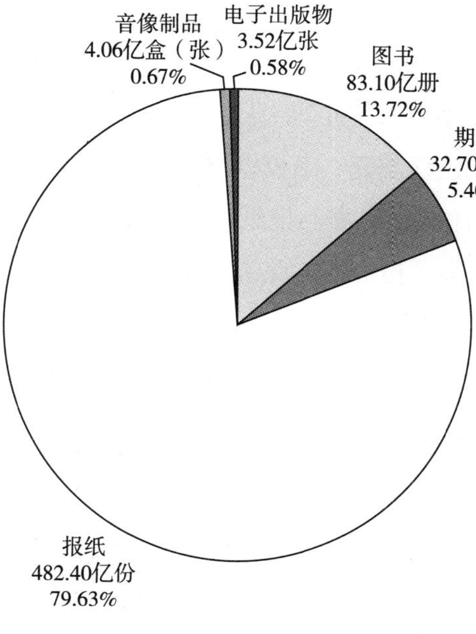

图 2　2013 年中国出版物产品数量结构

2013年，全国共出版图书44.4万种，同比增长7.4%；总印数83.10亿册，同比增长4.87%；图书出版实现营业收入770.8亿元，同比增长6.5%；利润总额118.6亿元，同比增长2.9%。受文化、科学、教育、体育类图书品种增速显著回落影响，图书品种增速回落4.7个百分点。

2013年，全国共出版期刊9877种，同比增长0.10%；总印数32.7亿册，同比下降2.3%；期刊出版实现营业收入222.0亿元，同比增长0.5%。其中，文学艺术类期刊减少0.2亿册，同比下降5.9%；自然科学、技术类期刊减少0.2亿册，同比下降4.6%。动漫期刊在种类维持27种不变的情况下，总印数增长15.52%，是期刊中增幅最大的种类。

值得关注的是，2013年报纸出版的各项数据均出现了明显下滑。2013年，全国共出版报纸1915种，同比下降0.16%；总印数482.4亿份，与2012年基本持平；总印张2097.8亿印张，同比下降5.1%；报纸出版实现营业收入776.7亿元，减少85.7亿元，同比下降9.9%；利润总额87.7亿元，减少11.6亿元，下降11.7%。中国广告协会和央视市场研究（CTR）媒介智讯发布的数据显示，2014年1～11月，累计报纸广告降幅扩大到17.7%，广告资源累计减少了19.4%。①

3. 出版物出口突破1亿美元，版权输出与引进品种比例继续提升

2013年，全国累计出口图书、报纸、期刊、音像制品、电子出版物和数字出版物2387.4万册（份、盒、张），出口金额突破1亿美元大关，达10462.4万美元，同比增长10.4%。

版权输出能力进一步提升，全年共输出版权10401种（其中出版物版权8444种，输出品种结构见图3），增长11.1%；版权出口分布地区为美国1266种、英国731种、德国452种、法国243种、俄罗斯125种、加拿大157种、新加坡532种、日本388种、韩国695种、中国香港1051种、中国澳门143种、中国台湾1899种、其他地区2719种。版权输出品种与引进品种比例继续优化，由2012年的1∶1.9提高至1∶1.7。

① 晋雅芬：《报纸广告在严冬中再遇“寒流”》，《中国新闻出版报》2015年1月16日。

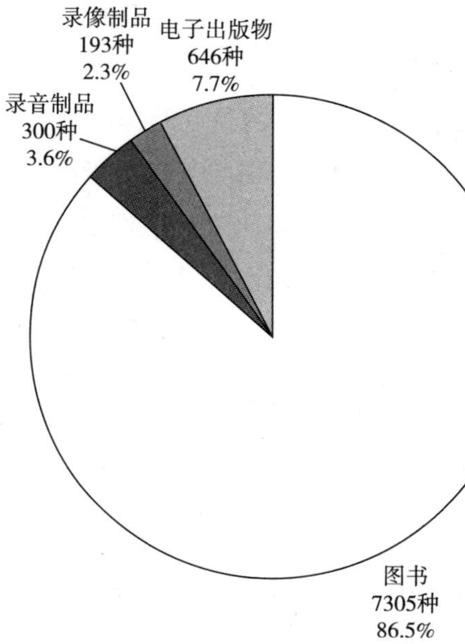

图3　版权输出品种结构

4. “双百亿”出版发行集团增至6家，15家报业集团出现亏损

2013年，出版发行集团经营状况总体较好，其中主营业务收入、资产总额均超过100亿元的“双百亿”集团增至6家，分别为江苏凤凰出版传媒集团有限公司、湖南出版投资控股集团有限公司、安徽出版集团有限责任公司、山东出版集团有限公司、江西省出版集团公司和安徽新华发行（集团）控股有限公司。然而，在发行集团、图书出版集团维持良好增长势头的同时，报业集团却呈现出整体下滑的态势。2013年报业出版集团主营业务收入与利润总额分别下降了14.6%与6.9%，43家报业集团中有15家营业利润出现亏损，较2012年增加3家。

5. 融合发展成为行业转型新趋势，出版史上最大跨国并购圆满收官

2014年与新媒体的融合发展成为新闻出版行业转型的重要趋势。其中具有代表性的案例是人民卫生出版社和时代出版的融合创新尝试。2014年3月29日，人民卫生出版社与北京大学医学部、北京协和医学院、复旦大学医学院等全国182家医学高等院校，成立中国医学教育慕课联盟，共同建设

中国医学教育慕课平台，这也是全球首家医学教育慕课平台。11 月 29 日，首批示范课程正式上线。

2014 年，中国出版业历史上最大的一起跨国并购案圆满完成。2014 年 7 月 16 日，凤凰出版传媒股份有限公司与美国出版国际公司在芝加哥总部举行资产交割仪式。凤凰传媒以 8000 万美元收购美国出版国际公司童书业务及其位于德国、法国、英国、澳大利亚、墨西哥等海外子公司的全部股权和资产，通过并购获得了该公司遍布四大洲 20 多个国家的分销体系，拥有了迪士尼等国际一流品牌的形象授权。

（二）广播电影电视业

1. 行业收入增速放缓，收入结构继续调整

2013 年，广播电视行业总收入继续增长，但增长速度有所放缓。全年广播电视行业总收入为 3734. 88 亿元，较上年增长 14. 26%。从收入构成来看，广告收入在广播电视行业收入结构中所占的比重继续降低，2013 年首次降至 40% 以下，为 37. 44%，有线网络收入占比 20. 21%，其他收入占比达 42. 35%，行业收入结构进一步优化。

值得关注的是，广播电视行业的传统收入来源广告和有线网络收入的增长速度都出现了不同程度的下降，并低于行业总收入增幅。2013 年，广播电视广告收入 1387. 01 亿元，同比增长 9. 19%，增幅下降了 3. 93 个百分点；有线网络收入 754. 91 亿元，同比增长 14. 21%，增幅下降了 3. 03 个百分点（见图 4）。[①]

2. 人均电视收视时长持续下降，收视市场竞争依然激烈

近年来，随着新兴媒体的高速发展，中国电视媒体人均收视时长呈现逐年下降的趋势，2014 年降至 161 分钟，达到了五年来的新低，电视观众的流失已成不可扭转的态势。电视剧、新闻和综艺三大板块仍是电视媒体收视内容主体，其收视量占到节目总收视量的 56. 7%。[②]

① 国家新闻出版广电总局发展研究中心：《中国广播电影电视发展报告（2014）》，社会科学文献出版社，2014，第 49 ~ 54 页。

② 王钦：《2014 年中国电视收视市场回顾》，《现代传播》（中国传媒大学学报）2015 年第 4 期。

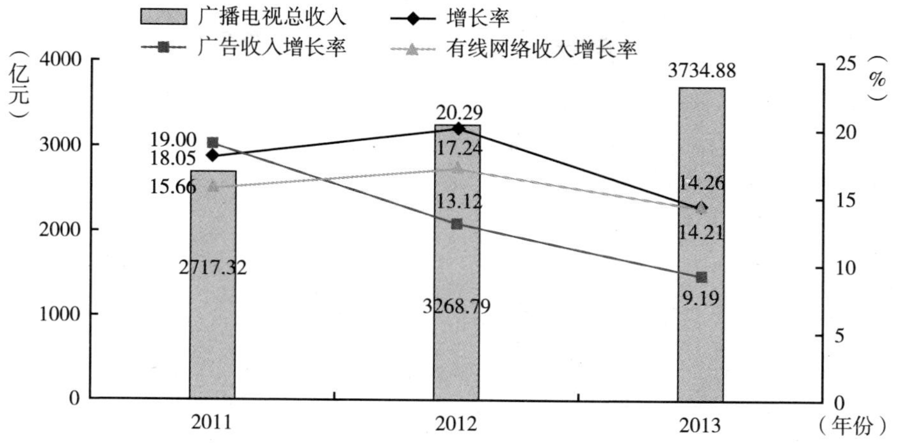

图 4　广播电视行业收入增长情况

在频道竞争方面，省级卫星频道以 32.6% 的份额继续领跑收视市场，中央级频道和省级非卫星频道分别占有 29.5% 和 20.1% 的份额。中央台频道和省卫视频道在电视剧和综艺节目的收视分布相对集中，电视剧对省卫视频道的收视贡献更是达到 43.4%。地面频道则更依赖电视剧和新闻类节目，特别是针对新闻类节目，在省级地面频道以及市级频道的收视贡献率分别是 16.9% 和 24.0%。①

3. 广播电视节目产量稳定，内容生产投入继续增长

2013 年，全国广播电视节目产量总体较为稳定。其中，广播节目总产量 739.12 万小时，同比增长 2.82%；电视节目总产量为 339.78 万小时，同比下降 1.12%。2013 年，全国各类广播电视内容生产投入均呈现增长趋势。其中，电视剧制作领域的总投资为 103.73 亿元，同比增长 27.13%；电视动画制作领域的总投资额为 16.14 亿元，同比增长 65.86%；纪录片生产投入 13.03 亿元，同比增长近 300%。②

2014 年全年全国共计生产完成并获得《国产电视剧发行许可证》的剧

① 王钦：《2014 年电视收视市场回顾》，《现代传播》（中国传媒大学学报）2015 年第 4 期。

② 国家新闻出版广电总局发展研究中心：《中国广播电影电视发展报告（2014）》，社会科学文献出版社，2014，第 68 ~ 70 页。

目共计429部15983集，电视剧产量达到世界第一。然而，中国电视剧生产市场依然呈现分散、弱、小的局面，在2013年有电视剧获准发行的300家制作机构中，只有1部电视剧的制作公司占比高达76.7%，年产6部电视剧以上的制作机构仅占0.3%。①

在节目制作方面，民营制作机构和广播电视机构下属专业节目制作公司开始在广播电视节目制作领域崭露头角。2013年，全国约有20家卫星频道购买播出了民营制作公司制作的节目。例如，中央电视台综合频道就购买了灿星制作的《加油！少年派》《梦想合唱团》以及唯众传媒的《开讲了》。长沙广播电视集团控股的中广天择传媒先后为云南卫视制作了《士兵突击》，为江苏卫视制作了《花样年华》，为东方卫视制作了《大爱东方》，为北京卫视制作了《一起唱吧》，为黑龙江卫视制作了《幸运电梯》。截至2013年12月，中广天择传媒节目供应范围包括全国50余家省台、省会台和300余家地市台。

4. 电影市场发展迅速，海外收入继续回升

2014年，中国电影票房收入增长显著。全年共生产故事影片618部，同比减少20部；全国电影总票房296.39亿元，同比增长36.15%（见图5），其中国产片票房161.55亿元，占总票房的54.51%；全年票房过亿影片共计66部，其中国产影片36部；国产影片海外销售收入继续回升，达18.7亿元，同比增长32.25%（见图6）；全年城市影院观众达到8.3亿人次，同比增长34.52%；全年新增影院1015家，新增银幕5397块，全国银幕总数已达2.36万块。②

5. 有线网络用户达到2.29亿户，中国广电正式挂牌

截至2013年底，全国有线广播电视用户达到2.29亿户，比2012年的2.15亿户增加了1385万户，增幅为6.44%。新增用户主要来自东部地区和

---

① 国家新闻出版广电总局发展研究中心：《中国广播电影电视发展报告（2014）》，社会科学文献出版社，2014，第55～59页。

② 《2014年中国电影票房收入增长显著》，国家新闻出版广电总局网站，http://www.sarft.gov.cn，2015年1月5日。

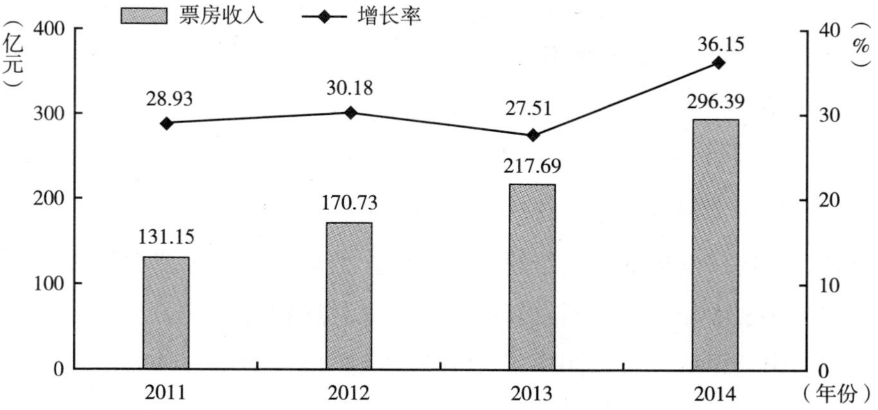

图 5　2011～2014 年中国电影票房及增长率

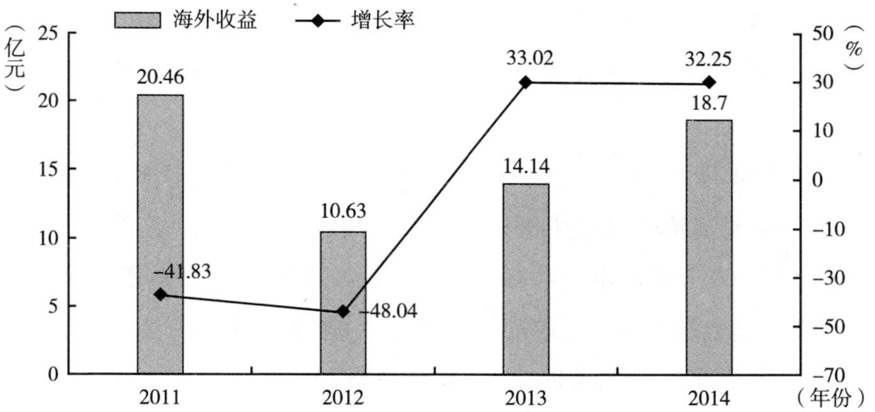

图 6　2011～2014 年中国电影海外收益及增长率

部分中部地区，农村有线电视网络建设的加速带来农村居民用户的明显增加。双向网络覆盖近 9500 万户，占全国有线广播电视用户的 41.5%。2013 年全国有线广播电视网络总收入 754.91 亿元，同比增长 14.21%，增速有所放缓。① 在增值业务方面，全国“DVB + OTT”模式成为市场增值业务拓

① 国家新闻出版广电总局发展研究中心：《中国广播电影电视发展报告（2014）》，社会科学文献出版社，2014，第 79 页。

展的重要途径。湖南有线与快乐阳光合作推出“DVB + OTT”芒果 TV 机顶盒，浙江华数与产业链上下游企业合作推出“DVB + OTT 产业链开放式解决方案”。

2014 年 5 月 28 日，中国广播电视网络有限公司（简称中国广电）正式挂牌成立。作为我国深化文化体制改革、实施“三网融合”战略的一项重大举措，中国广电从筹备到组建历时 4 年，组建方案经过多次修改，直至 2014 年 5 月初，财政部、国家新闻出版广电总局联合印发了《中国广播电视网络有限公司章程》，对中国广电管理体制、主要任务、法人治理结构等事项做出明确规定。根据规划，中国广电将建设全国有线电视网络互联互通平台，推动网络、技术、业务、运营和管理的互联互通，实现骨干网和分配网的物理衔接、网络技术标准的统一、各台节目和各行业内容的跨地区传送、跨域网络业务的统一管理。

6. 4K 超高清技术步入应用期，智能电视操作系统 TVOS1. 0开始规模应用试验

2014 年 4 月 10 日，全球首个 4K UHD（超高清）频道 UMAX 在韩国正式开播，4K 超高清技术在中国广电领域开始步入应用期，广播电视机构、终端设备厂商和互联网企业对 4K 超高清技术的应用和实践也随之提速。例如，江苏广播电视台建设了国内第一辆支持 4K 超高清节目生产的转播车，并在 2015 新年演唱会现场进行了 4K 超高清制作与分发；大连天途有线、江苏有线、歌华有线、浙江华数均推出了 4K 超高清频道；乐视网推出“汪峰 2014 鸟巢演唱会”4K 超高清同步收看，网络付费收看达到 7. 5 万次；4K 超高清电视机终端出货数量明显上升。

2013 年 12 月 26 日，由新闻出版广电总局组织，广播科学院牵头研发的 NGB 智能电视操作系统 TVOS1. 0 通过验收并正式发布。2014 年 6 月，《国家新闻出版广电总局关于大力开展智能电视操作系统 TVOS1. 0 规模应用试验加快推动广播电视终端标准化智能化的通知》，要求各有线电视网络公司大力开展 TVOS1. 0 规模应用试验，进一步完善 TVOS1. 0 及相应智能电视机顶盒的应用。

（三）互联网及新媒体

1. 网民规模增速趋缓，手机带动网民增长作用减弱

截至 2014 年 12 月，中国网民规模达 6.49 亿（见图 7），全年共计新增网民 3117 万人，互联网普及率为 47.9%。手机网民规模达 5.57 亿，较 2013 年底增加 5672 万人，手机网民增速也趋于平缓，手机带动网民增长的作用减弱。[①] 同时，中国互联网络信息中心（CNNIC）发布的数据显示，近年来非网民的上网意愿也持续降低，中国网民规模已由快速增长期整体步入增长平稳期，中国互联网企业将由享受用户规模增长的红利期步入市场深耕阶段。

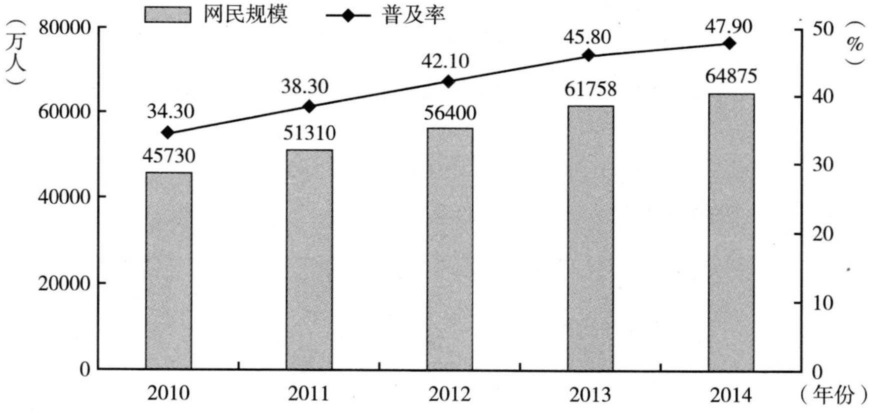

图 7　2010 ~ 2014 年中国网民规模和互联网普及率变化

2. 移动端使用率不断提高，即时通信类应用使用率超过90%

随着移动端的普及和移动互联网资费的下调，各类手机互联网应用使用率呈现快速增长趋势，移动互联网对网民生活的介入程度不断提高。2014 年，中国网民手机商务应用的增长最为突出，手机网购、手机支付、手机银

---

① 中国互联网络信息中心：《第 35 次中国互联网络发展状况统计报告》，中国互联网络信息中心网站，2015 年 2 月 3 日。

行等手机商务应用用户规模年度增幅分别为63.5%、73.2%和69.2%，远超其他手机应用增长幅度；手机旅行预订类应用用户年增长达到194.6%，成为增长最快的移动商务类应用。①

2014年，在各类应用中，即时通信是中国使用率最高的网络应用，使用率高达90.6%。手机所具有的随时、随身的特征使得其在使用即时通信类应用时更具便捷性，成为即时通信应用的第一终端，使用率高达91.2%。同时，越来越多的企业开始将即时通信类应用作为支付、消费等多种应用的入口，其商业化价值不断凸显。

3. 网络广告市场规模持续扩大，增长速度略有放缓

2014年，中国网络广告市场规模达1540亿元，同比增长40.0%，增幅较2013年略有下降（见图8）。其中，移动广告市场规模达296.9亿元，同比增长高达122.1%，远高于网络广告市场的整体增速。移动广告市场规模的高速增长主要源于智能手机的迅速普及、手机网民的增长以及互联网企业对移动端应用的大力推广。②

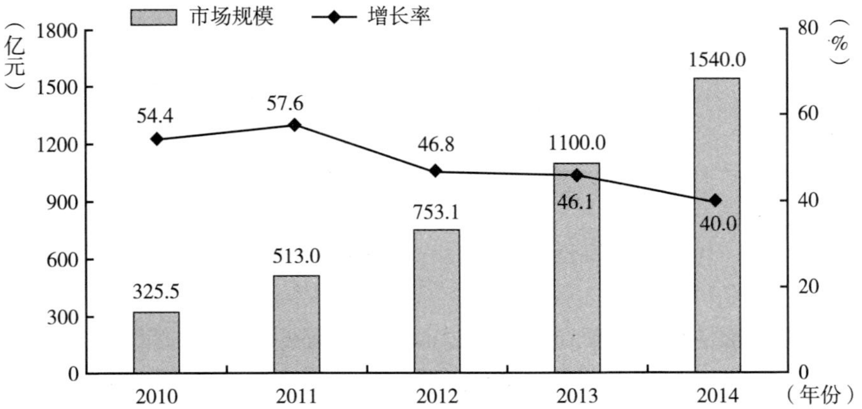

图8　2010～2014年网络广告市场规模变化

① 中国互联网络信息中心：《第35次中国互联网络发展状况统计报告》，中国互联网络信息中心网站，2015年2月3日。

② 艾瑞咨询：《2014年中国网络广告行业年度监测报告》，艾瑞咨询网站，2015年4月1日。

具体而言，搜索关键字广告在网络广告中占比最高，达 28.5%；其次为电商广告，占比为 26.0%；品牌图形广告占比为 21.2%；视频贴片广告保持高速增长，占比为 8.0%。在其他广告类型中，联盟、导航和门户社交媒体中的效果类广告增长较快。

4. 网络视频用户规模达4.33亿户，资本推动行业发展转型

2014 年，中国网络视频用户规模达 4.33 亿户，较上年增长 1.12%，但增长速度大幅放缓，开始步入平稳发展阶段。从行业格局来看，优酷、爱奇艺和腾讯视频仍然是渗透率最高的三大网站。①

总体来看，2014 年中国网络视频市场规模达 239.7 亿元，同比增长 76.4%。广告仍是最主要的赢利模式，广告市场规模占整体市场规模的比重为 63.4%，较 2013 年的 72.1%有了明显下降。主要原因是网络视频企业其他业务中的互联网电视一体机、互联网电视机顶盒等终端销售收入和游戏联运收入增长迅速。②

2014 年，凭借资本的力量，网络视频领域由最初跑马圈地式的粗放式发展方式向着精细化方向发展转变。一是以资本实现战略结盟，例如阿里巴巴入股优酷土豆，搜狐视频收购 56 网，小米与顺为基金投资爱奇艺和优酷，从而实现资源的联合与互补。二是以投资积聚版权资源，例如通过投资影视制作公司介入成熟的内容生产环节以获取优质版权资源，进一步摆脱对电视台的依赖。在网络视频企业的收入结构中，版权分销和视频增值服务收入所占比重也有望进一步加大。

（四）代表性上市企业经营状况

1. 湖南电广传媒股份有限公司（电广传媒）

截至 2014 年 12 月 31 日，电广传媒总资产达到 157.74 亿元，净资产达到 97.60 亿元，全年实现营业收入 54.74 亿元，实现归属于母公司股东的净

① 中国互联网络信息中心：《第 35 次中国互联网络发展状况统计报告》，中国互联网络信息中心网站，2015 年 2 月 3 日。

② 艾瑞咨询：《2014 年中国在线视频行业年度监测报告》，艾瑞咨询网站，2014 年 9 月 17 日。

利润3.33亿元。[①]

2014年，广告收入获得较大幅度增长，全年实现营业收入25.03亿元（见表1），较上年同期增长36.6%。影业公司与美国狮门成功签约，电影业务开始步入国际化发展轨道；完成了《美丽的笨女人》《怒放》《兰陵王妃》三部电视剧的制作，合作电视剧《我心灿烂》《红高粱》分别在央视八套和北京卫视播出。湖南有线集团在全国第一家推出了省政府网站电视版，同时打造上线了天天健康、苏宁易购、百事通、视频会议系统等新业务。

表1　2014年电广传媒主营业务收入状况

单位：亿元，%

项目	营业收入	比上年增幅	毛利率
广告制作代理	25.03	36.60	8.06
影视节目制作发行	0.52	-59.83	17.97
网络传输服务	23.86	6.02	45.11
旅游业	2.78	5.70	88.77
房地产	0.01	-75.16	43.45
艺术品经营	1.20	-74.52	82.51
投资管理收入	1.25	-3.64	100.00

2. 中视传媒股份有限公司（中视传媒）

中视传媒是由中央电视台间接控股的兼营影视制作和文化旅游的公司，也是中国首批上市的传媒企业之一。2014年，公司总资产为15.08亿元；实现营业收入7.56亿元，同比增长39.05%，其中影视、广告和旅游业务收入分别为3.60亿元、2.18亿元和1.78亿元（见表2）。实现归属于上市公司股东的净利润0.53亿元，同比下降22.19%。[②] 收入大幅下降的主要原因是中央电视台广告代理、节目制作、技术服务等相关政策的调整和公司电视剧投资规模的改变。

① 湖南电广传媒股份有限公司：《湖南电广传媒股份有限公司2014年年度报告》，2014年4月。

② 中视传媒股份有限公司：《中视传媒股份有限公司2014年年度报告》，2015年4月。

表 2 2014 年中视传媒主营业务收入状况

单位：亿元，%

项目	营业收入	比上年增幅	毛利率
影视业务	3.60	-34.22	14.00
广告业务	2.18	-58.73	7.39
旅游业务	1.78	7.52	50.67

3. 北方联合出版传媒（集团）股份有限公司（出版传媒）

出版传媒是由中宣部和新闻出版总署确定的中央文化体制改革试点企业和全国文化传媒行业第一家带有“编辑内容”上市的出版企业。2014 年，公司总资产为 28.02 亿元，实现营业收入 14.96 亿元，同比增长 12.66%，其中出版、发行业务收入分别为 4.48 亿元和 7.57 亿元（见表 3）；实现归属于上市公司股东的净利润 0.75 万元，同比增长 7.1%。①

表 3 2014 年出版传媒主营业务收入状况

单位：亿元，%

项目	营业收入	比上年增幅	毛利率
出版业务	4.48	9.57	31.95
发行业务	7.57	20.51	13.24
印刷业务	0.43	-4.16	22.76
印刷物资销售业务	3.59	3.34	6.08

2014 年，公司出版图书 3461 种，其中再版书 1760 种，图书再版率为 51%。实现版权出口（含实物出口）169 项，比上年增长了 20%。数字化探索方面，春风社“微电影数字化平台”项目已生产微电影 460 部，正在陆续上传三大移动运营商及 18 个省 IP TV 渠道；电子社韩国漫画手机动漫项目已向三大运营商上传作品 69 部 1046 集，在 400 余家内容提供商中排名前 20 位，产品规模和独立计费点数在传统出版板块排名第 1 位。

① 北方联合出版传媒（集团）股份有限公司：《北方联合出版传媒（集团）股份有限公司 2014 年年度报告》，2015 年 4 月。

4. 乐视网信息技术（北京）股份有限公司（乐视网）

乐视网是我国唯一一家在 A 股上市的视频公司，是视频行业“平台 + 内容 + 终端 + 应用”的垂直整合生态模式率先倡导和实践者。2014 年公司实现营业收入 68.19 亿元，较上年同期增长 188.79%，其中终端业务收入最多，为 27.40 亿元（见表 4）；归属于上市公司普通股股东的净利润为 3.6 亿元，较上年同期增长 42.75%。①

表 4　2014 年乐视网主营业务收入状况

单位：亿元，%

	营业收入	比上年增幅
广告业务收入	15.72	87.38
终端业务收入	27.40	443.47
会员及发行业务收入	24.22	137.96

截至 2014 年 12 月 31 日，公司网站的日均 UV（独立访问用户）约 4700 万户，峰值接近 7000 万户；日均（页面浏览量）2.4 亿次，峰值 3 亿次；VV 视频播放（次数）日均 2.6 亿次，峰值 3.2 亿次。乐视云视频开放平台 CDN（内容分发）节点全球覆盖超过 400 个，物理带宽总储备约 6T，成为全球最大的开放视频云计算平台。

5. 广东广州日报传媒股份有限公司（粤传媒）

粤传媒以全国第一家报业集团广州日报报业集团为依托，近年来在互联网高速发展的背景下，公司传统平面媒体业务受到剧烈冲击，赢利能力连续下滑。2014 年公司实现营业收入 16.18 亿元，同比下降 3.18%，其中广告业务收入 9.46 亿元（见表 5）；完成营业利润 2.53 亿元，归属于母公司所有者的净利润 2.30 亿元，同比分别下降 18.69% 和 25.44%。②

粤传媒不断尝试从平面媒体经营业务向综合性多媒体经营业务的转型，

① 《乐视网信息技术（北京）股份有限公司 2014 年年度报告》，2015 年 3 月。

② 《广东广州日报传媒股份有限公司 2014 年年报》，www.szse.cn，2015 年 5 月 30 日。

2014 年收购中国户外 LED 大屏新媒体企业香榭丽传媒，将广告业务平台延伸到了全国范围和户外领域，并推出打通户外、平面和数字边界的 ADSHOW 移动互联网广告平台；战略入股国内多屏程序化购买的引领者悠易互通，合资成立悠广通广告公司，全面进入数字营销领域；投资孵化新媒体业务，通过自建游戏平台 2181. com 和云彩彩票，参股游戏研发公司，进军游戏、彩票等在线互动娱乐领域；自建广州日报电商、广州日报报业商城等电商平台，参股飞飞商城，拓展电商领域。

表 5　2014 年粤传媒主营收入状况

单位：亿元，%

项目	营业收入	比上年增幅	毛利率
广告业务	9.46	-2.25	62.86
发行业务	3.33	-11.52	2.45
印刷业务	2.09	-3.41	-1.35
旅店服务业务	0.10	27.81	47.55
图书音像销售业务	0.13	19.79	17.88
网络服务	0.35	6.82	63.38
物流	0.18	—	37.60
其他	0.24	667.67	72.34

B.3

移动化、社交化与数字化：2015年美国传媒发展报告

于啸月　李继东*

摘　要：2015年美国传媒产业仍呈现出移动化、社交化、数字化的特点。本文选取美国的报纸、广播、电视、智能手机和社会化媒体等为代表的产业进行分析和梳理，从总体概况和行业分析两个层次展开论述，以期勾勒出美国传媒业当前的发展全景与未来趋势。

关键词：美国传媒产业　行业分析　传统媒体　智能手机　社会化媒体

一　概述

（一）移动化

2015年，美国移动互联网迅猛发展，移动设备普及率极大提高，据CNET网站报道，智能手机和平板电脑用户数量都屡创新高，咨询公司Frank N. Magid Associates发表报告称，美国智能手机用户数量创下新高，2014年智能手机用户占美国人口的71%，比2013年上升了10个百分点。

* 于啸月，中国传媒大学传播研究院2014级研究生；李继东，中国传媒大学广播电视研究中心研究员。

平板电脑用户增长得更快，占到美国人口的57%，比2013年上升了13个百分点。[①] 美国传媒业真正步入了移动互联时代。

（二）社交化

2015年，社交媒体用户规模的增加延续了往年的趋势，Facebook是目前最受欢迎的社交网站。有71%的美国互联网用户使用Facebook。而其他社交网络如Twitter、Instagram、Pinterest、LinkedIn在过去的一年里网民用户数量增长迅速。不管是报纸行业、电视行业，还是广告业都发现了社交媒体的强大之处，纷纷与之合作。[②] 2014年2月2日，在福克斯直播的美国橄榄球赛事“超级碗”中，观众们发出了如洪水般的2532万条推特，社交媒体与电视行业的合作可见一斑。

（三）数字化

eMarketer估计，2015年，美国人每天使用媒介的时间将达到15.5小时[③]，其中在数字媒体的平均时间上将超过5个小时，相比之下，他们每天花在电视上的时间为4.5小时。美国成年人每天观看电视的时长在2015年将略微下滑，而数字媒体消费时间将增加15.8%。2014年，美国包括移动广告在内的数字广告投放高达507亿美元，比上年增长18%；其中移动广告投放额为190亿美元，比上年增长78%。[④] 种种迹象表明，美国传媒业数字化程度进一步成熟。

---

① Magib：《美国平板电脑用户付费比例达60%超过智能手机用户》，中文互联网数据资讯中心网站，http：//www.199it.com/archives/271495.html，2014年9月3日。

② Maeve Duggan et al.，*Social Media Update 2014*，http：//www.pewinternet.org/2015/01/09/social－media－update－2014/，2015－01－09.

③ 杨绿：《2015年美国人平均每天使用媒介时间或达15.5小时》，《中国社会科学报》2013年11月4日。

④ 郑蔚雯：《报业下降趋势仍在延续——2015美国新闻媒体现状报告》，《新闻记者》2015年第6期。

二 主要行业与市场分析

近年来，美国不同的媒体平台发展势头各有所长，总体呈现出传统媒体仍占据主流、新媒体发展异常迅猛的格局。

（一）报业

2014 年，即使数字广告收入有所增加，也无法补偿印刷报纸广告收入的下滑；来自移动端的报纸网站和相关 APP 访问量超过了桌面电脑用户。① 数字媒体的新进者，无论从平台设备和技术渠道，还是资金方面，都给传统报纸行业带来了难以逾越的障碍。

1. 报纸发行量继续下滑，移动端访问量超越桌面

2015 年初，美国皮尤研究中心公布了美国新闻媒体现状报告，2014 年的报纸发行，不管是工作日版还是周日版的发行量都同比下降了 3%（见图 1）。工作日报纸发行量的下滑几乎涉及所有的报纸种类，其中第一阵营工作日版报纸（平均发行量 50 万份以上）的发行量在 2014 年下降了 4%，第一阵营周日版报纸发行量的下滑比其他报纸稍好一些。②

2015 年 1 月以来的数据表明，前 50 家访问量最大的新闻媒体网站和相关 APP 中，有 39 家的移动访问量超过了桌面电脑的访问量。③ 在前 50 家访问量最大的新闻媒体网站中有 25 家桌面电脑端的平均访问时间至少比移动端访问的停留时间长 10%，有 15 家桌面电脑端与移动端的停留时间基本持平，仅有 10 家移动端访问停留时间长于桌面电脑端访问

① Maeve Duggan et al., *Social Media Update 2014*, http://www.pewinternet.org/2015/01/09/social-media-update-2014/, 2015-01-09.

② 郑蔚雯：《报业下降趋势仍在延续——2015 美国新闻媒体现状报告》，《新闻记者》2015 年第 6 期。

③ Maeve Duggan et al., *Social Media Update 2014*, http://www.pewinternet.org/2015/01/09/social-media-update-2014/, 2015-01-09.

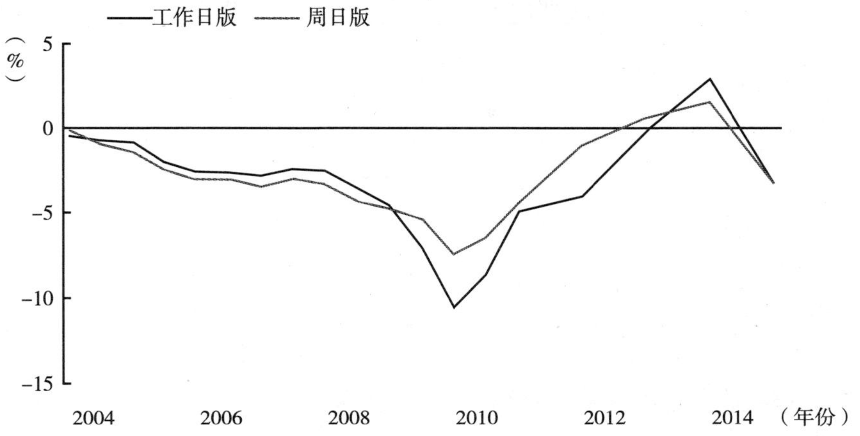

图1 美国报纸发行量情况

资料来源：Maeve Duggan et al. , *Social Media Update 2014*, http://www. pewinternet. org/2015/01/09/social - media - update - 2014/, 2015 - 01 - 09。

时间。①

2. 阅读体验仍停留在印刷报纸，只有5%的人仅通过移动设备来阅读

尽管报纸的数字化转型说得很多，但读者对大部分报纸的阅读体验还是停留在印刷品上。尼尔森士嘉堡2014年的调查数据显示，有56%的读者只读纸质报，有11%的读者同时通过台式或笔记本电脑阅读，有5%的读者同时通过移动端阅读报纸，另有11%的读者同时通过纸质、台式或笔记本电脑、移动端阅读（见表1）。其中最倾向于阅读印刷报纸的读者，一般是具有较高的教育水平或收入。②

① 郑蔚雯：《报业下降趋势仍在延续——2015美国新闻媒体现状报告》，《新闻记者》2015年第6期。

② Maeve Duggan et al. , *Social Media Update 2014*, http://www. pewinternet. org/2015/01/09/social - media - update - 2014/, 2015 - 01 - 09.

表1 报纸读者在不同平台的分布比例

平台	2013 年	2014 年
仅纸质版(%)	55	56
纸质版/台式机	15	11
纸质版/台式机/移动设备	10	11
仅台式机	7	6
台式机/移动设备	5	7
纸质版/移动设备	4	5
仅移动设备	3	5

3. 报纸收入结构未变，采编岗位数继续下降

2014 年，报业全行业广告收入下降 4%，仅为 199 亿美元。其中印刷版广告收入下降了 4%，降至 164 亿美元。报业公司的收入主要为广告和发行收入，广告收入占 57%，发行收入占 36%。在广告收入中零售广告下降 5%，全国广告下降 6%，分类广告下降 5%。

eMarketer 的数据显示，尽管数字广告收入在 2014 年增长 18%，达到 507 亿美元，但数字广告在传统新闻公司的总收入中依然只占很小份额。

（二）广播业

数据显示，在 12 岁以上的美国人中，有高达 91% 的人会收听广播，这与 10 年前的听众人数相比，没有太大的变化。①

1. 网络广播收听率已居主导地位，达53%

数字广播正在进入使用率、收益率的扩张时期。广播听众通过电脑、智能手机、平板电脑、车载系统和其他电子工具收听网络广播电台。皮尤中心发布的数据显示，在美国 12 岁以上的群体中，每月收听网络广播的人数在不断增加，到 2015 年，这一比重达到了 53%，比 10 年前增加了一倍（见表 2）。②

① Nancy Vogt, *Audio: Fact Sheet*, http://www.journalism.org/2015/04/29/audio - fact - sheet/, 2015 - 04 - 29.

② Nancy Vot. *Audio: Fact Sheet*, http://www.journalism.org/2015/04/29/audio - fact - sheet/, 2015 - 04 - 29.

表 2　美国在线听众每月收听网络广播的人数的比重

单位：%

年份	比重	年份	比重
2007	20	2011	34
2008	21	2012	39
2009	27	2013	45
2010	27	2014	57
2010	27	2015	53

2. 智能手机成为广播收听最佳渠道，用户比重达73%

随着移动智能设备和相关软件的发展，智能手机成为收听数字广播的重要渠道。2015 年，有 73% 的用户选择使用智能手机来收听广播，比 2014 年增加了 7 个百分点。虽然台式电脑和笔记本电脑的收听用户比上年略有下降，但其使用率仍然高达 61%。值得注意的是，美国作为人均汽车使用量最多的国家，有超过 1/3 的智能手机用户在车中使用智能手机来收听网络广播（见表 3）。①

表 3　在车上使用智能手机收听网络广播人数的比重

单位：%

年份	比重	年份	比重
2010	6	2013	21
2011	11	2014	26
2012	17	2015	35

3. 广播业整体广告收入下滑，数字广告和广播外广告增长喜人

2014 年，广播业的广告收入比 2013 年下滑 1 个百分点，其中插播广告和网络广告出现了不同程度的下降。而数字广告和广播外广告分别有

① Nancy Vogt. *Audio：Fact Sheet*，http：//www. journalism. org/2015/04/29/audio – fact – sheet/，2015 – 04 – 29.

了9%和16%的增长，但是这两项收入仅仅占广播业总收入的16%（见表4）。①

表4　美国广播业不同类广告的收入

单位：%

项目	2013年	2014年	同比增长
插播广告	14054	13633	-3
网络广告	1122	1072	-4
数字广告	889	973	+9
广播外广告	1584	1831	+16
总额	17649	17509	-1

此外，eMarketer预测，随着网络广播听众数量的增长，其赢利模式也将加速变化。今后将出现包含广告的免费订阅、无广告的会员缴费以及专属订阅服务。尽管如此，网络广播的主要收入来源仍是广告，订阅费仅占总收入的很小部分。在网络广播广告收入增幅持续上升的同时，传统广播的广告收入在整体上将持续下滑。

（三）电视业

在美国，互联网已经成为传统电视传输形态的重要竞争渠道，这主要体现在以下三个方面。一是互联网智能设备的出货数量及普及率正在迅猛增长。目前，平均每个美国家庭拥有11部联网终端，而传统电视机则少于3台。二是互联网基础设施迅速升级，提供网络视频的能力大大提高。三是美国联邦通信委员会通过拍卖等方式，将地面电视广播的部分频段频谱重新指配给移动通信运营商，以用于4G网络的商用部署。互联网电视将迎来快速发展。②

① Nancy Vogt, *Audio*: *Fact Sheet*, http://www.journalism.org/2015/04/29/audio - fact - sheet/, 2015 -4 -29.

② 李远东：《未来5年，美国电视行业如何发展》，《光明日报》2014年2月15日。

1. 互联网电视快速发展，有线电视商业模式趋于式微

互联网电视是指基于开放互联网的视频服务，终端可以是电视机、电脑、机顶盒、PAD、智能手机等。互联网凭借其优质的节目质量，灵活的观看时间等优点越来越受到人们的青睐，这造成了有线电视用户的加速流失。付费收看电视的美国观众数量（约 1 亿）在 2013 年首次出现下降。与此同时，eMarketer 预测，多终端适配的数字电视收视率大幅增长。随着新闻消费习惯和技术应用更加数字化，有线电视供应商也在考虑开拓除了电视机以外新的播放平台。2014 年，美国有线电视业延续了近年来的上升势头，收入继续稳定增长。然而，有线电视观众数量却在数字化大潮中逐年萎缩。反观互联网电视，目前有超过 60% 的美国家庭拥有一项互联网电视服务。此外，Juniper Research 公司发布的最新市场研究报告预测，在 2019 年，将有超过 84% 的 OTT 订阅通过联网电视消费进行；OTT 电视供应商，如 Netflix 和亚马逊 OTT 的订阅用户所贡献的收益将从 2014 年的 80 亿美元上升到 2019 年的 316 亿美元。①

2. 电视剧娱乐体育类节目最受欢迎，男性成为收看 OTT 原创节目的主力

美国拥有的电视频道众多，生产了多种多样的电视节目。其中最受观众喜爱的节目类型有电视剧、娱乐节目和体育节目。根据尼尔森发布的 2014 年美国电视节目收视排行榜，《行尸走肉》获得了 2014 年推特热度最高的电视剧。《行尸走肉》平均每集有 493 万名观众。推特讨论数量和观众数量都排在前十名，还有 FX 的热播恐怖剧《美国怪谭：畸形秀》、MTV 的恐怖喜剧《少狼》、HBO 的《权力的游戏》、ABC 的婚恋真人秀《单身女人》，歌舞类节目《与星共舞》和 NBC 的歌唱类节目《美国之声》等电视节目。在体育节目方面，世界杯和超级碗的收视率表现突出，在超级碗期间，有 1531 万名观众发出了 2532 万条推特。②

---

① Jesse Holcomb, *Cutbacks at CNN Highlight the Cable News Paradox*, http://www.pewresearch.org/fact-tank/2014/10/09/cutbacks-at-cnn-highlight-the-cable-news-paradox/.

② 尼尔森：《2014 年美国电视剧收视率排行榜》中文互联网数据咨讯中心网站，http://www.199it.com/archives/318300.html，2014 年 12 月 31 日。

此外，一个有趣的现象是男性成为 OTT 原创电视节目的主要观众。数据显示，排名前三名的 OTT 供应商原创节目的观众男女性别比例分布如下：亚马逊 Prime 为 65∶35，Netflix 为 55∶45，Hulu 为 63∶37。所有 OTT 主要原创节目，只有《女子监狱》女性观众占 59%，多于男性的 41%。①

3. 电视广告份额微增 数字广告持续走高

2014 年，营销商开始把原本投向电视广告，特别是把有线电视广告的预算转向数字媒体。即便是在春季，也就是电视广告产业的传统销售旺季，有线电视网络的广告预售额也同比下降了 6%。时代华纳表示，包括 CNN、TBS 和 TNT 在内的有线网络公司，在第三季度的国内广告营收与上年同期持平。探索频道的母公司探索通信（Discovery Communications Inc.）也表示，其国内有线网络的广告营收在第三季度的增幅仅为 1%，这也导致该公司下调了全年的营收预期。康卡斯特旗下的 NBC 环球有线电视部门称，其广告营收在第三季度同比下滑了 4.6%。②

eMarketer 的研究报告表明，美国数字视频广告将保持远高于电视的增长速度，数字视频广告支出 2014 年增长为 41.9%，达到 59.6 亿美元；美国电视广告增长率仅为 3.3%，为 685.4 亿美元（见表 5）。③

表 5　2012～2018 年电视广告和数字广告发展情况

单位：亿美元，%

项目		2012 年	2013 年	2014 年	2015 年	2016 年	2017 年	2018 年
电视广告	收入	645.4	663.5	685.4	705.9	737.7	759.8	786.4
	增长率	6.4	2.8	3.3	3.0	4.5	3.0	3.5
数字广告	收入	28.9	42.0	59.6	77.7	94.5	111.2	127.1
	增长率	44.5	45.3	41.9	30.4	21.7	17.6	14.3

① Jay Samit：《OTT 视频正在拓展有线电视，而不是消灭它》，殷晓尧译，中文互联网数据咨讯中心网站，http：//www.199it.com/archives/369156.html，2015 年 7 月 23 日。

② 《2014 年美国电视广告份额微增 数字广告开始革命》，中文互联网数据咨讯中心网站，http：//www.199it.com/archives/289526.html。

③ eMarketer：《美国电视广告市场增长仍超过数字视频广告》，中文互联网数据咨讯中心网站，http：//www.199it.com/archives/240047.html。

（四）智能手机

1. 年轻人是使用智能手机的主力军，智能手机的覆盖率达71.4%

尼尔森的调查数据显示，截至2014年6月，在美国有71.4%的智能手机用户；25～34岁年龄段的人最钟情于智能手机，占被调查总数的86.2%，和18～24岁年龄段的占比（85%）不相上下，年轻人显然是智能手机的主要受众群体。在智能手机最初的创新扩散过程中，更容易获得男性的接受和使用，但是数据显示，已经有72.4%的女性也拥有了智能手机。①

2. 安卓系统仍是主流，苹果依旧是最受欢迎的智能机品牌

根据comScore发布的最新研究数据，截至2015年5月，当今的两大操作系统——苹果的IOS操作系统和谷歌的安卓操作系统分别占据了43.5%和52.1%的市场份额（见表6）。但是苹果手机仍然是最大智能机市场的占有者，而安卓手机的突出表现则要归功于三星、HTC、LG等几大品牌（见表7）。②

3. 智能手机成为生活必需品，健康问题是手机上网用户最关心的问题

皮尤中心的统计数据显示，现在有19%的美国人通过智能手机上网，可见智能手机已经成为上网必不可少的工具。在这些上网的用户中，有62%的人对健康问题具有浓厚兴趣，57%的人会通过手机上网理财（见图2）。

表6　2015年2月15日和5月15日美国手机操作系统市场份额变化情况

单位：%，百分点

操作系统	2月15日	5月15日	份额变化差
安卓系统	52.8	52.1	-0.7
苹果系统	41.7	43.5	1.8
微软系统	3.5	3.0	-0.5
黑莓系统	1.8	1.3	-0.5
塞班系统	0.1	0.1	0.0

① 尼尔森：《2014年Q2美国智能手机用户比例为71.4%》，中文互联网数据咨讯中心网站，http：//www./199it.com./anhives/277298.html。

② comScore：《2015年5月美国iPhone市场份额增至43.5%》，中文互联网数据咨讯中心网站，http：//www.199it.com/archives/372311.html。

表 7　2015 年 2 月 15 日和 5 月 15 日美国智能手机品牌市场份额

单位：%，百分点

品牌	2 月 15 日	5 月 15 日	份额变化差
苹果	41.7	43.5	1.8
三星	28.6	28.7	0.1
LG	8.3	8.2	-0.1
摩托罗拉	5.1	4.9	-0.2
HTC	3.8	3.5	-0.3

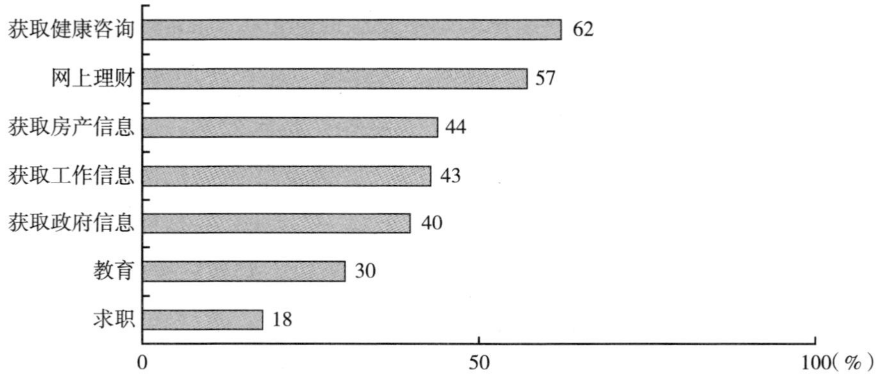

图 2　美国智能手机用户上网目的

在智能手机用户对其手机的评价方面，在 46% 的人认为智能手机是其生活的必需品，93% 的人认为智能手机对日常生活起到很大的帮助作用，80% 的人认为购买智能手机是物超所值（见图 3）。在使用行为方面，年轻人会利用智能手机不同的功能，而中年人对智能手机的使用大多集中在短信、通话和电子邮件上（见图 4）。[①]

（五）平板电脑和可穿戴设备

eMarketer 发布的报告显示，2015 年全球平板电脑用户将超 10 亿户，其

① Aaron Smith, *U. S. Smartphone Use in 2015*, http://www.pewinternet.org/2015/04/01/us-smartphone-use-in-2015/, 2015-04-01.

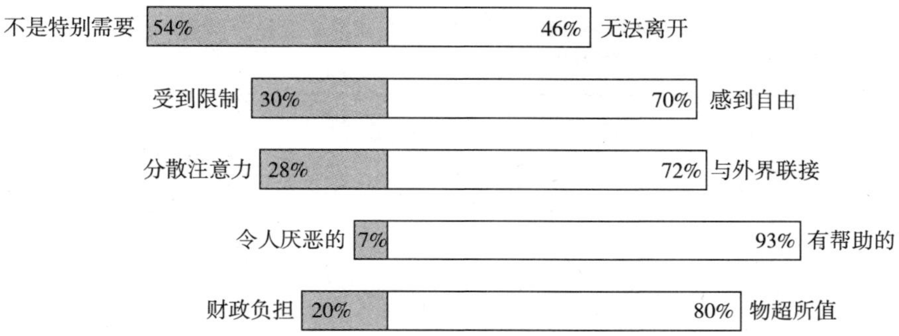

图3　智能手机用户对手机作用的评价

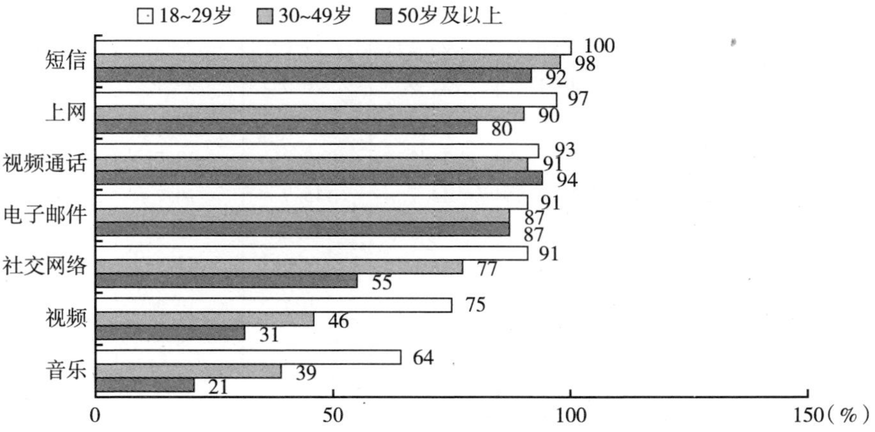

图4　不同年龄层智能手机的使用行为

中1.56亿户来自美国（见表8），并预计未来几年平板电脑用户增速将放缓。[①] 但是，有60%的平板电脑用户称曾在应用上花过钱，智能手机用户中的这一比例仅为54%。平板电脑用户在应用方面的支出平均为19美元，远高于智能手机用户的13美元。平板电脑用户在应用方面购物支出平均为16美元，超出智能手机用户9美元的78%。平均而言，每名平板电脑用户在内容方面的支出为55美元，每名智能手机平均为42美元。在订阅服务方

① eMarketer：《2015年全球平板电脑用户将超10亿：中国占1/3成最大市场》，中文互联网数据咨讯中心网站，http：//www.199it.com/archives/320735.html，2015年1月10日。

表 8　2013～2018 年全球及主要国家平板用户数量

单位：百万户

国　家	2013 年	2014 年	2015 年	2016 年	2017 年	2018 年
中　国	217.3	281.2	328.3	370.5	405.7	435.5
美　国	132.2	147.1	156.0	162.7	167.8	172.6
印　度	23.2	32.3	40.4	47.1	54.0	60.2
英　国	22.2	29.6	32.2	34.5	36.8	38.4
巴　西	19.9	28.9	34.7	41.3	45.6	48.1
德　国	20.8	27.4	30.7	33.7	36.1	38.0
俄罗斯	19.4	25.4	29.0	30.2	34.5	36.8
日　本	17.5	24.6	29.5	33.7	36.7	39.0
印度尼西亚	17.2	24.6	32.1	37.8	42.8	47.9
法　国	17.1	22.6	25.2	27.6	29.6	31.1
墨西哥	13.7	18.1	22.9	26.5	29.1	31.3
意大利	11.9	15.6	17.6	19.5	21.0	22.1
西班牙	11.6	14.9	16.5	18.2	19.7	21.0
加拿大	11.6	13.4	14.7	15.9	16.7	17.4
澳大利亚	7.3	9.2	10.3	11.2	12.1	12.7
韩　国	6.8	8.9	9.9	10.8	11.7	12.3
荷　兰	6.6	8.4	9.1	9.7	10.2	10.5
阿根廷	4.2	5.4	6.6	7.7	8.7	9.5
瑞　典	3.0	4.1	4.6	5.1	5.5	5.8
丹　麦	1.9	2.6	2.8	3.0	3.2	3.4
挪　威	2.0	2.5	2.8	3.0	3.2	3.3
芬　兰	1.2	1.7	2.0	2.3	2.5	2.7
总计	703.1	907.7	1062.6	1203.6	1323.8	1428.5

面，对流媒体音乐和视频的应用人均花费为 20 美元。视频游戏仍然是应用商店中支出最高的应用类别，市场研究公司 App Annie 和 IHS 进行的研究显示，2014 年消费者在移动应用方面的支出约为 160 亿美元，其中视频游戏的占比超过 70%。[①] 而在用户满意度方面，JD Power 发布的最新《2014 年美

① Magid：《美国平板电脑用户付费比例达 60% 超过智能手机用户》，中文互联网数据咨讯中心网站，http：//www.199it.com/archives/271495.html，2014 年 9 月 3 日。

国平板电脑满意度研究报告》称，在1000分总分的评级中，亚马逊以827分获得了最高的整体满意度；第2名是苹果的iPad，824分的分数与亚马逊相差并不大；第3名则是821分的三星，而华硕和宏碁分别名列第4和第5位。①

由NPD发布的互联智能消费电子及可穿戴设备报告数据显示，有10%的美国成年人拥有健身追踪装置，而智能手表则远远未能成为主流，只拥有2%的市场渗透率。这份调查详细的数据显示，在美国有36%的健身手环用户年龄为35~54岁，54%为女性；有41%的健身手环用户年收入在10万美元以上；相反，在智能手表（如Pebble和Android Wear设备）用户中有69%的人为18~34岁，几乎71%为男性。而48%的智能手表用户年收入低于4.49万美元（见图5）。在美国可穿戴设备市场消费者并不平均，健身追踪设备和智能手表设备的目标消费者完全不同。专注于特定用途、续航持久小巧的健身追踪设备仍有很大的市场。②

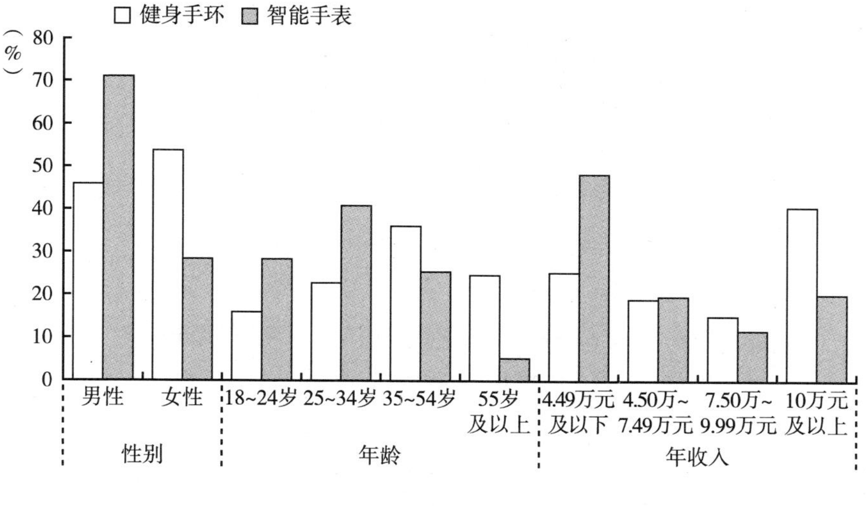

图5 美国可穿戴设备拥有情况

① JDPower：《2014年美国平板电脑满意度研究报告 亚马逊平板排名第一》，中文互联网数据咨讯中心网站，http：//www.199it.com/archives/288402.html，2014年11月3日。

② NPD：《美国成年人拥有健身追踪装置比例为10%》，中文互联网数据咨讯中心网站，http：//www.199it.com/archives/319958.html，2015年1月7日。

（六）社会化媒体

2014 年，社交网络在美国蓬勃发展，皮尤研究中心于 2014 年 9 月针对美国互联网网民的调查发现，社交媒体已经成为美国人生活中不可或缺的部分。调查显示，Facebook 是目前为止最受欢迎的社交网站（见表 9）。有 71% 的美国互联网用户使用 Facebook，这一数据自 2013 年 8 月以来没有发生变化。值得注意的是，更多的老年人成为 Facebook 用户。数据显示，65 岁及以上的老年网民中有 56% 的人使用 Facebook。尽管 Facebook 的用户数量增长趋缓，但是用户的参与程度有较大提升。而其他社交网络如 Twitter、Instagram、Pinterest、LinkedIn 在过去的一年里网民用户数量增长迅速（见图 6）。Instagram 不仅总体用户数量增加了 9 个百分点，而且每一个人口统计学分类的用户数量都有显著增加。LinkedIn 在专业人士和高校研究生群体中的用户数量继续增加，Twitter 和 Pinterest 在各类人群中的用户数量都有所增加。美国人倾向于同时使用多个社交媒体平台。数据显示，有 52% 的用户同时使用两种及以上的社交媒体网站，比 2013 年（42%）有明显增长。仅有 28% 的用户只使用一个社交媒体网站，比 2013 年（36%）大幅下降。大部分的 Twitter、Instagram、Pinterest、LinkedIn 的用户称，他们也使用 Facebook。与此同时，Facebook 用户中使用其他网站的人数也在上升。①

表 9　社交媒体用户在美国成年人总人口中的比重

单位：%

网站	占比
Facebook	58
Linkedln	23
Pinterest	22
Instagram	21
Twitter	19

注：有 52% 的用户同时使用两种及以上网站，因此占比总额超出 100%。

① Maeve Duggon et al.，*Social Media Update 2014*，http：//www. pewinternet. org/2015/01/09/social－media－update－2014/，2015－01－09.

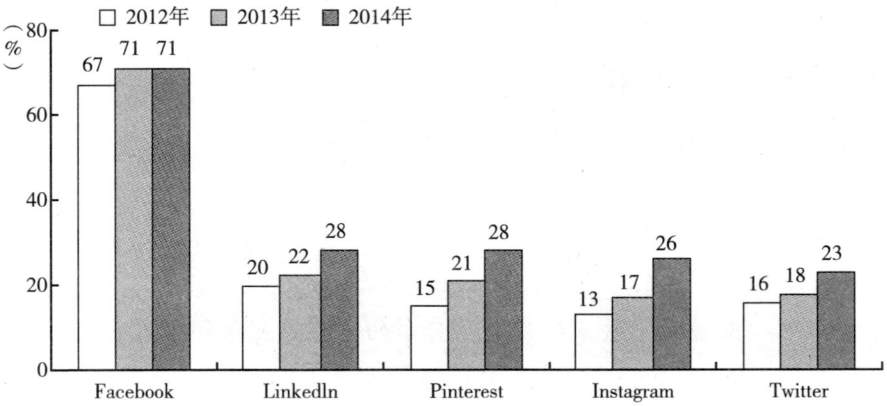

图 6　2012～2014 年美国社交媒体用户增长趋势

B.4

ICT技术政策与日本传媒产业的发展

刘 斌 段茹佳*

摘 要： 随着ICT技术的发展，日本的传媒产业架构也在逐渐发生变化。一直以来，日本传媒产业虽然平稳增长，但自2009年开始日本传媒产业的生产额曲线开始下滑。在传媒产业中，ICT技术是日本传媒产业的新宠，促进了日本移动通信业的发展，并且推动了传统媒体数字化的进程。尽管如此，日本的电视业仍为传媒业主流，电视的进一步高清化和智能化是电视业的发展趋势。然而，即使网络化对传媒产业传播效率的提升给人们带来了许多便捷，但个人信息安全、青少年身心健康保护等问题也随之而来，这也让日本在技术发展的进程中不断进行反思与修正。

关键词： 日本 传媒 通信 网络

一 日本传媒产业总体发展状况

日本全产业市场规模在2012年已达到924万亿日元（约合7.72万亿美元），其中信息通信产业占有日本主要产业中最大的市场规模，在全

* 刘斌，北京师范大学新闻传播学院，副教授；段茹佳，北京师范大学，2014级传播学硕士研究生。

产业中占比 8.9%（见图 1）。2012 年，日本信息通信产业的市场规模（名义国内生产额）为 81.8 万亿日元（约合 6800 亿美元），市场规模巨大。①

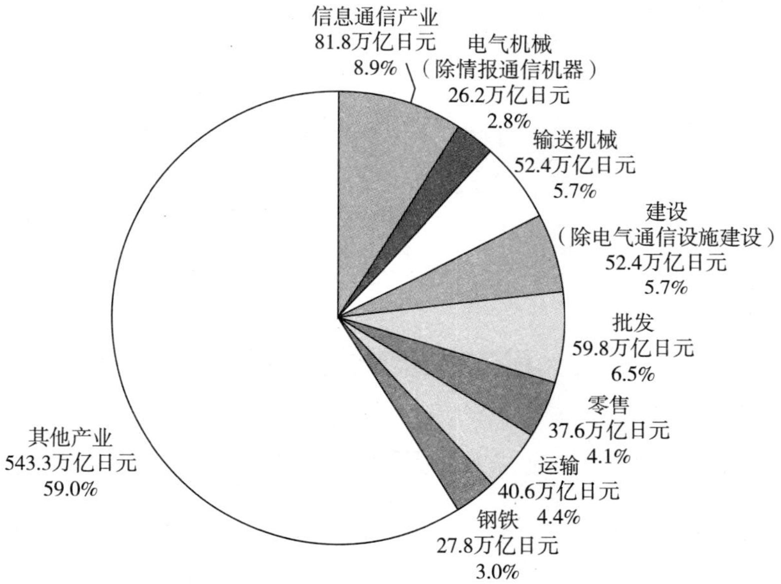

图 1　2012 年日本主要产业市场规模

根据日本总务省公布的名义国内生产额来看，1995～2012 年日本信息通信产业的生产额波动不大，其中 2009～2012 年呈下降趋势，特别是在 2009 年雷曼兄弟公司倒闭时，日本的信息通信产业生产额显著下降。然而将日本经济状况考虑在内，以 2005 年日本的货币价格为准，日本信息通信产业的国内生产额在 1995～2012 年总体上却呈现出稳健的上升趋势。但不可避免的是，2009 年日本的信息通信产业也出现了较严重的下滑，2010 年略为恢复后，2011～2012 年，信息通信产业的生产额依然在缓慢下降，根据日本总务省的分析，这与日本民众对固定电信与广播电视接收机的需求下

① 日本总务省：《ICTの経済分析に関する調査》，http：//www. soumu. go. jp/johotsusintokei/link/link03. html。

降有很大关系。另外，根据2005年日本的货币价格走势，2012年信息通信产业的国内实际生产额为96.9万亿日元，同比跌幅为0.6%。但不可忽视的是，日本1995~2012年信息通信产业生产额的年平均增长率为2.5%①，整体上处于上升趋势。

据日本总务省统计，日本共有5496家会社从事信息通信产业，其控股子公司和附属公司的数量为8425家，信息通信产业的从业人员已达1502046人。2012年日本信息通信产业的年销售收入为42.5028万亿日元，其中营业收入约为4.3575万亿日元，普通收入4.5593万亿日元，数额庞大。

二 日本传媒产业发展特征

（一）ICT趋势明显，大数据运用成为热点

随着信息化的快速覆盖，日本十分重视信息通信技术（Information Communication Technology，ICT）的发展，ICT是指“以电子技术获取、传播和演示数据信息的制造业和服务业的集合”②。ICT以其对工作效率的提升和对产品成本的降低迅速地渗透到日本的各个行业。其中，日本传媒业的ICT趋势非常明显，新媒体的发展壮大使日本国内传统媒体渐趋衰落，智能手机的完善更新为新媒体提供了移动阅读设备终端，社交媒体如Facebook和Twitter的发展改变了传统媒体的新闻生产格局，日本的传统媒体逐渐陷入瓶颈，这在一定程度上为ICT的发展提供了机遇，同时也逐渐加速了传统媒体与新媒体的合作与共谋，推动传统媒体进行差异化发展战略的反思。不仅如此，传统模式下新闻数据采集所使用的计算机处理的局限性在ICT技术的发展中被改善，大数据引爆了世界各国对全数据采集的热情，这同样改变

① 日本总务省：《情報通信白書（平成26年版）》，东京：株式会社ぎょうせい，2014。

② 柴文义、黄健青、黄子龙：《国内外ICT指标的比较》，《统计与决策》2011年第12期，第158页。

了日本传媒业的生产格局，传媒业能够更加精准地测定受众的好恶，提高资本的利用效率。

（二）电视仍是传媒业主流，智能化和高清化成为发展方向

即使新媒体的发展迅猛，但日本传统的广播电视业仍占传媒业主流。在2012年日本传媒市场规模中，地上电视和卫星有线电视放送的市场规模达36473亿日元，广播节目为1939亿日元，报纸为17288亿日元，杂志为11651亿日元，电视的市场规模仍处于绝对优势地位，私营电视公司的数量也在逐年上涨。NHK放送文化研究所关于“全国个人视听率调查”显示，2006~2013年，日本国民每天收看电视的平均时间约为3.7小时，近年来变化不大。[①]

随着智能终端和云服务的兴起，电视的智能化发展势在必行。日本电视的数字化进程已有10年，日本总务省官员 Yasuo Sakamoto 表示，“智能电视是电视与互联网的结合，给用户更便捷的体验。日本广电局在电视数字化工作中起着重要的作用，同时，电视数字化工作也离不开各地方广电的积极配合”。目前，在日本共有100家公司参加了智能电视技术标准的完善工作，同时着手发展“新一代智能电视”。2013年12月至2014年2月，为了视听用户的便捷性和安全性考虑，日本方面提出将沟通电视与其他移动智能终端如智能手机和平板电脑等之间的数据转移，或可能在智能电视上安装 Web 应用。[②]

2014年6月2日，日本已完成4K电视的卫星播送，并将于2016年试行推广8K电视。2015年，日本与越南进行了4K和8K智能电视推介研讨会。根据日本总务省代表所言，4K和8K智能电视技术的应用不仅有助于提高电视清晰度，而还有助于医疗、广告、防范罪犯等工作。预计到2020年，日本4K和8K智能电视技术的覆盖率将达52%以上。

---

① 日本NHK放送文化研究所：《テレビ・ラジオ視聴の現況》，http：//www.nhk.or.jp/bunken/summary/yoron/rating/pdf/140715.pdf，2015年3月1日。

② 越通社：《越南日本信息技术与传媒政策对话在河内举行》，http：//cn.vietnamplus.vn/Home.vnplus，2015年1月19日。

（三）移动产业市场规模大幅上涨

日本将移动市场类型分为移动内容（モバイルコンテンツ，Mobile Contents）市场与移动商务（モバイルコマース，Mobile Commerce）市场，两者合称为移动内容关联市场，其中移动内容市场包括游戏、音乐、图书等数字内容的付费下载，移动商务市场包括商品销售、服务与支付交易三类。电气通信事业者协会公布的数据显示，截至2012年12月末，全国共有1.2913亿移动电话契约数（契约数≈用户数），这一数字已经超过了日本的总人口数量。comScore公司旗下的Mobilens曾在2011年年底统计，日本有674万iPhone用户和1147万Android智能手机用户，到2012年年底iPhone用户增长为1017万户，为2011年的1.6倍；Android智能手机用户增长为1949万户，为2011年的1.7倍。[①] 因此，就行业市场整体而言，日本移动内容市场在2012年的规模达到了8510亿日元，为上年规模的116%，移动商务市场达到14997亿日元，为上年规模的123%，两者合计达到23507亿日元（见图2）。

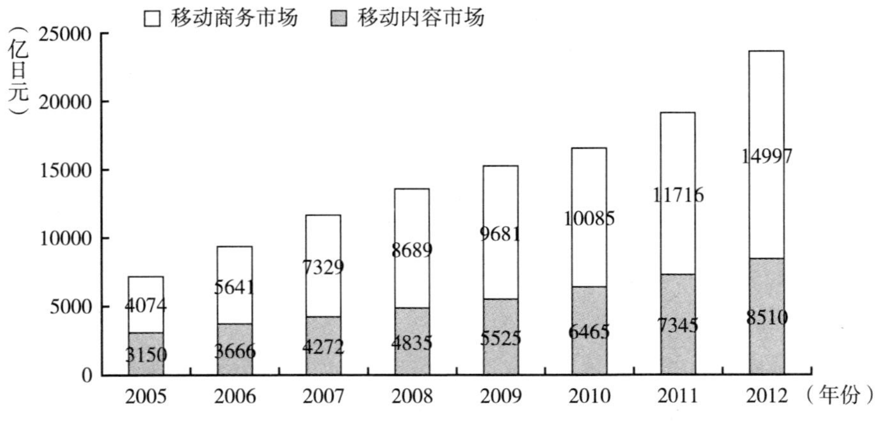

图2　2005～2012年日本移动产业市场规模

注：日本总务省：《スマートフォン市場の拡大を踏まえたモバイルコンテンツビジネス構造と著作権権利処理の変化及びモバイルコンテンツ市場規模の算定に関する調査研究》，http：//www.soumu.go.jp/johotsusintokei/whitepaper/ja/h26/html/nc258130.html。

① 张帆：《MCF：2012年日本移动市场总览报告》，中新网，http：//game.chinanews.com/research/201308/1226937.html，2013年8月12日。

三　主要传媒产业发展概况

（一）内容出版业

2012 年，日本的内容市场规模达到了 112401 亿日元，其中映像类在日本整个内容市场中所占比重最大，达 49.1%，共计 55148 亿日元（见表 1）。其次是和文字内容相关的新闻出版业达到了 49043 亿日元，占整个内容市场的 43.6%。其中以报纸和杂志为代表的传统纸质新闻内容产业的份额达 28939 亿日元，占日本文字内容类市场规模的 59.0%，占日本整个内容市场

表 1　2012 年日本内容市场规模

单位：亿日元

电影	6229	映像类 55148(49.1%)
录像/视频	3540	
地上电视节目	27589	
卫星・有线电视放送	8884	
游戏软件	7515	
网络原创视频	1391	
音乐	6237	音声类 8210(7.3%)
广播节目	1939	
网络原创音声	34	
报纸	17288	文字内容类 49043(43.6%)
漫画	4975	
杂志	11651	
图书	7364	
数据库信息	2643	
网络原创文字	5122	

资料来源：日本总务省情報通信政策研究所：《メディア・ソフトの制作及び流通の実態に関する調査》，http：//www.soumu.go.jp/johotsusintokei/whitepaper/ja/h26/html/nc258110.html。

规模的 25.7% 。[1] 由此观之，传统的纸质媒体在日本仍然占有较重的市场份额，纸质媒体仍有较高的用户黏性，短期内是无法被电子媒体所取代的（见图 3）。

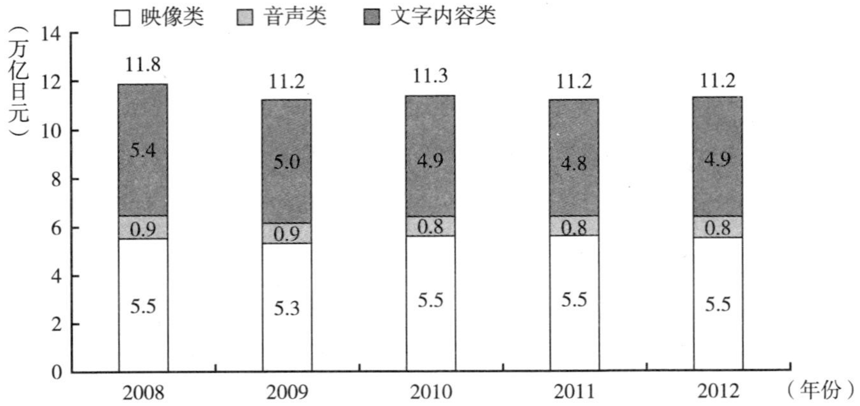

图 3　2008～2012 年日本内容市场变化情况

资料来源：日本总务省情报通信政策研究所：《メディア・ソフトの制作及び流通の実態に関する調査》，http：//www. soumu. go. jp/johotsusintokei/whitepaper/ja/h26/html/nc258110. html。

在出版产业中，传统图书、杂志和漫画等在日本的内容市场中依然有 23990 亿日元的市场规模，网络原创文字和数据库信息的规模目前只有 7765 亿日元，文字内容市场依然以传统的出版产业为主，由于日本传统出版业占有大量的出版资源，即使在向新媒体的转型过程中也可以积极占据主动地位。

然而不可小觑的是，随着智能终端（如智能手机和平板电脑等移动设备）的普及，2005～2012 年日本的移动内容市场规模增长了 170.5%，几乎增长了 2 倍；而移动商务市场在 2005～2012 年则增长了 268.1%。移动端的内容市场规模呈几何级数增长，反映了日本民众阅读习惯的变化。在过去，受众往往将移动端作为传统媒体的互补工具来使用，移动端的赢利模式和产业价值尚在开发之中；而现在，日本移动端的内容市场潜力已初现端倪，移动终端内容市场的潜力将成为日本传媒产业开发中的一块丰沃之地。

① 日本总务省情報通信政策研究所：《メディア・ソフトの制作及び流通の実態に関する調査》，http：//www. soumu. go. jp/johotsusintokei/whitepaper/ja/h26/html/nc258130. html。

（二）广播电视业

日本现代电视产业呈现出以日本放送协会（NHK）为代表的公营电视媒介和与日本民间放送联盟（NAB）为代表的商业电视媒介两足并立的局面。NHK的运作基本完全依靠用户的收视费支持，而日本的民营电视业则以广告费和有偿收看费为收入来源。除此之外，日本还有一小部分的教育电视台，属公益性质。

2012 年，日本电视业的总收入为 38915 亿日元，比 2011 年下降了 0.5%。总务省数据显示，近十年来，日本电视产业的收入顶峰期在 2005～2007 年，年总营销收入均达到 4 万亿日元以上（见表 2）。

从民营电视业来看，日本的有线电视业基本保持较高的利润率，地上放送业保持了基本的营业利润，且在 2012 年度的利润率上升到 6.2%（见表 3）；值得注意的是，卫星电视的利润率在 2007 年以后呈现出不断上升的趋势，2012 年由于事业发展上可能出现过剩现象，在利润率上略有下降。

就其广告业务而言，地上电视广告收入自 2011 年开始出现回升，而地上广播广告业收入一直呈下降趋势（见表 4）。

日本广播电视业提供世界范围内的重要信息已经成为日本民众的生活必需品，这已经成为一项社会的基础设施建设。因此，防止广播电视服务被干扰也是非常重要的。日本《放送法》规定：广播电视业中因设备事故引起的播出停止，必须立即将理由和原因告诉总务大臣。据统计，在 2013 年，这样的事故达 45 次，在此基础上，各广播电视公司被要求积极备案播出事故处理措施，并和其他广播电视公司分享经验。由此看来，日本对于广播电视业的重视程度是非常高的，广播电视业对日本民众的影响依然不可小觑。

（三）互联网

2013 年末，日本网民已达 10044 万人（见图 4），相比上年同期增长了 4.1%，占日本总人口的 82.8%（比上年增加了 3.3 个百分点）。此外，根据日本总务省的调查，在互联网使用终端方面，“家用电脑”仍是最普遍的使用终端，占 58.4%，其次是“智能手机”（42.4%），智能手机终端的互联网用户在近几年增长迅速。

表 2　2000～2012 年日本电视产业营销收入额

单位：亿日元

项目		2000 年	2001 年	2002 年	2003 年	2004 年	2005 年	2006 年	2007 年	2008 年	2009 年	2010 年	2011 年	2012 年
民营电视	地上电视事业者	26466	25960	24863	25229	26153	26138	26091	25847	24493	22574	22655	22502	22870
	社区电视	125	137	139	141	140	140	144	148	150	123	116	120	115
	卫星电视事业者	1891	2335	2769	2995	3158	3414	3525	3737	3905	3887	4185	4490	4510
	有线电视事业者	2463	2718	3076	3330	3533	3850	4050	4746	4667	5134	5437	5177	4931
NHK		6559	6676	6750	6803	6855	6749	6756	6848	6624	6659	6812	6946	6604
合计		37379	37689	37458	38357	39699	40151	40422	41178	39689	38254	39089	39115	38915

资料来源：日本总务省资料及 NHK《財務諸表》各年度版により，http：//www. soumu. go. jp/johotsusintokei/whitepaper/ja/h26/html/nc256110. html。

表 3　2005～2012 年民营电视业利润率

单位：%

项目	2005 年	2006 年	2007 年	2008 年	2009 年	2010 年	2011 年	2012 年
地上放送	7.4	6.0	3.8	1.7	2.5	5.0	5.4	6.2
卫星放送	-1.5	0.0	4.1	3.2	3.4	6.5	8.9	8.5
有线电视	9.9	7.1	8.0	7.7	10.0	10.2	8.1	9.2

资料来源：日本一般社团法人日本民间放送联盟：《日本民間放送年鑑》及日本总务省：《一般放送事業者及び有線テレビジョン放送事業者の収支状況》，http：//www. soumu. go. jp/menu_ news/s - news/01ryutsu09_ 02000043. html。

表 4　2005 ~ 2013 年地上电视广告收入和广播广告收入

单位：亿日元

项目	2005 年	2006 年	2007 年	2008 年	2009 年	2010 年	2011 年	2012 年	2013 年
地上电视广告收入	20411	20161	19981	19092	17139	17321	17237	17757	17913
地上广播广告收入	1778	1744	1671	1549	1370	1299	1247	1246	1243
总计	22189	21905	21652	20641	18509	18620	18484	19003	19156

资料来源：日本电通所著历年《日本の広告費》，http：//www. dentsu. co. jp/books/ad_ cost/index. html。

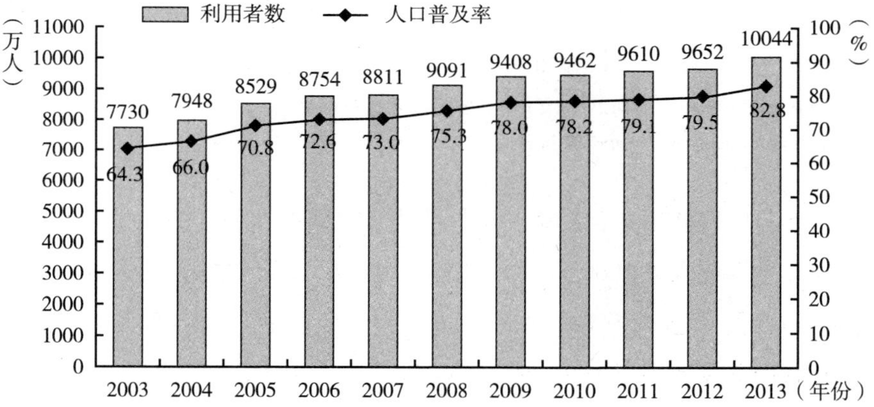

图 4　2003 ~ 2013 年日本互联网用户数和人口普及率

资料来源：日本总务省：《平成 25 年通信利用動向調查》，http：//www. soumu. go. jp/johotsusintokei/statistics/statistics05. html。

在日本，互联网使用率最高的用户年龄集中在 13 ~ 49 岁，即青少年到中年群体，2012 年和 2013 年该年龄段用户的互联网使用率都达 90% 以上，其中 20 ~ 29 岁群体的互联网使用率在 2012 年和 2013 年分别达到 97. 2% 和 98. 5%，即在青年群体中几乎达到全覆盖，足见网络的渗透率之强，同时这也是由青年和中年人学习与工作需要时时与外界保持连接、时时需要获取外界的信息而决定的。不可忽视的是，互联网在 60 ~ 79 岁老年群体中的普及率也很高，因此在互联网产业中，老年人的互联网需求也不可忽视（见图 5）。

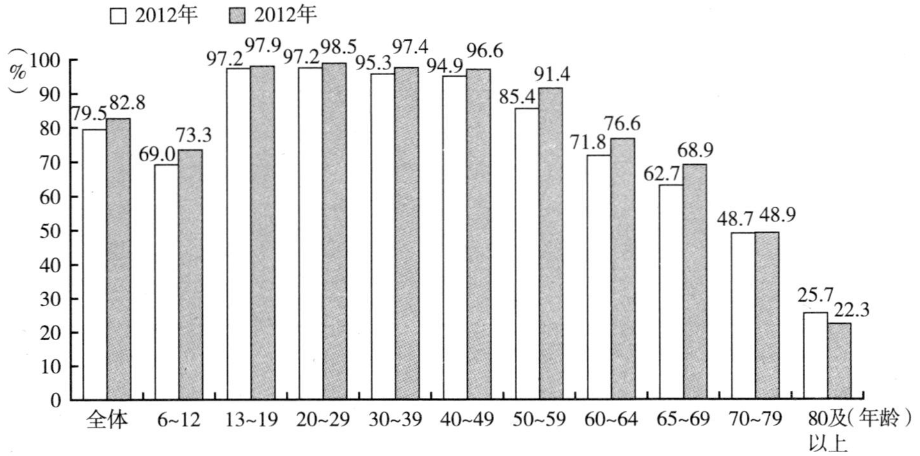

图 5　2012 年和 2013 年日本互联网使用率年龄分布

资料来源：日本总务省：《平成 25 年通信利用動向調査》，http：//www. soumu. go. jp/johotsusintokei/statistics/statistics05. html。

日本互联网使用的普及率和用户的收入之间存在一定的正相关性。2013 年，在日本年收入为 1000 万日元以上（约合 8. 36 万美元）的人群中，互联网使用的普及率为 89. 9%；而未满 200 万日元（约合 1. 67 万美元）的人群中，互联网普及率则仅为 65. 3%（见图 6）。这说明，互联网在高收入人群中已经成为基本的使用工具，高收入人群相对更加需要通过互联网来处理他们的日常事务。

日本拥有极高的互联网使用普及率。就使用互联网的目的来说，当用户在家庭内使用互联网时，使用率最高的是利用互联网收发邮件，即沟通和联系的功能，高达 69. 9%；二是互联网购物，达 57. 2%，说明日本物联网的发达；三是对动画的需求，达 48. 4%。而在家庭外，使用频率最高的仍然是收发电子邮件（69. 4%），其次则是社交媒体的使用（49. 9%）和地图、交通信息的使用（40. 5%）。综合来看，电子邮件依然是日本互联网用户使用率最高的互联网产品，对于即时通信的需求依然是互联网用户的首要需求，这可以为互联网投资提供一些借鉴。

同时，有 57. 2% 的日本互联网用户在家庭外使用互联网购物，27. 1% 的用

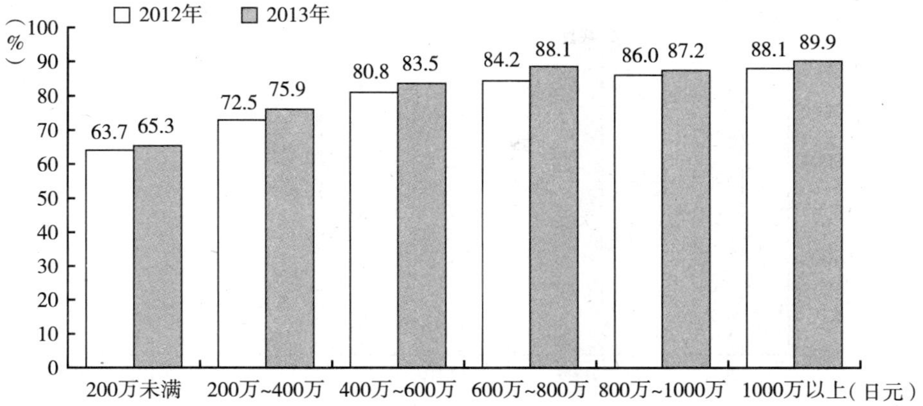

图 6　2012 年和 2013 年日本互联网使用率年收入分布

资料来源：日本总务省：《平成 25 年通信利用動向調查》，http：//www. soumu. go. jp/johotsusintokei/statistics/statistics05. html。

户在家庭内使用互联网购物，因此互联网交易的支付习惯也成为关注的热点。据统计，2013 年，有 63. 7% 的互联网用户使用过信用卡支付，43. 8% 的人选择了货到付款，38. 9% 的人选择了线下支付给便利店，选择银行、邮局或 ATM 机汇款的人有 30. 8%，这些是日本互联网购物的几种主要支付方式。①

（四）通信业

2012 年，日本电信通信事业的销售额为 129551 亿日元，相比上年同期下降了 2. 4%，2008 ~ 2012 年日本的通信事业销售额一直呈下降趋势（见图 7）。此外，日本移动无线卫星的数量正在逐年增长，并且日本通信局为了维持电信环境，消除无线电干扰，已在日本主要城市的塔顶和屋顶安装了防干扰装置，以保证 24 小时正常无线电波的使用，体现了目前当局对通信的重视。手机即时通信软件的兴盛、移动互联网络的快捷、城市无线化的普及等原因使移动电信通信事业逐渐成为互联网的一个接入端口，互联网企业开始从电信行业中分一杯羹。

① 日本总务省：《情報通信白書（平成 26 年版）》，东京，株式会社ぎょうせい，2014。

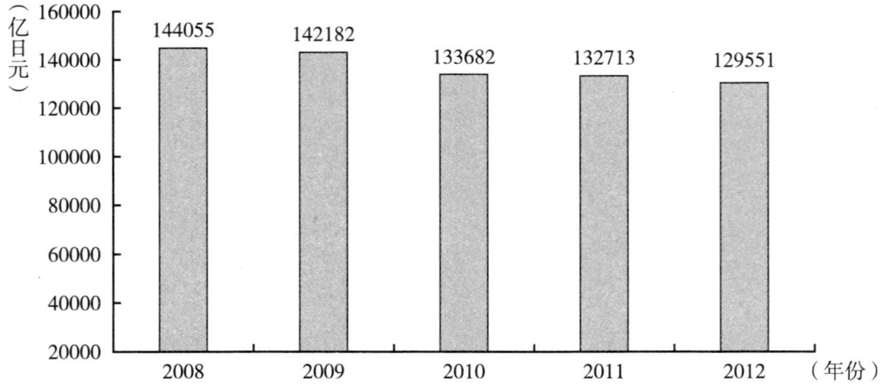

图7　2008～2012年日本电信通信事业销售额

资料来源：日本总务省和经济产业省：《平成25年情報通信業基本調査》，2013，http：//www. soumu. go. jp/johotsusintokei/statistics/statistics07. html。

2003～2013年，电信通信业中固定通信业务的新加入人数逐渐走低，而移动通信业务的新加入人数则逐渐增长（见图8），2013年的新入户数达14956万人，比上年同期增长了近6.0%。移动通信的普及率逐年增长，LTE等数据传输技术的发展也使人们越来越依赖通过移动终端来浏览信息，

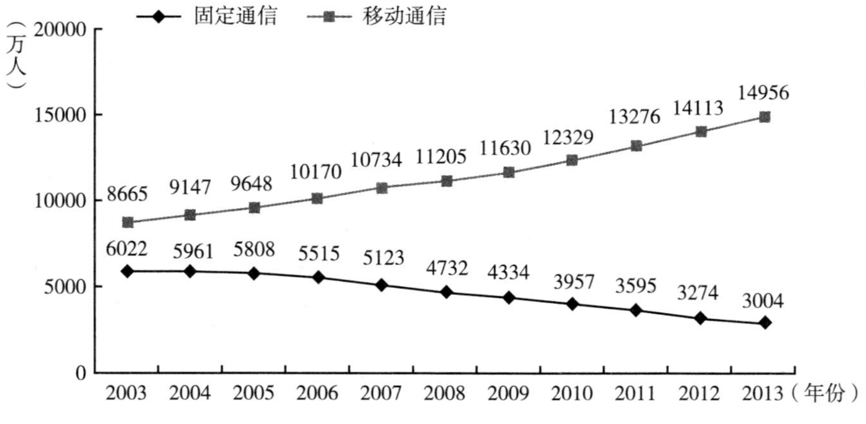

图8　2003～2013年日本电信业新加入人数

资料来源：日本总务省：《電気通信サービスの契約数及びシェアに関する四半期データの公表（平成25年度第四半期（3月末））》，2013，http：//www. soumu. go. jp/menu_news/s－news/01kiban04_ 02000081. html。

人们的时空感逐渐减弱。

2013 年，日本家庭的电话通信支出约为 11.2453 万日元（约合 940 美元），比上年增长了 0.5%，电话通信消费占家庭总消费支出的 3.72%。2007 ~2013 年，日本家庭电话通信消费占家庭消费总支出的比例一直较为稳定（见表 5）。

表 5 2007 ~2013 年日本民众电话通信费用

单位：日元，%

项目	2007 年	2008 年	2009 年	2010 年	2011 年	2012 年	2013 年
家庭电话通信	109632	110971	111404	110771	111371	111906	112453
固定电信通信	35640	33212	31418	30853	30806	30429	29354
移动电话通信	73992	77759	79986	79918	80565	81477	83099
家庭消费支出	3138316	3135668	3044643	3027938	2966673	2971816	3018910
电话通信消费占家庭消费支出的比例	3.49	3.54	3.66	3.66	3.75	3.77	3.72

资料来源：日本总务省统计局的《家計調査》（総世帯），http：//www. stat. go. jp/data/kakei/index. htm。

四 日本传媒产业政策

2001 年 1 月，日本政府就执行了《构建先进的信息和通信网络社会基本法》（平成 12 年法律第 144 号），它是为实现全面普及互联网络信息通信和推进日本形成先进的信息和通信网络社会而出台的。这项法律以政府为主导，通过信息网络服务以促进日本的农业、工业、医疗卫生、道路交通网等的发展，并力图改善防灾减灾等公共安全服务。因此，日本传媒产业的发展再也不是独立禁锢式的，而是逐渐与其他产业相互联系、相互促进，信息传媒产业的发展与其他产业的发展息息相关。2013 年 2 月，日本举行了“信息通信技术发展战略会议”，并于 2013 年 6 月、2014 年 1 月和 6 月相继召开了推进会议。目前，日本政府已将传媒产业政策提升到了国家战略的高度，力图通过信息通信产业的进步促进全产业的全面发展。

（一）智能日本信息通信技术战略

2014 年 6 月，日本召开了“ICT 成长战略推进会议”，会议中提出要建设“智能日本信息通信技术战略”以实现日本经济增长和国际竞争力的提升。“智能日本信息通信技术战略”是指将日本逐渐建设成为一个各产业均能通过互联网技术相联系的信息化智能社会。一是到 2020 年，要将日本打造成世界上“知识信息产业最强国”，东京要成为世界上 ICT 环境最优越的城市；二是争取通过 ICT 技术逐步解决全球性问题、日本面临的诸项挑战以及同盟国家遭遇的各项问题；三是信息通信技术是一个国际性的课题，将信息通信技术战略在全世界范围内展开，尽可能地与世界其他国家合作，形成“国际拓展计划”。在此基础上，日本的产业界、学术界和政府需要通力合作，以发挥综合实力。

（二）实行信息与通信技术人才养成计划

日本政府为了实现使日本保持世界最高水平的信息通信技术状态，提升国际竞争力，推动信息产业的进一步发展，日本政府非常重视信息与通信技术的人才培养。在 2011 年，日本政府就推出了一个 3 年期的“高级 ICT 人才培养计划”，并设计了一些基础的培训课程；2012 年，总务省还在基本课程的基础上引进了与云服务和大数据相关的课程，为相关企业培训 ICT 人才。

在未来生活中，信息通信技术之间的融合是大势所趋，因此日本政府致力于提升日本民众的媒介素养，开展 ICT“扫盲”活动。一是日本政府的重点在于提高青少年的媒介素养，2012 年和 2013 年总务省调查了近 3500 名高中一年级学生媒介素养状况，目的是为了引导青少年安全理性上网。数据显示，2013 年日本高中一年级学生中有 72% 曾浏览过违法有害的信息，70% 的学生曾不正当地利用过信息，64% 曾浏览过侵犯隐私的信息（见表 6）；同时，2013 年接受调查的日本高中一年级学生的不良信息摄入率普遍高于 2012 年。鉴于此，政府将与学校和家长通力合作，提出“e 环境净化计划”，并在全国2073所学校开设了“e净化大篷车”课程，力图提升儿童和青少年的媒介素养。

表6　2012年和2013年日本被调查学生的不良信息摄入率

单位：%

项目	2013年	2012年
违法有害的信息	72	71
不正当利用信息	70	67
侵犯隐私信息	64	63
总和	69	67

资料来源：日本总务省：《青少年のインターネット・リテラシーに関する実態調査》，2013，http：//www.soumu.go.jp/johotsusintokei/whitepaper/ja/h26/html/nc264520.html。

（三）保护儿童及青少年的身心健康

美国、英国、法国、德国、加拿大、澳大利亚、新加坡、中国香港等大众传播媒体发达的国家和地区，都有电视节目分级制度。中国台湾的电视节目和电影一样，也有包括普遍级、保护级、辅导级、限制级在内的内容分级制度。分级制度的主要目的是保护儿童及青少年的身心发展。在日本，电影有分级制度，但电视节目没有全国统一的分级制度，日本的电视节目画面上也不会出现分级标示，主要原因：一是日本认为欧美的分级制度在具体电视节目分级标志上可能存在错误；二是如果分级标示出现在电视画面上，反而可能会引起儿童及青少年的好奇心，故不予标示。同时，为了保护儿童及青少年，日本政府规定各家电视台每周至少播3个小时的儿童节目，为青少年普及知识并提高其理解能力。日本规定：在儿童与青少年中，拥有高度收视率的连续剧等节目，期许于节目中传递尊重他人的重要性等，为道德品性教育尽一份心力；综艺节目和以学校为场景的节目等，请留意不要以肯定的态度来阐述“霸凌事件”；人气艺人的言行举止容易成为儿童与青少年模仿对象，须慎重考虑规划。①

① 台湾媒体教育观察基金会：《日本电视节目分级政策》，http：//mediawatch.org.tw/node/4010。

（四）改善视听障碍人士收视体验

总务省为了改善残障人士对传媒文化的体验，在对广播电视进行智能化的同时，也力图让视听障碍人士能享受传媒业中的智能化改善。过去，日本电视节目中几乎有 20% 的节目是没有字幕的，为了让听力障碍的人士能够通过广播电视顺畅地获取信息，总务省特意展开了“字幕计划”。2012 年 10 月 2 日，日本对残障人士的关于选民信息的传播条件进行了改善，尽量让日本残障人士也能全面地通过各种媒体了解选举信息，并确立了“向视听障碍人士普及行政方针的传播管理草案”。2014 年 1 月，“数字电视时代的多语言字幕研讨会”召开，成立了“多语种字幕组”和“CM 字幕组”。另外，政府在紧急广播电视中，例如重大灾害时也会推出手语播送，并尽可能地加上字幕，让视听障碍人士能够得到合理的指引。

（五）个人信息的安全利用

日本个人信息的保护问题是在电子信息化程度越来越高的情况下才逐渐受到重视，最初日本的个人信息保护是与实行电子化政府活动相联系的，在政府建立信息公开体制的同时，必然会涉及对个人信息的收集、存储、加工和交换，然而却没有顾及电子商务经营者在个人信息保护中应承担的义务，即尚未考虑到民间企业在利用个人信息时对个人信息的侵害，从而导致了民间企业对个人信息的不适当应用造成的个人信息外泄事件频发。在此背景下，日本政府将民间企业纳入个人信息保护的调整范围内，并将相对类型化的个人信息的采集、存储、使用和信息交换、共享等加以规制。经过一系列法律的修正，日本于 2003 年 5 月 30 日公布了《个人信息保护法》，它以个人信息的有效利用与个人信息保护为宗旨，确立了个人信息保护的基本原则及方针，明确了国家及地方公共团体的责任义务，以及使用个人信息的企事业应遵守的义务。[①] 至此，日本有关个人信息保护法制化的框架基本完成。

---

① 谢青：《日本的个人信息保护法制及启示》，《政治与法律》2006 年第 6 期，第 152 页。

然而，随着信息技术的进步，商业对用户个人数据信息的了解和收集也有了更多的需求，2013 年 12 月 20 日，政府 IT 综合战略部门在首相官邸召开了会议，为了能够让囊括庞大个人信息的大数据资源在商业领域得到积极有效的利用，决定修正制度，即如果是匿名化了的信息，不经由本人同意，也可向第三人提供。[①] 而日本现行的《个人信息保护法》第 4 章第 23 条中规定：个人信息获得者除了几种特定情况外[②]，在事先没有取得本人同意的场合不能将个人信息提供给第三人。由此可以看出，除特殊情况外，现行法是禁止未经本人同意而向第三人提供个人信息的。而日本政府也正在就如何妥善地利用用户匿名化个人信息而做进一步的法律磋商，其中必然要明确企业接受匿名化信息所需要的登记手续，以及设置监察信息使用情况的第三方机构，并且要赋予此机构进行监察和给予企业行政处分的权力。目前日本正在制定此项条文的详细内容，目标是于 2015 年的国会例行年度会议上提出有关匿名化个人信息保护法修正案。[③]

参考文献

日本总务省：《情報通信白書（平成 26 年版）》，东京：株式会社ぎょうせい，2014。

日本总务省统计局、统计研修所、每日新闻社：《日本統計年鑑（第 64 回）》，东京：日本统计协会，2014。

日本经济产业省商务情报政策局情报政策课：《平成 26 年度（2014 年）概算要求：情報政策の重点》，2014 年 10 月。

日本总务省：《電気通信サービスの契約数及びシェアに関する四半期データの公

---

① 黄晨：《日本〈个人信息保护法〉立法问题研究》，重庆大学硕士学位论文，2014。

② 基于法令的特定情况：为了提升公共卫生或儿童健全教育推进的必要场合，又困于取得本人同意的情况；国家机关、地方公共团体或是接受其委托的单位或者人员针对法律规定的事项而需要协作的场合。

③ 日本产经新闻：《针对在大数据、商业领域政府 IT 策略本部重新指定方针的决定》，http：//sankei. jp. msn. com/economy/news/131220/biz13122014400014 – nl. htm。

表（平成 25 年度）》，http：//www. soumu. go. jp/menu _ news/s - news/01kiban04 _ 02000081. html，2013。

日本总务省：《平成 25 年通信利用動向調查》，www. soumu. go. jp/johotsusintokei/statistics/statistics05. html，2013。

谢青：《日本的个人信息保护法制及启示》，《政治与法律》2006 年第 6 期。

黄晨：《日本〈个人信息保护法〉立法问题研究》，重庆大学硕士学位论文，2014 年。

杨帆：《电子书的现状和未来发展（一）——电子书带来的变化?》，《印刷杂志》2011 年第 4 期。

B.5

变与不变：2014年英国传媒市场发展报告

孙鹿童 唐志成*

摘 要：纵观2014年英国传媒市场，传统媒体在困境中寻找出路，权威地位无法撼动；数字媒体发展迅速，在内容竞争上寻求传统媒体合作，在终端竞争上各显奇招。电视行业收益虽然仍位居榜首，但网络电视发展势不可挡，视频点播服务收益可观；广播行业收入减少，为寻求出路与增长点，英国广播继续进行数字化转型，且业内格局重组与博弈或为广播带来新的生机；在报刊方面，移动化与数字化的阅读方式蓬勃发展，然而纸质报纸仍然是拥有良好阅读习惯英国人手中的首选；英国受众的新媒体使用习惯融入全球化，网络媒体、移动端媒体选择多在全球范围内、拥有大量用户的站点。媒体终端的“入口”竞争越来越激烈，各大电视台及传媒集团纷纷推出播放器及媒体终端，抢占用户市场；同时，移动技术的快速发展开始引导英国受众的媒体使用习惯向移动化转移。2014年英国传媒市场竞争激烈，但是传统权威媒体地位不可撼动；移动互联技术发展为英国受众带来更多媒体路径的选择，各类媒体在移动化、数字化的媒介时代中不断调整同时也始终坚持，为英国的传媒事业发展添砖加瓦。

* 孙鹿童，中国传媒大学2014级广播电视学博士研究生；唐志成，中国传媒大学2014级新闻与传播专业硕士研究生。

关键词： 英国 传媒产业 媒体终端 视频点播 移动化

一 行业概况

纵观英国传媒市场，传统媒体在困境中寻找出路，权威地位无法撼动；数字媒体发展迅速，在内容竞争上寻求传统媒体合作，在终端竞争上各显奇招。

（一）电视行业整体收益领先，移动端数字广告收入直线走高

2013 年，英国传媒市场收益为 602 亿英镑，与 2012 年收益相差无几。其中，电视领域的收益表现最为强劲，以 129 亿英镑为全行业最高，比上年增加了 4.26 亿英镑。在广播领域，整个广播产业收益为 11.8 亿英镑，比 2012 年下降了 2.1%。值得注意的是，由于英国公营媒介体制的主导，电视和广播领域的整年收益包括订阅费、广告收入、社会资金赞助等多方面，因此电视行业的收益最高值是一个综合性的指标。

目前，虽然电视行业仍然为传媒市场收益的龙头，但是仅从广告收益一项来看，互联网广告收入表现最为强劲。互联网特别是移动互联网的发展势头迅猛，使得数字广告的发展不容小觑。2013 年，英国在广告收入方面，数字广告收入约为 63 亿英镑（见图 1），搜索广告仍是数字广告收入的最主要来源，占到数字广告收益的 55%。

由图 1 可知，互联网数字广告的收入比其他媒体领域的广告收入高出许多。其中，移动互联网广告收入直线走高，比 2012 年几乎翻了一番，达到 10.31 亿英镑。移动端广告的迅猛发展与移动互联网的到达率直接相关（见图 2）。

（二）技术进步带来媒体消费行为改变

互联网已经融入人们的日常生活，而受众对于“最快获取最新信息”

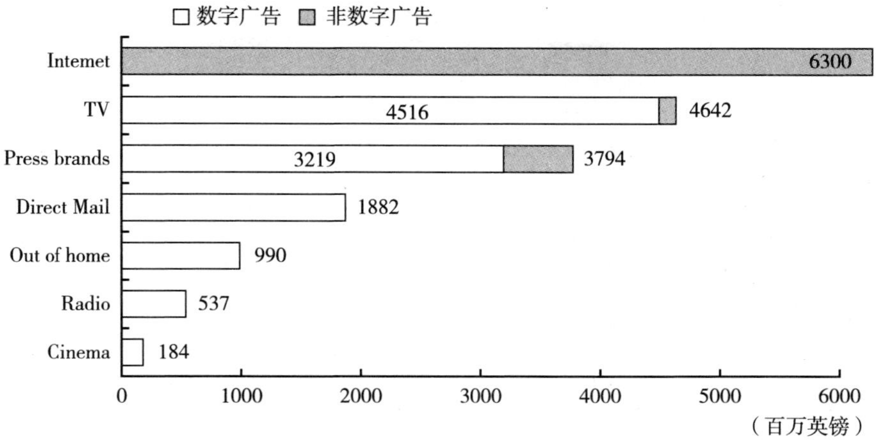

图1　2013 年英国广告收入

资料来源：AA/Warc，*Expenditure Report*，July 2014。

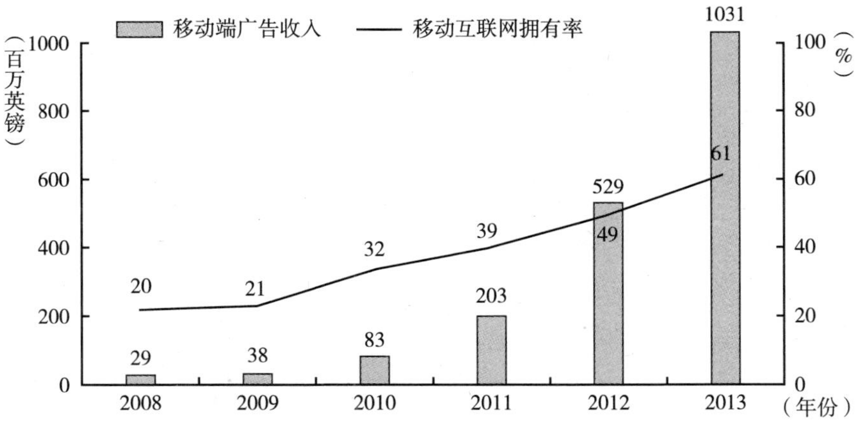

图2　2008～2013 年英国移动端广告收入及移动互联网拥有率

资料来源：IAB / PwC，*Digital Adspend 2008－2013*；Ofcom，*Consumer Research*，2014。

的需求从未衰减。超级高速宽带的发展顺应了受众的快速需求，同时也助力了媒体行业的改革与转型。

从 2011 年开始，英国的超级高速宽带的覆盖率和渗透率直线增长（见图3），至 2014 年第一季度，超级宽带的拥有率占据全部宽带服务的

26.7%，这一比例还在持续上升。超级高速宽带的应用让依赖以互联网为依托的媒体使用者拥有更加便利和快速的媒介环境。

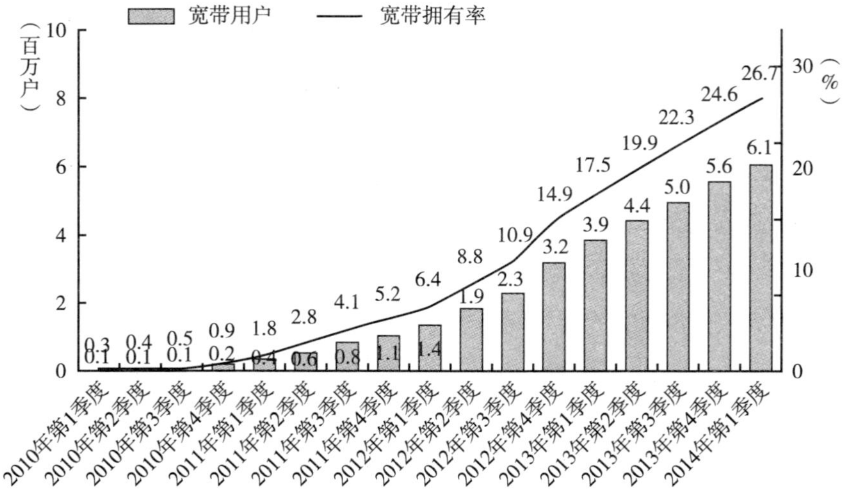

图3　2010年至2014年第一季度英国4G网络拥有率

来源：Ofcom，*Operator Data*。

移动互联网的高速发展成就了当下人们对移动媒体的消费习惯。英国Ofcom的一项调查显示，有57%的受访者表示他们的个人手机接入了移动互联网服务。这一数字足以证明移动互联网以及手机媒体的广阔空间。而4G通信网络的快速发展及普及会大大便利移动互联媒体的使用者，将新媒体的影响力和普及程度提升到新的高度，预计至2018年4G网络的渗透率将达到52.6%（见图4）。

目前，英国国内四家通信运营商拥有4G网络，约600万用户已享用4G网络通信服务。

（三）新闻消费：传统与新媒体并行

与数字广告收入趋势不同的是，在新闻消费方面传媒媒体的权威地位依然主导着英国受众的新闻消费习惯。电视是英国受众获取新闻最主要的来源

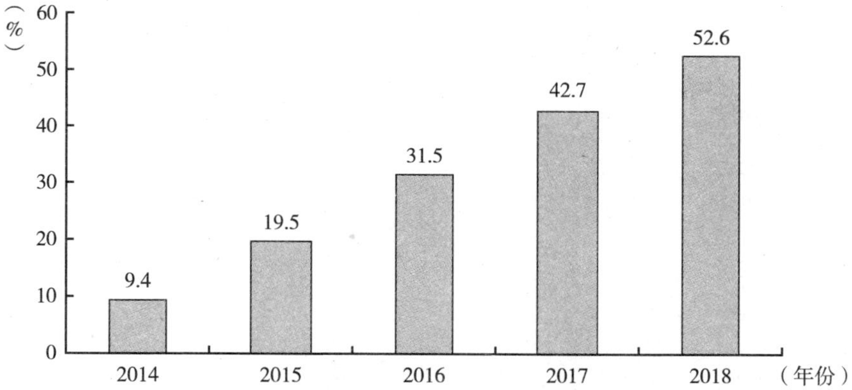

图 4　2014～2018 年 4G 网络渗透率

和渠道，占比高达 75%。在一项新闻消费的受众调查中，有 53% 的被调查者表示他们是看 BBC ONE 电视频道获取新闻资讯的，而另外有 33% 的用户说他们经常看 ITV 等电视频道的新闻。

目前，在互联网线上看新闻的消费习惯已经开始进入日常生活，用互联网和新闻客户端接收新闻的用户逐步增多，2014 年已经有 41% 的用户通过互联网获取新闻资讯，而在 2013 年仅有 32%。这一特点在 16～34 岁的人群中更为明显，16～34 岁的青年人用互联网或客户端接收新闻的比例在 2014 年达到 60%，他们中间看报纸新闻的比例为 40%，听广播新闻的比例为 36%，与 2013 年相比基本未有变化。可以说，在新闻消费习惯出现了年龄差异，即青年人更青睐于以数字手段获取新闻。

通过互联网和移动设备获取新闻已成为一种媒体消费的趋势，在英国也不例外。但是在网站和移动端新闻媒体的选择上仍存在差异。整体来说，《每日邮报》、《卫报》、BBC 新闻以及《每日电讯报》的网站是四大线上新闻来源（见图 5）。然而，在移动端新闻的选择上，BBC 独占鳌头，最受到新闻消费受众的青睐。这一方面说明 BBC 作为英国唯一的公营媒体，在适应技术变革和传播方式颠覆中表现良好，赢得受众的支持和喜爱；另一方面受众因科学技术进步而开始改变获取新闻资源的渠道，但是对于传统新闻品牌的依赖程度和信任度依然保持不变，变的是渠道，不变的是新闻品牌。

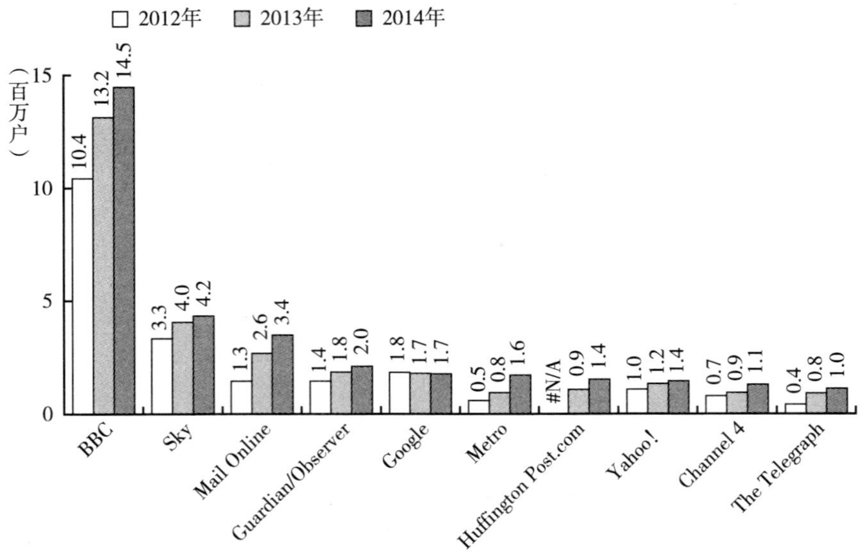

图 5　2012～2014 年英国移动端新闻站点访问量

资料来源：comScore MobiLens。

二　行业与市场分析

（一）电视

1. 颠覆传统——行业收益第一，网络电视势不可挡

2013 年，英国电视产业收入 129 亿英镑，比上年增加了 4.26 亿英镑。其中，来自收费电视的订阅费收入增长了 6.7%，达到近 59 亿英镑，订阅费在整个电视行业的收益中占比达到 46%。网络电视收益增加了 3.64 亿英镑，增幅达 41%。在网络电视的收益中，网站付费节目订阅费的增长幅度高达 76%，收益为 1.12 亿英镑。然而，在网络视频网站和网络电视的冲击之下，传统电视媒体的广告收入并没有持续下降，而是开始反弹，增幅达 4%，收益达 37 亿英镑，为 5 年来的最高水平。

网络电视的高收益，源于其定制式的媒体服务，即向用户推送和提供更

加多元和时间跨度更长的视频节目，打破线性媒体转瞬即逝型的媒介服务，变线性流媒体内容为“为我所选”的电视服务。

技术改变生活，智能电视为网络内容开辟更多通道。智能电视的出现和普及，大大拓展了受众可以接触到网络视频内容的渠道，提升了以“家庭媒体”为特点的电视服务内涵。数字智能电视的发展与网络视频内容的结合，打破了传统电视的单向传播模式，将交互式和订阅式的网络思维引入电视行业，由此电视媒体加入了视频点播业务的竞争，将视频点播服务的辐射范围扩展至家庭媒体。

2. 内容为王——视频点播拓展了电视服务

在过去的7年中，英国视频点播服务（Video on demand）得到迅速发展。从公开传播的电视媒体，到提供电视服务的运营商，再到线上视频网站，无不在视频点播服务的领域拓展自己的业务，丰富视频媒体的竞争内涵。

自2007年末，BBC在线播放器BBC iPlayer面世后，天空电视台的SKY iPlayer、ITV Player、维京TV纷纷出现，不断促进英国视频媒体市场点播业务的发展。2008年6月，苹果公司iTunes开始对英国用户增加视频点播服务，同年BBC电视台开始在BBC iPlayer上同步直播BBC一套和二套的节目。

2012年，以发布原创内容的视频网站Netflix英国版上线，加入视频点播业务行列；2013年该网站与维京传媒的视频服务终端Virgin TiVo开展合作，大大拓展业务范围和影响力。2013年6月，天空电视台发布NOW TV机顶盒，为非订阅用户提供天空电视台的内容，包括体育电影和娱乐内容。2013年9月，维京传媒成为首个收费电视提供商与视频点播等供应商合作，将Netflix应用程序配置在它的TiVo盒子上。

在线视频网站依靠独播权和受欢迎的电视节目以及原创内容的投资来驱动订阅。传统电视媒体不甘示弱，利用权威优势，在媒体终端上下足功夫，从BBC iPlayer，天空电视台SKY iPlayer、NOW TV到维京传媒自主的TiVo电视服务终端，这些英国电视行业中的佼佼者积极应对来自视频网站天然网络优势所带来的丰厚收益，与其展开“混战”，在视频点播服务市场上平分秋色。可以说，如今英国电视行业的发展，已不是传统电视节目输出与影响力的结果，而是运用电视媒体品牌而展开的视频媒体服务的拓展，这大大丰富了电视媒介的服务内涵，是传统电视台迎合媒介时代发展的大动作。

视频点播服务竞争激烈，各家媒体不断努力发展自己的视频终端或内容入口，以独播视频或海量内容争取受众。英国观众对于视频点播服务的接受度逐年增高，2013 年下半年有接近一半的英国观众选择使用了视频点播服务，这一数字比 2010 年同期增长了近一倍（见图 6），在英国电视视频行业中，视频点播已成为重要的电视服务项目。

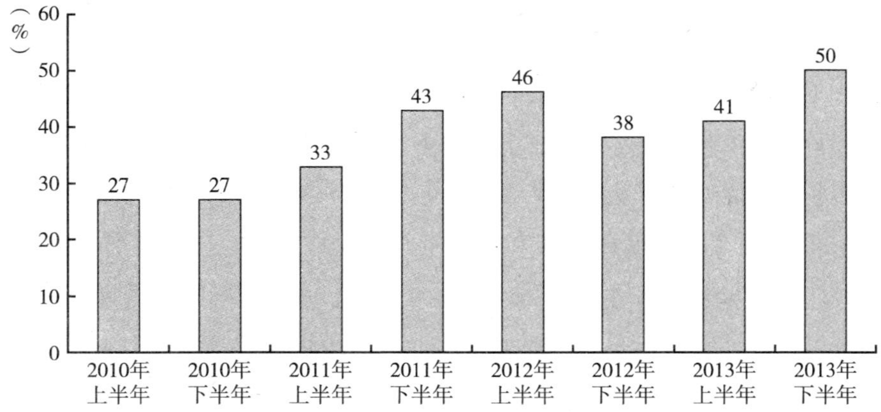

图 6　2010～2013 年英国视频点播服务使用率

来源：Target Group Index（TGI），*Kantar Media UK*，2014。

Deciper 的一项受众调查显示，电影和本土电视剧是电视和线上视频点播最受欢迎的内容，在线视频点播用户观看纪录片的比例比观看电视喜剧的比例更高。因此，以“内容为王”是视频点播服务的立足点与竞争策略。

电视视频点播服务的受众接触率均比在线网站视频点播的接触率高，这一方面得益于数字电视的高普及率。目前，英国数字卫星电视的家庭覆盖率高达 98%，带动了电视视频点播业务的渗透，而各大电视台的自主视频终端接入电视为电视 VOD 业务的接触率做出贡献，使传统电视媒体在节目内容上的独占优势凸现出来（见图 7）。

同时，互联网视频网站的市场开始压缩，一方面电视视频点播服务蒸蒸

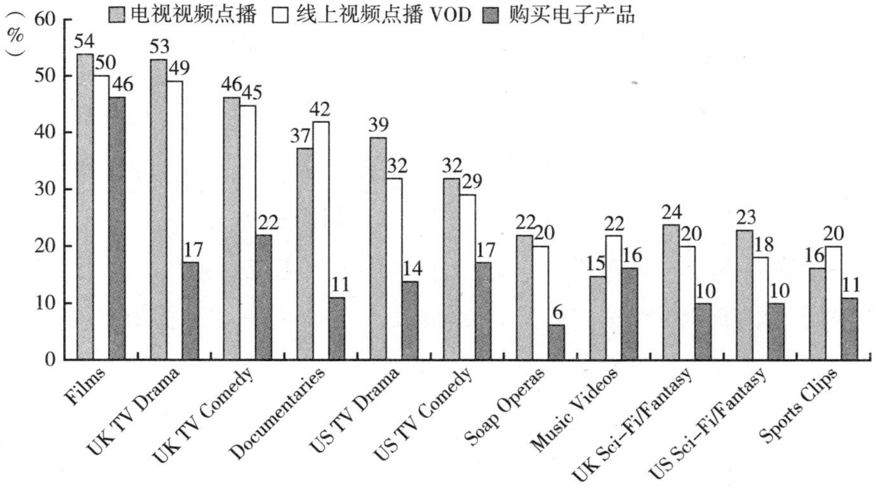

图7　视频点播内容比例

资料来源：*Mediabug Tracker*，*Decipher*，2014。

日上，另一方面移动互联网的发展带动平板和手机终端的视频点播服务（见图8）。

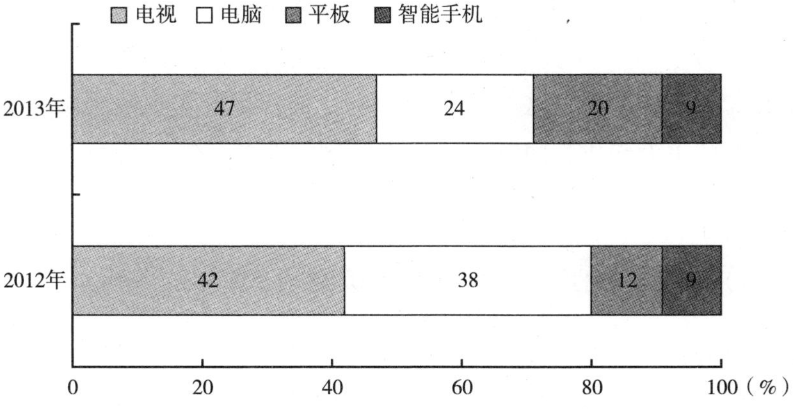

图8　视频点播服务终端占有率

3. “反向”操作——视频网站与传统电视内容的结合

在视频领域割据混战中，在线网站服务对传统电视媒体造成冲击。纯视频网站是主要的竞争力量，另外其他类型的网站开始向视频领域拓展功能。

2014 年 2 月，亚马逊将视频网站 Love Film Instant 的内容合并加入其英国零售网站，并将其重命名为“亚马逊首选快速视频”。亚马逊宣布购买《开膛街》（*Ripper Street*）第三季版权，这部迷你剧由英国广播公司 BBC 制作，且前两季版权均在 BBC。这一举动在英国电视行业中，是首次线上视频内容提供商购买英国广播公司原创内容，同时第三季独播版权的购买也宣示着英国电视节目首次由传统电视台播出转向电视节目只在线上网络进行传播。

2013 年下半年，BBC 和第四频道（Channel 4）将其内容产品提前在线上放出，然后再在电视媒体上播出。

以往的电视内容传播，遵循先电视后网络的原则，在没有视频网站自制节目的时候，传统电视台对于电视节目拥有足够的掌控权，即从电视频道流向在线网站，即便是电视媒体自己的网站也只是将一套电视节目在电视机和网络站点两个终端同时播出。然而，诸如亚马逊购买电视节目版权以及 BBC 和第四频道率先在网站上公开节目内容的案例告诉我们，视频网站开始对电视内容进行“反向”操作，从“电视→网络”的流向开始向“网络→电视”的方向发展。这一“反向”动作的出现既为视频网站提供了占有视频市场的更大契机，同时也为电视媒体的业务发展突破瓶颈提供了思路。

（二）广播——BBC 广播强势不可撼动

1. 行业收益下降

2013 年，广播行业整体收益 11.78 亿英镑（见图 9），比 2012 年下降了 2.1%，其中英国广播公司收入减少 400 万英镑，商业广播收益下降 2100 万英镑。尽管地方商业广播电台的广告收益有轻微涨幅，但是 0.8% 的广告收益增长难敌全国商业性电台广告以及赞助费的大幅下降。而商业广播电台的广告收入仅占整个传媒行业广告收入的 3.1%，比 2012 年 3.3% 的占比有所下降。广播在行业收益上的“夕阳”表现显示出来自视频及多媒体媒体市场的挤压。

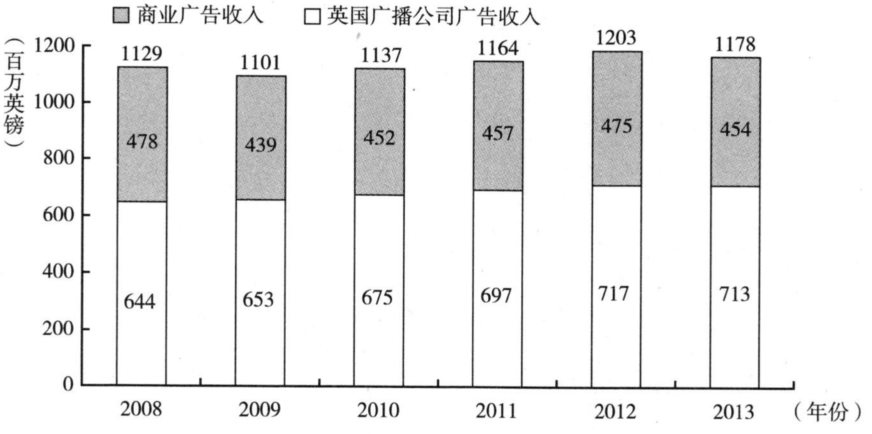

图 9　2013 年广播行业的收益分布

2. 广播传播路径的数字化转型

广播的数字化转型是广播行业适应媒介新时代的最佳出路。英国的广播媒体发展相对成熟，广播行业的数字化转型也在持续不断的发展。目前，收听广播已不再局限在室内用收音机收听的习惯，可以接收广播信息的渠道已经大大拓展。

通过模拟信号传输的广播电台是大多数，全英国目前拥有 560 家模拟信号广播电台，其中地方商业广播是模拟信号广播的主力，达到 291 家，而在 DAB 数字平台上进行广播的电台有 198 家。从数据来看，模拟信号广播服务是广播市场的传播主力，数字广播的收听贡献率超过了 1/3，这说明英国受众收听音频广播的渠道已开始向数字化转型，听众可以通过 DAB 设备收听广播，另外数字电视、互联网以及手机同样拥有收听广播的功能，这大大拓宽了广播业务的覆盖范围，这是模拟信号广播通路向数字化转型的必经之路，转型不意味着抛弃传统 FM/AM 的接收频段，而是利用技术手段以及受众媒介行为改变的事实寻求自我发展。

模拟信号广播的数字化转型通过包括电视、网络、手机等多种渠道增加传播通路，这是在坚持传统广播服务特色时应对媒体受众行为改变的举措。2013 年、2014 年通过数字电视、网络以及手机收听广播电台节目的听众比例均在 20% 以上，且通过互联网和手机收听广播有上升的趋势（见图 10），传统广播频率有可能通过传播路径的数字化转型突破生存困境。

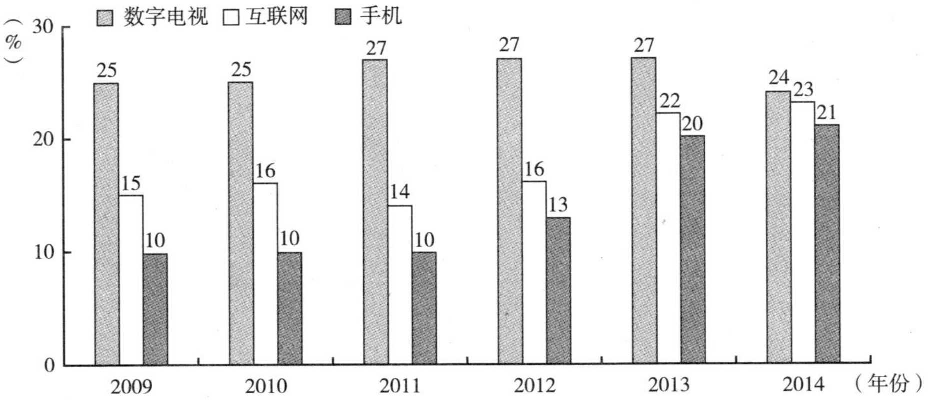

图 10　2009～2014 年英国通过电视、互联网和手机收听广播比例

来源：Ofcom，*Consumer Research*，2014。

2014 年，数字广播收听率比 2008 年增加了一倍多。2008 年第一季度数字广播收听率为 17.8%，2014 年同期增长至 36.6%。全国性商业电台的数字转型效果更加明显，全国性商业电台数字广播收听率达到 62%。DAB 数字设备是收听数字广播的最主要设备，2013 年，通过 DAB 数字设备收听数字广播占到全部数字广播收听率的 2/3，充分显示了 DAB 数字设备的收听强势。2014 年第一季度，全英 DAB 数字设备的拥有率接近 50%（见图 11）。这将继续改变英国广播行业的收听格局，促进广播的数字化变形和业务拓展。

3. 广播行业的格局重组与博弈

2013 年，英国广播行业完成了两次商业电台的重组。Bauer 媒体集团把印度时报旗下的绝对广播（Absolute Radio）集团的频率收入囊中，环球集团收购卫报传媒集团旗下的电台，还有一些频率流入 Real & Smooth 有限公

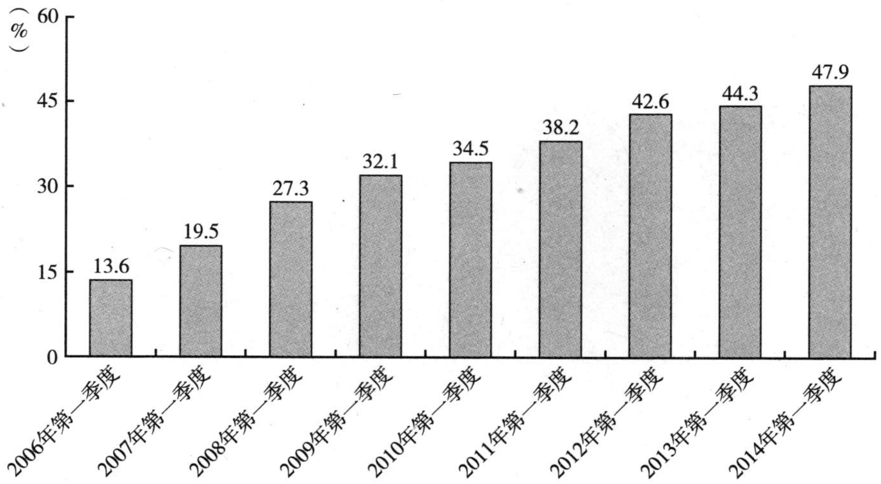

图 11　2006～2014 年 DAB 数字设备拥有率

来源：RAJAR，*Ipsos MORI*，*Q1 2006－2014*。

司，另外一些频率如苏格兰首都电台以及南威尔士首都广播都归 Communicorp 所有。重组刷新了英国广播行业的格局，几大商业广播集团与公营广播 BBC 博弈，分流了广播市场的占有率。

在收听市场上，BBC 公营广播网络仍居主导地位，而 Bauer、Global、Communicorp 等商业广播集团共同占据半壁江山，形成了较稳定的广播新格局（见图 12）。

在数字广播方面，BBC 的纯数字广播频率依然是最受欢迎的数字广播。紧随其后的是来自 Bauer 广播集团的数字频率，公营电台与商业电台在数字市场上展开博弈，BBC 数字频率和 Bauer 集团的数字频率分割了数字收听时长的占有率（见图 13）。

4. 全国性 DAB 数字广播服务扩展

数字广播优于传统电波频率的一个显著优势是不受波段的限制，可以实现数字化的多频段广播。2015 年 3 月，Ofcom 颁发了第二张全国性 DAB 多频段（Multiplex）数字广播执照。这张执照的拥有者 Sound Digital 集团由 Arqiva、Bauer 和 UTV Media GB 三家商业广播公司共同组成，共同承担新的

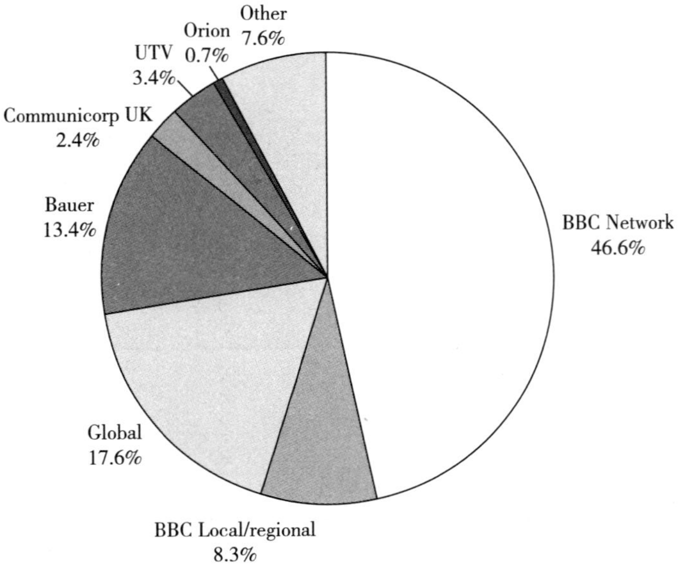

图 12　2014 年第一季度收听时长占有率

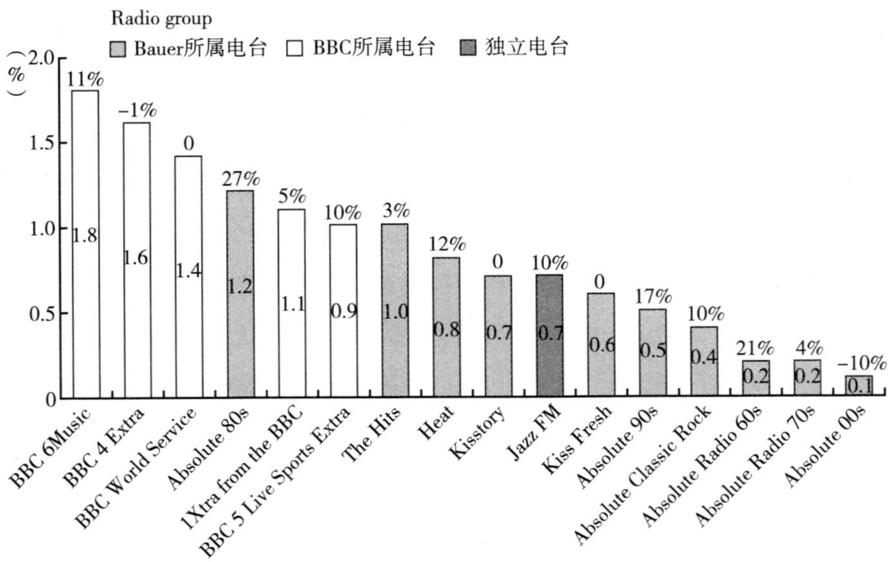

图 13　2014 年第一季度最受欢迎数字广播电台

注：图中百分数为时长占有率。

DAB 数字广播频段的运作。早在 2007 年，Ofcom 曾向 4 Digital 集团有限公司发放了第一张全国性商业数字广播执照，4 Digital 集团的最大股东是第四频道（Channel 4）广播公司。4 Digital 运营的 DAB 数字广播拥有 8 套数字广播服务，而拥有第二张全国性 DAB 数字商业广播执照的 Sound Digital 集团在其数字频段上运行 15 套数字广播服务。这将加大数字商业广播的影响范围，英国听众也可以享受更加多元的数字广播服务。

（三）报纸

1. 报刊阅读全民化

英国受众拥有良好的新闻阅读习惯。目前，有 93% 的英国成年人阅读纸质报纸或者在线阅读新闻，也就是说，在英国每 10 个人中就有 9 个人阅读纸质版或者电子版的新闻内容，其中有 84% 的英国成年人有阅读报纸的习惯，62% 的英国人通过电脑或者移动设备获取报纸的新闻。也就是说，纸质报纸依然是大多数英国人阅读新闻的首选形式。

2. 报刊阅读数字化、移动化

近年来，数字化不断挤压传统印刷报刊的市场，但是报业集团并没有在技术冲击下败下阵来，而是采用报网融合的路径继续生存，并取得了不错的转型成绩。如今，数字版报刊已成为衡量报刊市场占有率的指标之一。

英国全国阅读率调查（National Readership Survey）数据显示，2014 年数字化新闻报纸的阅读率使得报刊整体阅读率增加了 21.2%，报刊阅读数字化趋势越来越明显。全英有大约 51% 的用户会阅读权威大报，而对于权威报纸数字版的阅读率在过去一年增长了 149%。这也显示出阅读权威大报的受众对于数字革命的接收度相对较高，积极应对报刊阅读的数字化转型。相比之下，热衷于阅读流行小报的英国受众对于数字化阅读方式的接纳程度较弱，但数字化的阅读率依然有 54% 的增长，充分说明其蓬勃发展的态势。

另外，包括手机、平板在内的移动终端上，报刊的阅读率也有所上升。移动式的报刊阅读率为报纸增加了 26% 的阅读率（见图 14）。

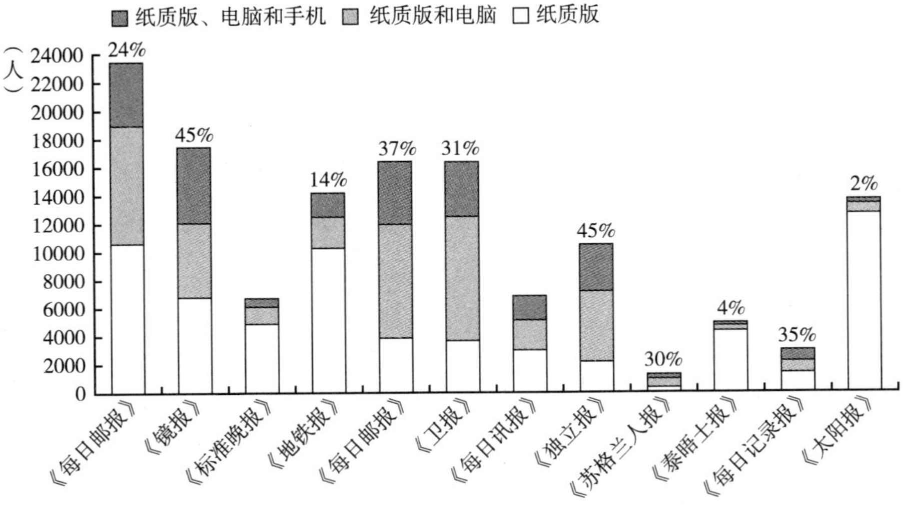

图 14　2014 年英国各大报纸阅读率

注：图中百分数为纸质版的阅读率。

（四）新媒体

1. 网络站点访问融入全球化

互联网让世界联通由梦想进入现实，这一点在各大网站全球化体现最为明显。2014 年，在英国新媒体受众间最受欢迎的网络站点，谷歌网站是用户最常访问的站点，每月访问量达到 4700 万人次；第 2 名为雅虎，每月拥有数字受众 3800 万；第 3 名是脸书（Facebook），每月访问量为 3600 万人次；紧随其后的高访问量网站有微软、亚马逊、BBC 网站、易趣、维基百科等（见图 15）。其中，除了 BBC 网站是英国本土的媒体网站之外，其余点阅量高的网站都是在全球大部分地区普遍受欢迎的网站。可以说，英国新媒体的发展适应了全球化，已经融入了主流世界媒体。

另外，社交网站的表现同样体现出全球化理念的渗透。前 3 名最受欢迎的社交网站依次为 Facebook、Twitter 以及 Linkedin，这 3 家社交网站在全球范围内都拥有大量用户（见图 16）。

移动互联媒体发展在社交网站中最为明显。2014 年相较于前两年，使

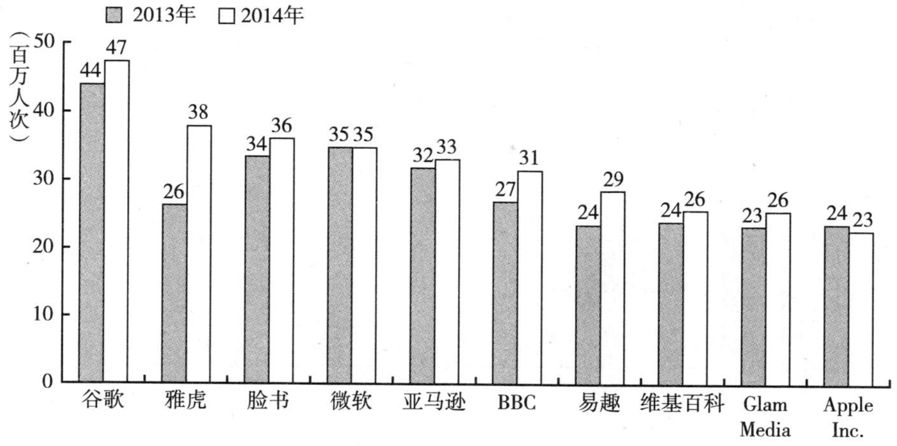

图 15　2013 年和 2014 年英国前 10 名最受欢迎的网站

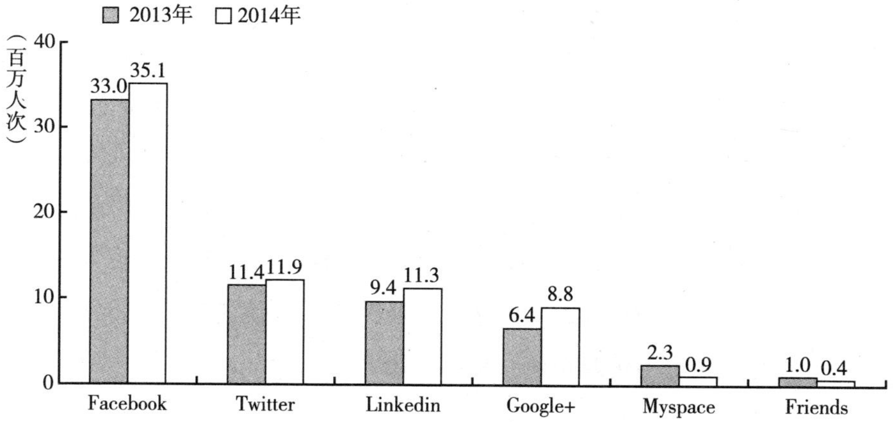

图 16　2013 年和 2014 年英国社交网站使用情况

用手机的访问社交网站用户数量逐年上涨，通过手机终端访问社交网站的用户量占据越来越大的比重（见图 17）。

2. 音视频资源与移动客户端的加速结合

在英国，YouTube 是最受欢迎的视频分享网站，用户量达到 4000 万户，拥有率为 83%，是第二受欢迎的视频网站 Vimeo 的 4 倍，后者用户量为 1100 万户，第三位是 Dailymotion，用户为 590 万户。YouTube 视频分享网站

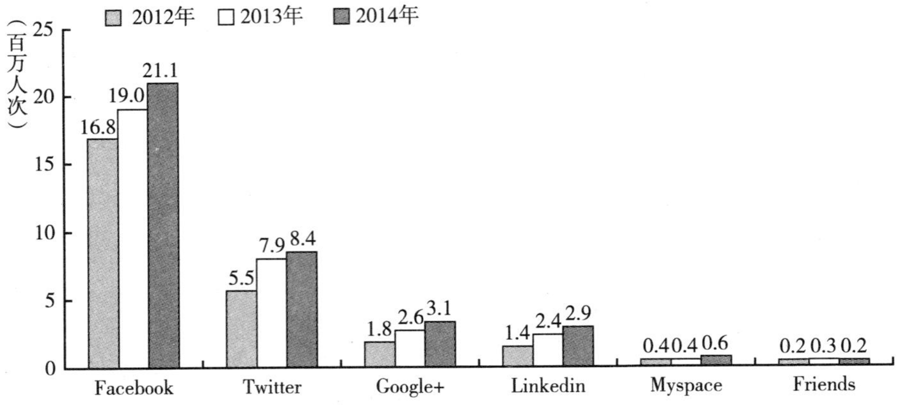

图 17　2013～2014 年英国手机上社交网络站点使用量

在英国视频网站中占有绝对高位，但值得注意的是，近两年它的移动端用户数量翻了一倍，达到近 800 万户。

英国广播公司自主的音视频终端 iPlayer 同样显示流媒体资源与移动终端的加速结合。2014 年 iPlayer 手机客户端的使用率为 20%，平板终端的使用率为 8%；与 2013 年相比，手机、平板等移动端 iPlayer 的使用量均增加了一倍（见图 18）。尽管目前移动端 iPlayer 还不是最主流的使用方式，然而新媒体音视频资源与移动方式的结合迅速挤压了电脑客户端的占比，相信这一结合趋势在今后的传媒市场会更加突出。

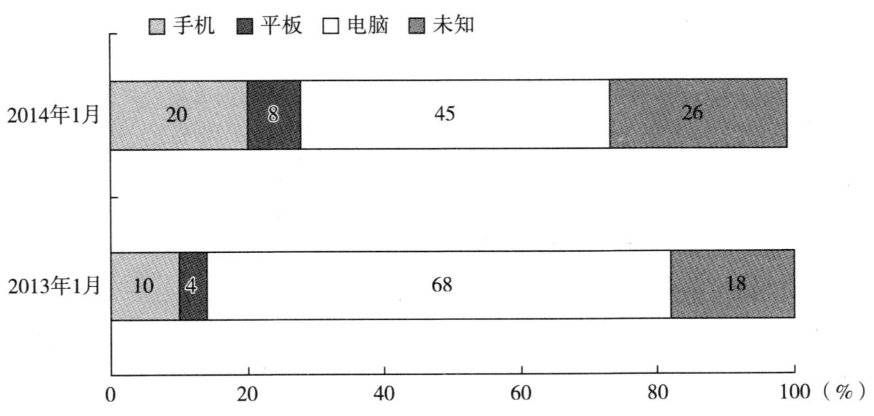

图 18　BBC iPlayer 使用量情况

二　发展趋势

（一）入口的竞争

内容竞争之外，媒体终端入口竞争会越来越激烈。除前文提到 BBC 的 iPlayer、天空电视台的 NowTV、Sky 的 iPlayer 以及维京传媒的 TiVo 电视机顶盒外，2013 年一些新的流媒体播放器出现在英国传媒市场，如西班牙语视频内容供应商 Wuaki. tv。另外，在线网站也在积极发展媒体终端，加入入口竞争，如谷歌的 Chromecast。

2013 年，英国传媒市场上还出现了整合各大电视媒体内容入口的新型媒体终端。2013 年下半年，BT 和 TALK TALK 两大传媒公司通过发行 You View机顶盒加入视频点播领域竞争，这个行为大大增加了两家公司的订阅业务。机顶盒整合了四大重要播放器，包括 BBC iPlayer、ITV Player、4OD 和 Demand 5，这就意味着它提供了 BBC、ITV、第 4 频道和第 5 频道这四家电视台节目内容的统一入口。这些终端的出现，都是在媒体市场上从入口处开始争夺受众的业务表现。相信在未来，在英国传媒市场的发展上少不了更加多元的媒体终端出现。

从目前来看，获取媒体内容的入口竞争激烈，BBC iPlayer 依然拥有最高的市场份额，彰显老牌公营媒体的权威优势与数字化中的优异表现。2014 年第一季度，BBC iPlayer 的视听量达到 2. 13 亿人次，视听需求既包含同步直播，也包含点播服务（见图 19）。

2. 移动设备发展改变受众媒体习惯

如今，平板已经取代电脑，成为英国受众最重要的上网设备。而手机和平板等移动设备的上网需求超过了 50%（见图 20），这将逐渐改变受众的媒体使用习惯，即在移动互联中连接传媒网络。

根据 eMarketer 关于英国社交网站的手机访问量的预测，到 2018 年，移动手机连接社交网站的使用率将会占到社交网站整体访问量的 93%（见

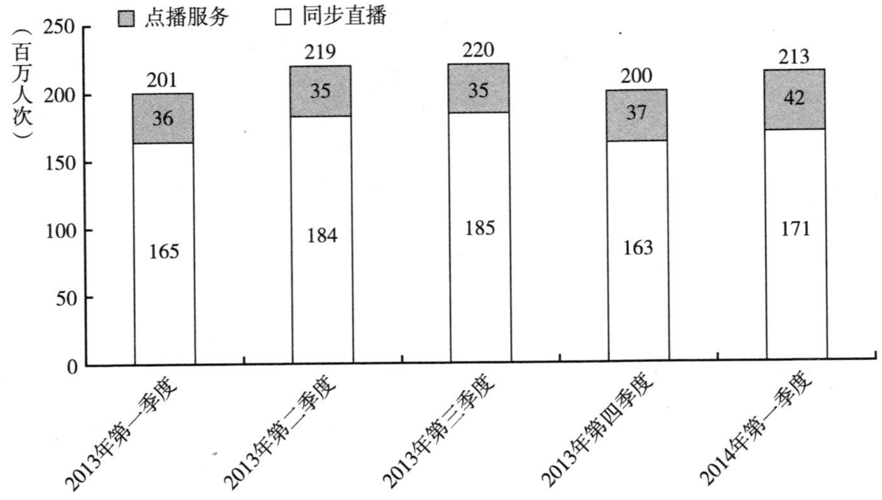

图 19　BBC iPlayer 的季度需求

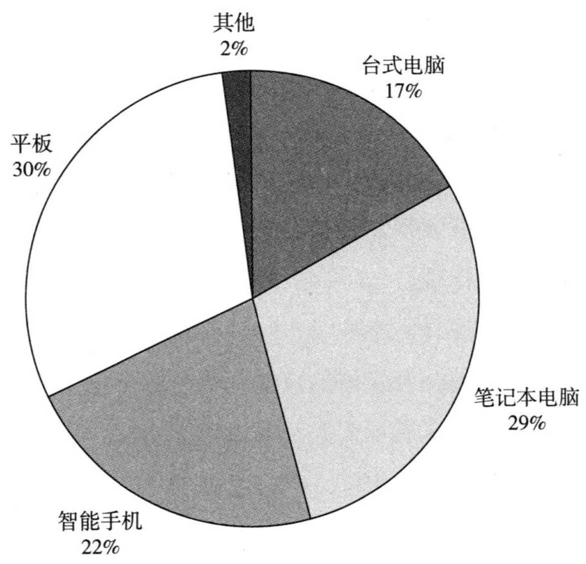

图 20　2014 年第一季度英国受众最重要的上网设备

图 21)，这一数字足可以证明移动设备以及移动互联技术会渗透到受众的媒介使用行为中，尤其是对新媒体使用的影响更加明显。

移动设备不仅包括手机、平板等新媒体终端，汽车配备的车载数字广播

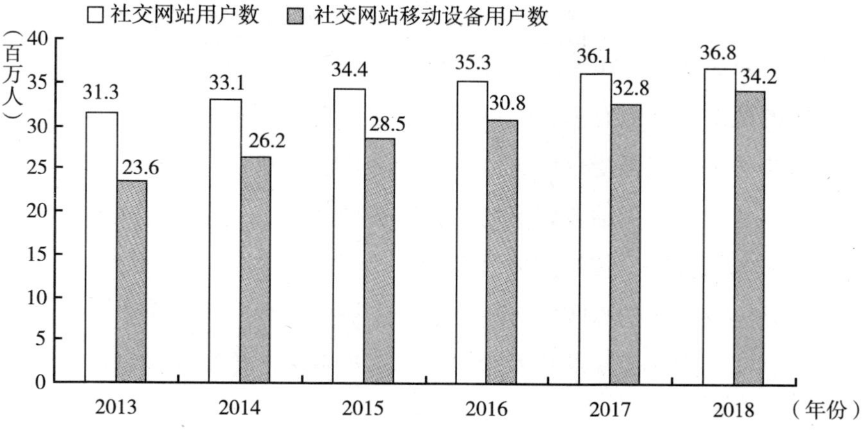

图 21　英国社交网站手机用户使用情况

装备同样是移动设备。听众在移动驾驶中接收广播服务，同样是一种媒介使用行为。2014 年第 2 季度，英国有超过五成（54. 8%）新生产的汽车在汽车标准配置中增加了 DAB 数字设备，比 2013 年第 2 季度配备 DAB 数字设备的汽车数量增加了 16. 5 个百分点（见图 22）。

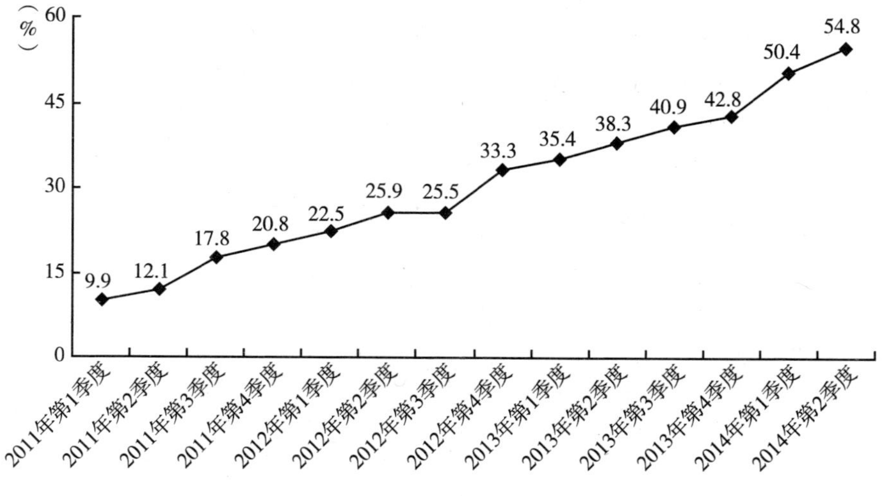

图 22　新出产汽车配备 DAB 数字设备情况

DAB 数字设备成为越来越多新生产车辆的标准配置，作为额外收费配置的比例越来越低。DAB 数字设备与移动中的汽车紧密结合，对数字广播移动收听的范围拓展大有裨益。可以说，随着人们对移动设备接纳度和认可度的进一步提高，英国受众的媒体使用行为将会不断融合而形成移动化的风潮，随之改变的则是英国传媒市场的整体格局。

3. 不变与万变——传统媒体强势

无论是电视行业的高收益，还是数字广播中公营广播与商业广播的博弈之路，再到线上媒体的移动化发展趋势，不难看出，传统的强势媒体依然在各领域表现抢眼。

在电视视频内容的数字化转型和广播频率的 DAB 业务拓展中，BBC iPlayer 受欢迎的程度与需求量证明了公营广播公司在英国最权威的强势地位，不变的是 BBC 的内容品质与品牌信任，变的是传播路径与传播理念。

报刊行业是受数字信息发展冲击最强烈的媒体行业，值得注意的是，即使是数字化阅读行为改变了当前状况，传统权威报刊依然是数字化阅读的主力军，不变的是报刊立场与编辑理念，变的是文字呈现形式与接触通道。

可以说，2014 年英国传媒市场竞争激烈，但是传统权威媒体地位不可撼动；移动互联技术发展为英国受众带来更多媒体路径的选择，各类媒体在移动化、数字化的媒介时代中不断调整的同时始终坚持，为英国的传媒事业发展添砖加瓦。

B.6

新媒体发展速度放缓：2015年法国传媒发展报告

甘　露*

摘　要：2014年，法国传媒与文化产业呈现出两个比较明显的特点，即传统媒体的衰退仍在继续和新媒体的发展正在放缓。可见，法国媒体的数字化转型仍然处于漫长的探索过程中，新媒体仍无力承担强有力推动媒体市场反弹及发展的重任。为数不多的亮点包括：新媒体的广告收入份额与报刊已经旗鼓相当，报刊订阅收入仍小幅增长，延期多年的地面数字广播系统终于开通，影院屏幕数字化改造于2014年夏天全部如期完成，法国电影在国内外市场上创多项数据的历史好成绩，唱片销售收入12年来首度增长。从目前已发布的一些阶段性数据来看，法国文化部及传媒相关机构均对2015年的情况表示担忧。

关键词：传统媒体　新媒体　数字化

一　总体发展状况分析

因法国文化部数据公布方式发生变化，目前暂不提供文化与传媒进出口

* 甘露，博士，中国传媒大学新闻传播学部副教授。

的总体数据，考虑到各个部门自行提供的数据在统计方法、截止时间等方面均与文化部的数据有一定差距，无法与前几年数据进行有效比较，故而本年度法国传媒产业的总体发展状况仅从广告收入和政府预算两个维度进行描述和分析。

（一）广告收入：新媒体已与报刊的市场份额旗鼓相当

2014 年，法国 GDP 增长 0.4%，居民消费减少 0.2%，失业率较上年减少 0.1 个百分点，降至 10.4%。在这样的经济形势下，媒体广告市场继续走低，但降幅有逐渐放缓的趋势。根据法国广告研究院（IREP）[①] 最新发布的数据，2014 年法国媒体广告收入为 129.7 亿欧元（见图 1），较上年减少 3.2 亿欧元，降幅 2.4%（2013 年降幅为 3.6%）；广告商投资 296 亿欧元，较上年减少 5 亿欧元，降幅为 1.7%（2013 年降幅为 3.0%）。

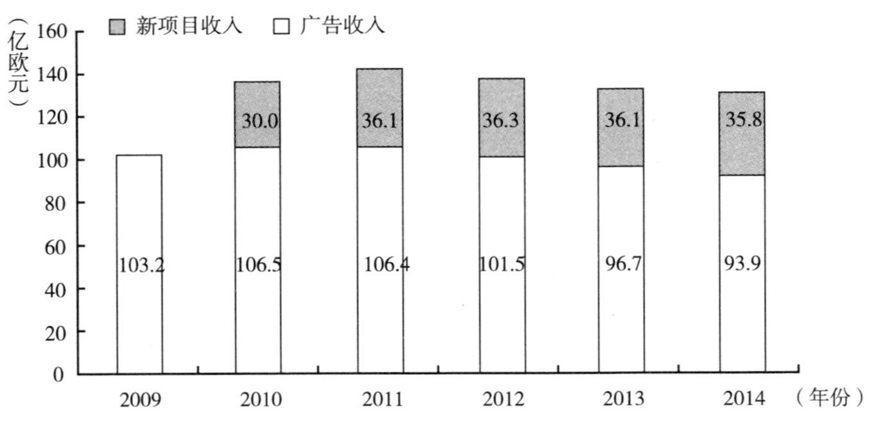

图 1　2009 ~ 2014 年法国广告市场收入情况

注："新项目"指 2012 年以来进入统计范畴的项目，包括"搜索""移动终端""街头发放广告"和"邮件广告"。

2013 年，传媒媒体中除车身广告收入增长外，其余项目均有所下降或基本维持上年水平。2014 年的情况有所改善，除车身广告增长 2.6% 外，橱

① 本部分采用数据均来自法国广告研究院，除其他来源，文中不再标注。

窗广告和电视广告也有所增长，增幅分别为3.8%和0.1%。上年降幅超过5%的项目继续以5%以上的降幅下跌：电影广告减少9.6%（2013年降幅为13.3%），邮件广告减少9.2%（2013年降幅为7.5%），报纸广告减少8.7%（2013年降幅为8.4%），年鉴广告减少5.4%（2013年降幅为5.8%）（见表1）。

表1　2009～2014年法国各类媒体广告收入情况

单位：亿欧元

媒体	2009年	2010年	2011年	2012年	2013年	2014年
报刊广告	37.51	36.12	34.95	32.09	29.39	26.83
广播广告	7.08	7.44	7.48	7.39	7.36	7.26
电视广告	30.94	34.41	34.96	33.37	32.19	32.33
电影广告	0.76	0.90	1.05	1.05	0.91	0.81
网页广告	4.82	5.40	6.16	6.46	6.40	6.52
搜索广告	—	9.43	15.20	15.96	16.71	17.45
移动终端广告	—	0.24	0.33	0.44	0.68	0.92
户外广告	11.27	11.88	11.91	11.71	11.52	11.74
年鉴广告	10.84	10.33	9.95	9.46	8.91	8.43
街头发放广告	—	5.98	6.29	6.35	6.23	6.08
邮件广告	—	14.35	14.26	13.54	12.52	11.37
总计	103.22	136.48	142.54	137.82	132.82	129.74

新媒体市场继续扩张，网页广告的增长转负为正，增幅为1.8%，搜索广告和移动终端广告则分别增长4.0%和35.0%，增幅较上年均有所减小。总体来看，新媒体广告收入总计24.89亿欧元，较上年增长4.6%，在总收入份额中的比重为19.2%，较上年增加了1.3个百分点，较2010年增加了8.2个百分点。在户外广告中，2012年增加了一个新的统计项目：数字展示。当年，该项收入为4200万欧元，2013年增至6600万欧元，增幅高达57.1%；2014年，这一项目收入8300万欧元，较上年增长了25.8%，其是否能成为户外广告中一支强劲的增长力量，值得期待。

从广告市场的收入结构来看，电视份额最大，近年来虽有起伏，但始终保持在 1/4 左右。报刊的继续下降和新媒体的持续增长，使得两者的份额几乎相当，均约占 20%（见图 2）。

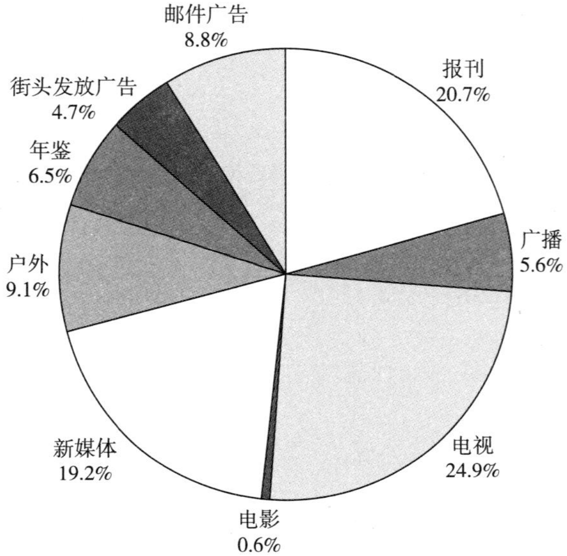

图 2　2014 年法国广告市场结构

2014 年，法国广告商继续大幅减少对报刊和电影的投资，降幅分别为 8.1% 和 9.6%。对年鉴、市场营销、非基金文化赞助的投资降幅也都超过了 5%，分别为 -5.8%、-5.0% 和 -5.0%。广告商对互联网的投资仍在增长，增幅（4.5%）较上年增加了 1.2 个百分点，达到 6%（见图 3）。虽然有世界杯足球赛和冬奥会两大国际赛事的拉动，但电视广告得到的投资仅较上年增长了 0.4%。

据法国广告研究院的预测，2015 年法国媒体广告市场的总体状况将不会有明显变化。虽然法国 GDP 增长有望超过 1%，欧元汇率下降将对世界跨国公司在法国的投资形成积极影响，但近来在法国发生的各种事件（如"查理周刊事件"等）、不可预测的国际政治形势以及省级议会选举等均会对广告商投资及广告市场发展产生不利影响。同时，由于邮政系统的衰退，广告商将继续减少对与之相关媒体的投资，降幅约为 1.0% 左右。

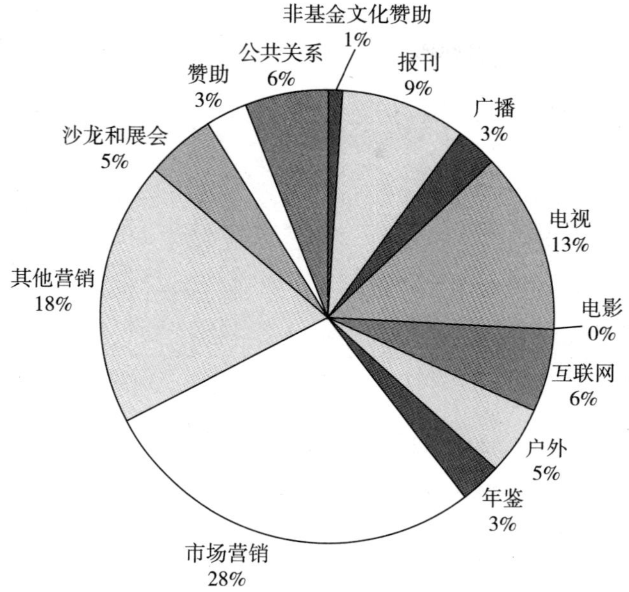

图 3　2014 年法国广告商投资结构

（二）政府预算：视听产业预算金额未见明显变化，但预算结构已悄然调整

2015 年，法国文化整体预算为 70.8 亿欧元，与上年基本持平，仅增加 0.3 亿欧元，增幅为 0.4%。其中 43.8 亿欧元用于媒体、阅读、文化产业和公营广播电视（见图 4），27 亿欧元用于文化使命、研究和教育（见表 2）。

从 2015 年预算在各文化部门的分配情况来看，结构上基本保持不变（见图 5），金额也与上年相仿。视听产业的总体预算 38.56 亿欧元，较上年增加 0.3%，但其中有两大变化值得关注：一是对外视听的预算，2014 年受到高度重视，得到了 1.51 亿欧元的预算，但在 2015 年的预算中，这一项目被全部取消；二是根据 2013 年 11 月 15 日通过的第 2013 - 1028 号法案，为加强公共视听机构的独立性，对其的相关预算减少了 1.03 亿欧元。

2012 ~2014 年的文化整体预算进一步明确了文化与传媒在法国的重要地位，这种重要性体现在：一是文化事务支持着国家传统和创造力的多样性

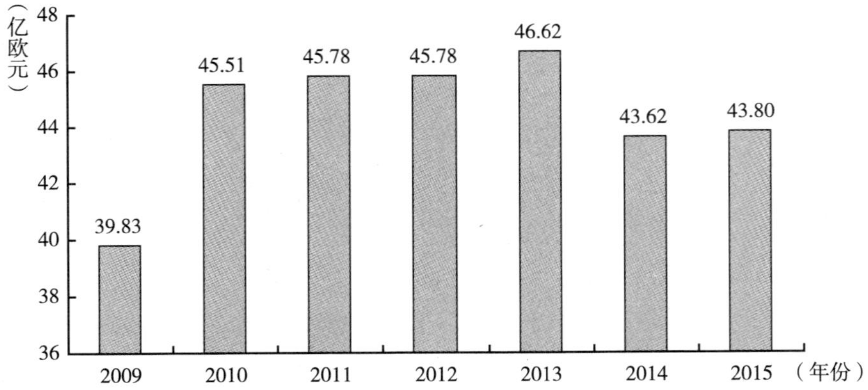

图 4　2009～2015 年法国政府文化与传媒预算

数据来源：法国文化部发布的 2009～2015 年年度预算报告。

表 2　2011～2015 年法国文化部预算

单位：亿欧元

预算项目	2011 年	2012 年	2013 年	2014 年	2015 年
文化	27.89	28.56	27.47	26.95	27.00
文化使命	26.64	27.32	26.28	25.80	25.83
研究和教育	1.25	1.24	1.19	1.14	1.17
文化与传媒	45.78	45.78	46.62	43.62	43.80
报刊	4.20	3.90	5.14	2.57	2.55
图书和文化产业	3.00	2.75	2.67	2.62	2.69
视听产业	38.58	39.13	38.81	38.43	38.56
预算总额	73.67	74.34	74.09	70.56	70.80

和辐射性；二是文化对民主和社会事务具有重要意义，因为它是法国社会影响的关键一极；三是文化对经济事务的贡献，不仅在于增加国家财富，而且在于由文化活动而产生的直接或间接的工作机会。

2015 年的文化整体预算优先考虑：一是发展艺术和文化教育方法；二是高等教育和研究的相关领域；三是稳定公共视听资源的分配，加强他们的独立性，增加赞助在财政中的比例；四是保持国家对地方文化事务的支持，启动新的投资项目；五是在数字转型背景下，继续支持报刊、图书、表演艺术等方面专业领域及经济模式的结构性变化。

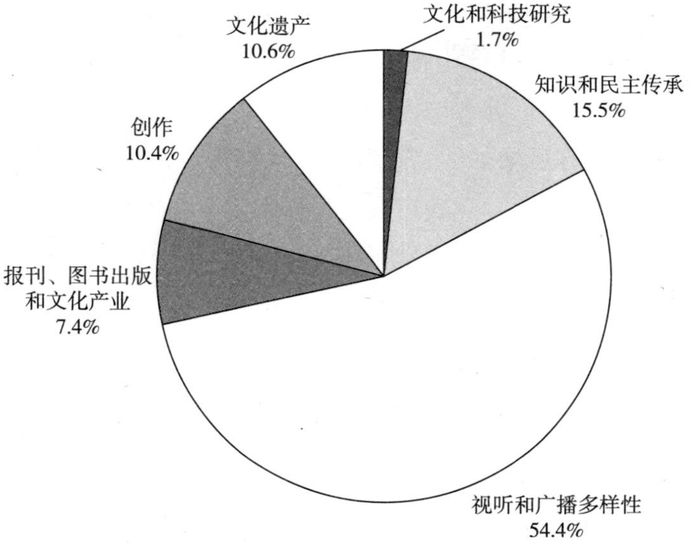

图 5　2015 年法国政府文化和传播预算结构

数据来源：法国文化部发布的 2015 年年度预算报告。

二　行业与市场分析

（一）报刊

1. 出版与发行：种数增加未能带来发行量的增长

法国文化部发布的最新数据显示，2012 年法国共发行报刊 4726 种，较上年增加 359 种，增幅达到 8.2%，是近年来最大幅度的增长。从分项来看，除免费广告报刊外，其余类型报刊的种数均有不同程度的增长。其中，值得关注的是全国性时政报刊，增加 17 种，增幅 17.9%，远远高于以往各年的增长幅度；免费新闻报刊增加 26 种，增幅达到 18.1%；大众专业报刊在上年已增加了 139 种的基础上，再增加 279 种，增幅为 12.9%；虽然免费广告报刊的种数仍在下降，但减量仅为 3 种，较前几年特别是 2011 年（68.7%），降幅大大缩小（见表 3）。

然而，2013年应验了2011年法国文化部传媒与文化产业总司的悲观预测，法国报刊种数回落到4351种，较上年减少375种，降幅为8.0%，甚至低于2011年（4367种）水平（见表3）。各类报刊中仅免费新闻报刊和免费广告报刊的种数有所增加，从近两年的数据来看，经历了前几年的大起（免费新闻报刊）和大落（免费广告报刊）之后，这两类报刊的种类初显稳定之势。在其余各项中，除全国性时政报刊小幅减少外，均回落到与2010年相当的水平上。

表3　2006～2013年法国各类报刊的种数

单位：种

报刊类型	2006年	2007年	2008年	2009年	2010年	2011年	2012年	2013年
全国性时政报刊	80	80	83	85	88	95	112	107
地方性时政报刊	468	461	455	444	451	448	453	446
免费新闻报刊	74	90	108	125	138	144	170	179
大众专业报刊	2013	1834	1938	1960	2019	2158	2437	2108
科技专业报刊	1499	1456	1413	1385	1364	1375	1410	1361
免费广告报刊	620	623	591	560	470	147	144	150
总　计	4754	4544	4588	4559	4530	4367	4726	4351

数据来源：法国文化部发布的2008～2015年年报。

从法国报刊结构来看，大众专业报刊占据主导地位，但在2013年其占比已经由2012年的51.6%下降到48.4%（见图6、图7）。①

从报刊发行周期来看，周刊、月刊种数继续走低，季刊种数则有一定程度的增加，至2013年已达到2271种（见表4），再创历史最高水平，份额上也达到52.2%，比2012年的47.1%增加了5.1个百分点（见图8、图9）。②

2012年，尽管种数激增，法国报刊发行量却减少了2.24亿份，跌至48.68亿份，降幅为4.6%；2013年发行量继续减少2.65亿份，跌至46.03亿

① 法国文化部发布的2015年年报。

② 法国文化部发布的2008～2015年年报。

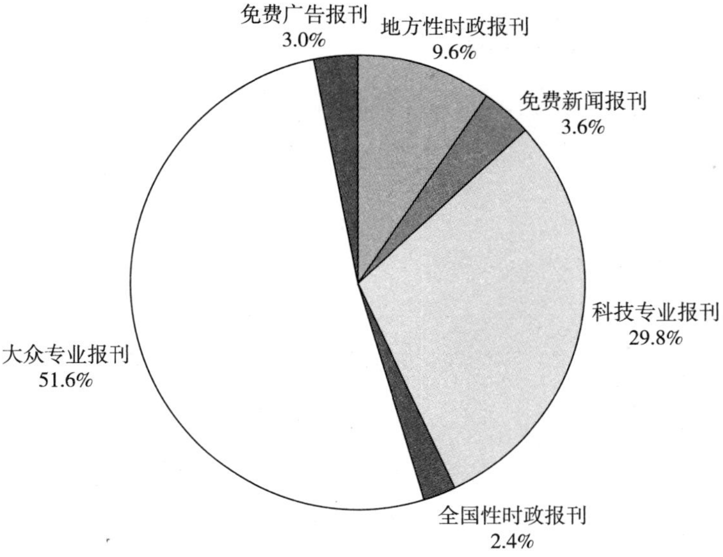

图 6　2012 年法国报刊结构

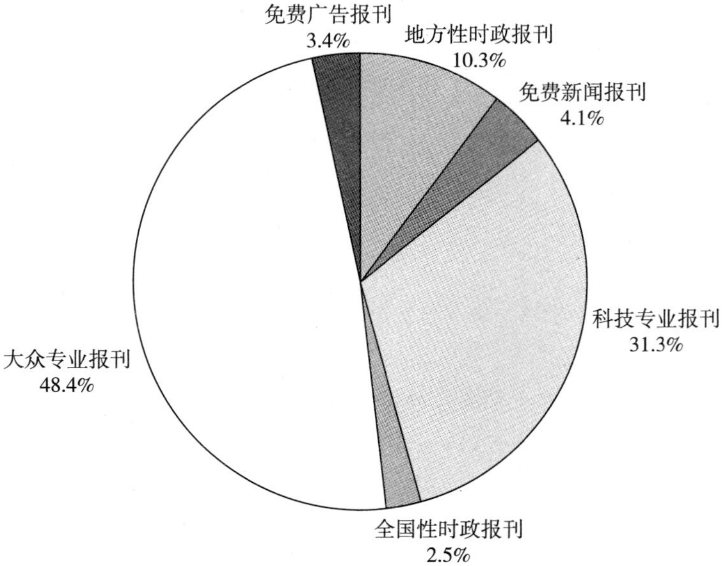

图 7　2013 年法国报刊结构

表 4　2006 ~ 2013 年法国各类报刊的种类

单位：种

报刊类型	2006 年	2007 年	2008 年	2009 年	2010 年	2011 年	2012 年	2013 年
日刊	105	106	106	107	107	107	107	103
周刊	1124	1116	1094	1057	993	705	694	691
月刊	1501	1432	1328	1340	1279	1252	1232	1188
季刊	1962	1826	2001	1988	2080	2227	2227	2271
其他	62	64	59	67	71	76	466	98
总计	4754	4544	4588	4559	4530	4367	4726	4351

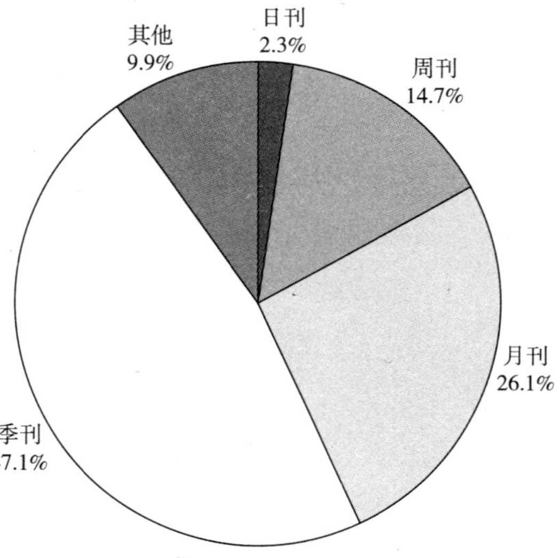

图 8　2012 年法国各出版周期报刊份额

份，降幅为 5.4%。这一状况表明，不管出现何种有利因素，均已无法挽回报刊业衰退的趋势（见表 5）。[①]

2012 年，付费报刊发行量为 39.68 亿份，比 2011 年减少 1.75 亿份，份额与 2011 年相当；免费报刊发行量 9 亿份，比 2011 年减少 0.5 亿份，值得

① 法国文化部发布的 2007 ~ 2015 年年报。

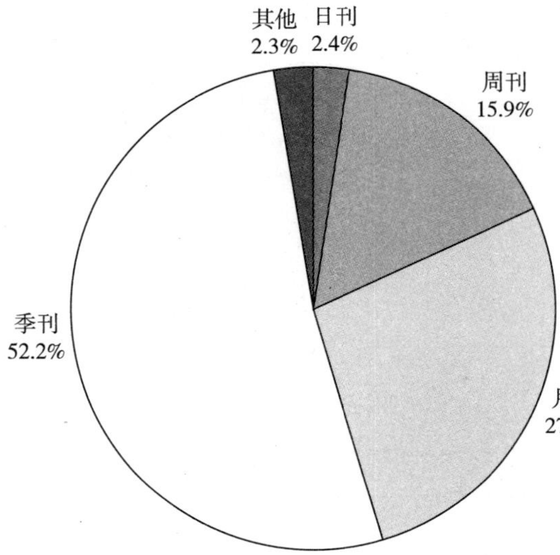

图 9　2013 年法国各出版周期报刊份额

注意的是，近年来持续增长的免费新闻报刊的发行量首次下跌，比 2011 年减少 0.12 亿份，降幅为 1.7%。

表 5　2006～2013 年法国各类报刊发行量

单位：亿份

报刊类型	2006 年	2007 年	2008 年	2009 年	2010 年	2011 年	2012 年	2013 年
全国性时政报刊	6.58	6.72	6.70	6.33	6.10	6.02	5.79	5.45
地方性时政报刊	20.55	20.55	20.34	20.13	19.66	19.22	18.77	17.94
免费新闻报刊	5.21	6.30	6.81	6.03	6.39	6.88	6.76	6.45
大众专业报刊	17.34	16.78	16.44	15.66	15.13	14.75	13.79	13.20
科技专业报刊	1.93	1.77	1.71	1.68	1.50	1.44	1.33	1.14
免费广告报刊	19.11	19.03	17.40	14.52	10.93	2.61	2.24	1.85
总计	70.72	71.15	69.40	64.35	59.71	50.92	48.68	46.03

2013 年，付费报刊发行量 37.73 亿份，较上年减少 1.95 亿份，份额从 81.5% 增至 82%，免费报刊发行量 8.3 亿份，较上年减少 0.7 亿份，其中免费新闻报刊继续减少 0.31 亿份，降幅增至 4.6%（见图 10、图 11）。

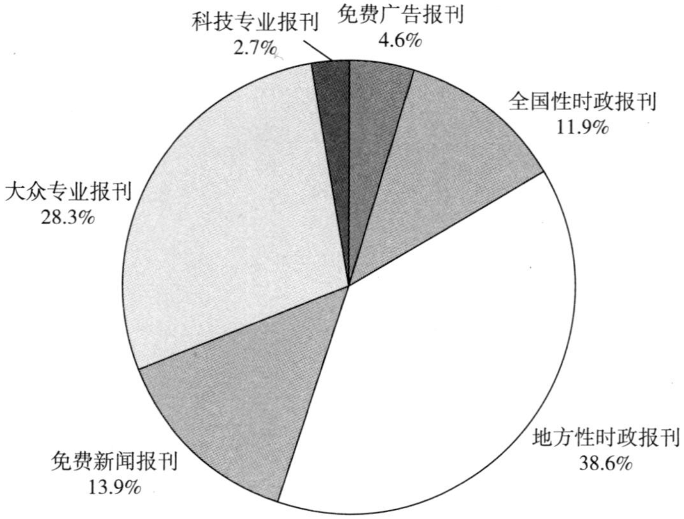

图 10　2012 年法国报刊发行量结构

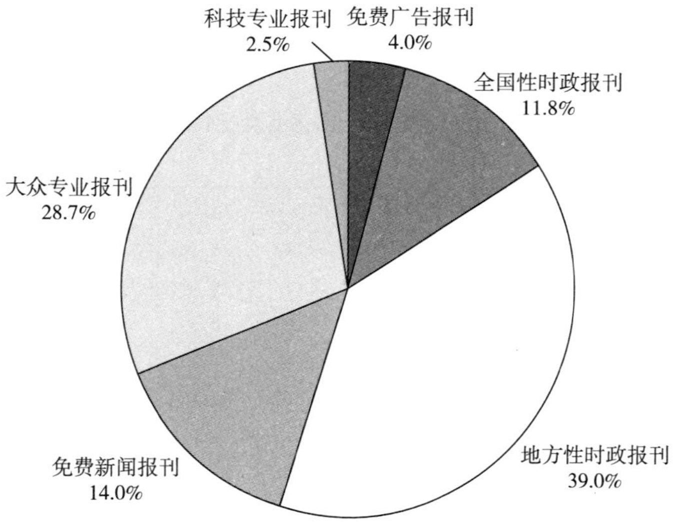

图 11　2013 年法国报刊发行量结构

从单种报刊发行量来看，《法国西部报》在2013年发行量为7.51万亿份，占绝对优势；居第2位的是《巴黎竞赛报》，发行量为6.31万份（见表6）。①

表6　2007～2013年法国各类报刊前三位发行量

单位：万份

报告名称		2007年	2008年	2009年	2010年	2011年	2012年	2013年
全国性日报	《费加罗报》	34.4	33.7	33.1	33.0	33.4	33.6	3.29
	《世界报》	35.9	34.0	32.3	31.9	32.5	31.8	3.03
	《队报》	33.7	32.4	31.5	31.5	29.6	28.5	2.52
	《巴黎人报》	34.2	33.0	31.1	29.7	29.0	28.0	2.56
地方性日报	《法国西部报》	79.4	79.6	78.6	78.1	76.7	76.7	7.51
	《西南报》	31.9	31.5	31.5	29.9	29.4	28.5	2.69
	《北方之声报》	29.2	28.9	28.2	27.3	26.6	25.7	2.43
周报（刊）	《巴黎竞赛报》	73.6	71.6	68.8	68.4	69.1	67.1	6.31
	《新观察者》	54.2	54.3	53.1	53.0	53.1	52.7	5.19
	《快报》	56.8	56.8	54.6	53.5	53.0	52.2	5.05

2. 收入：报刊收入降幅接近2009年水平，订阅收入仍然小幅增长

2013年，法国报刊收入比2012年减少5.6亿欧元，为81.6亿欧元（见图12），降幅为6.4%，已接近2009年7.8%的下降幅度。

从收入结构看，2013年法国报刊发行收入53.0亿欧元，较上年减少1.8亿欧元，降幅3.3%（见表7）；但其在总收入中的份额继续增加，至65%，较1990年时的份额增加了12.5个百分点。其中订阅是2010年以来报刊业唯一有所增长的收入来源，2013年该项收入为26.37亿欧元，较上年增加0.21亿欧元，在总收入中的份额也较1990年（15.8%）翻了一番，达到32.3%。法国报刊在广告市场的收入已减少近20亿欧元，至2013年，更是跌破30亿欧元，至28.6亿欧元②，广告收入较上年减少11.7%，在总收入中的份额减至35%。

① 法国文化部发布的2007～2015年年报。

② 此处数据与法国广告研究院（IREP）的数据存在冲突。按IREP的报告，法国2013年报刊广告收入为29.39亿欧元，较上年减少8.4%。本部分的分析将以法国文化部提供的数据为基础。

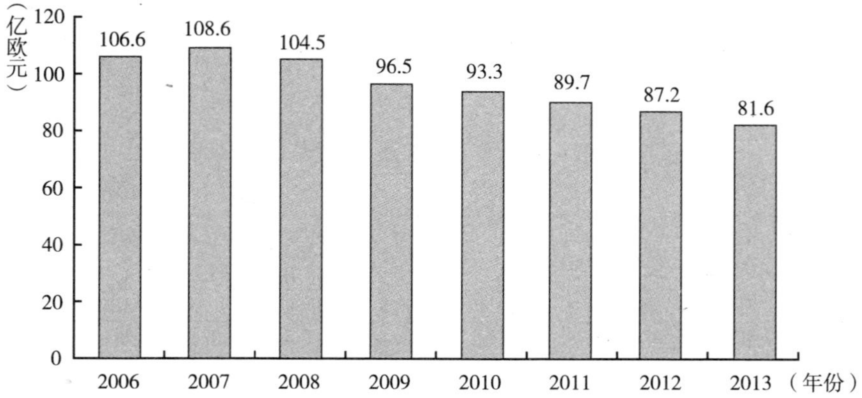

图 12　2006～2013 年法国报刊业收入情况

数据来源：法国文化部传媒与文化产业总司（DGMIC），*La presse écrite en 2013*。

表 7　2008～2013 年法国报刊收入结构

单位：亿欧元

分类	2008 年	2009 年	2010 年	2011 年	2012 年	2013 年
发行收入	58.9	57.9	56.7	54.8	54.8	53.0
广告收入	45.6	38.6	36.6	34.8	32.4	28.6
总计	104.5	96.5	93.3	89.6	87.2	81.6

数据来源：法国文化部传媒与文化产业总司（DGMIC），*La presse écrite en 2013*。

2012 年，法国文化部传媒与产业总司的统计显示，报刊出版商有 17% 以上的收入来自网络、图书出版、展览、印刷服务等纸介媒体，而科技专业报刊的相关收入更是占到 50% 左右的份额。其中网络收入虽有所增长，但其份额仍然很小。从 2012 年对 300 家大型报刊社网络收入的调查来看，这一部分收入仅为总收入的 4.52%。这一数值至 2013 年也仅增加至 5.19%。其中免费广告报刊的网络收入所占比重最大，为 43.74%，免费新闻报刊的增长幅度最大，2013 年网络收入的比重较上年增加 6 个百分点，至 8.13%，增幅为 283.5%。

2013 年，法国付费报刊收入 78.4 亿欧元，比上年减少 3.8 亿欧元，降幅 4.6%，所占份额 96.1%，较上年增加 1.9 个百分点。免费报刊收入 3.2

亿欧元，比上年减少 1.8 亿欧元，降幅 36%（见图 13）。近年来持续增长、屡被看好的免费新闻报刊，2013 年收入骤降，从 2012 年的峰值 4 亿欧元跌至 2.5 亿欧元，降幅为 37.5%，是这类报刊收入下降的关键原因（见图 14）。

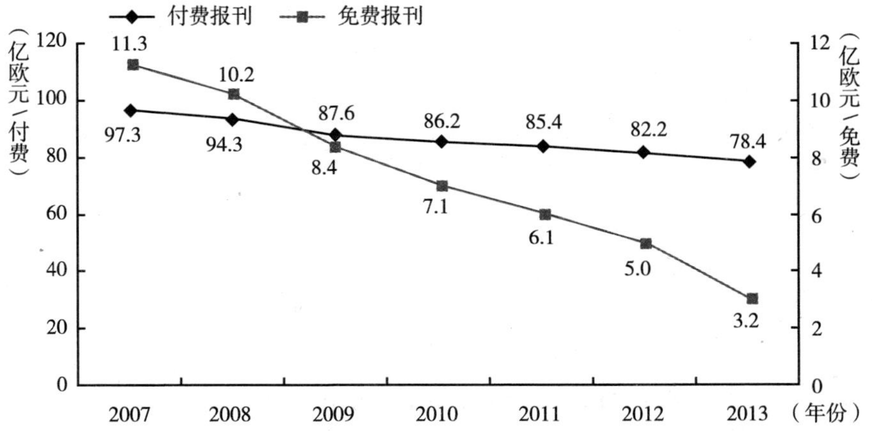

图 13　2007～2013 年法国付费报刊与免费报刊收入趋势

数据来源：法国文化部传媒与文化产业总司（DGMIC），*La presse écrite en 2013*。

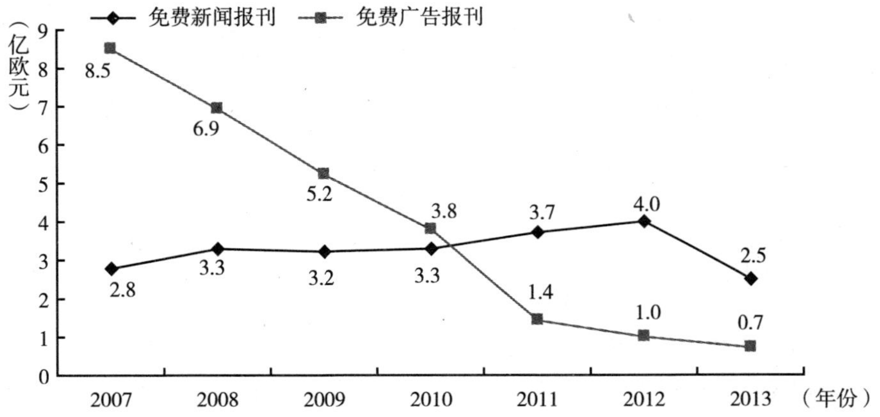

图 14　2007～2013 年法国免费新闻报刊与免费广告报刊收入趋势

数据来源：法国文化部传媒与文化产业总司（DGMIC），*La presse écrite en 2013*。

法国各类报刊收入情况、广告收入情况、报刊网络收入分别见表 8、表 9 和图 15。

表 8 2008～2013 年法国各类报刊收入情况

单位：亿欧元，%

报刊类型	2008 年	2009 年	2010 年	2011 年	2012 年	2013 年	2013 年同比增幅
全国性时政报刊	14.5	13.5	13.1	13.1	12.9	12.1	-6.2
地方性时政报刊	31.0	30.0	29.6	29.2	28.1	27.2	-3.2
免费新闻报刊	3.3	3.2	3.3	3.7	4.0	2.5	-37.5
大众专业报刊	39.3	35.7	35.3	34.0	33.4	31.4	-6.0
科技专业期刊	9.5	8.7	8.1	8.2	7.8	7.7	-1.3
免费广告报刊	6.9	5.2	3.8	1.4	1.0	0.7	-30.0
总计	104.5	96.4	93.3	89.7	87.2	81.6	-6.4

数据来源：法国文化部传媒与文化产业总司（DGMIC），*La presse écrite en 2013*。

表 9 2008～2013 年法国各类报刊广告收入情况

单位：亿欧元，%

报刊类型	2008 年	2009 年	2010 年	2011 年	2012 年	2013 年	2013 同比增幅
全国性时政日报	5.3	4.6	4.4	4.4	4.1	3.6	-12.2
地方性时政日报	13.9	12.7	12.3	12.1	11.1	10.5	-5.4
免费新闻报刊	3.3	3.2	3.3	3.7	4.0	2.5	-37.5
大众专业报刊	11.4	8.9	8.8	9.1	8.4	7.9	-6.0
科技专业期刊	4.9	4.2	4.0	4.2	3.8	3.3	-13.2
免费广告报刊	6.9	5.2	3.8	1.4	1.0	0.7	-30
总计	45.7	38.8	36.6	34.9	32.4	28.5	-12.0

（二）广播

1. 广播市场：广告收入的变化幅度近年来首次超过1%

2013 年，13 岁以上居民日均收听广播的时间为 176 分钟（2 小时 56 分钟），较 2012 年减少 2 分钟（见图 16）。

2014 年，法国广播业广告总收入 7.26 亿欧元，较上年减少 0.1 亿欧元，降幅为 1.4%。其中全国性广播的广告收入 5.68 亿欧元，较上年减少

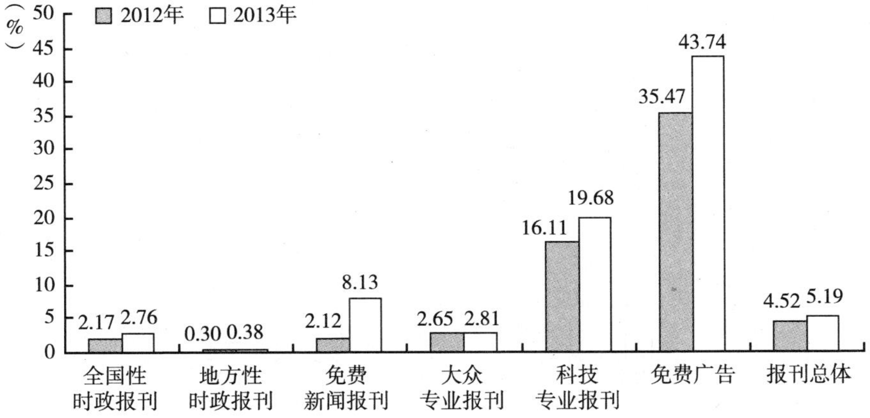

图 15　2012 年和 2013 年法国报刊社网络收入在总收入中的份额

数据来源：法国文化部传媒与文化产业总司（DGMIC），*La presse écrite en 2013*。

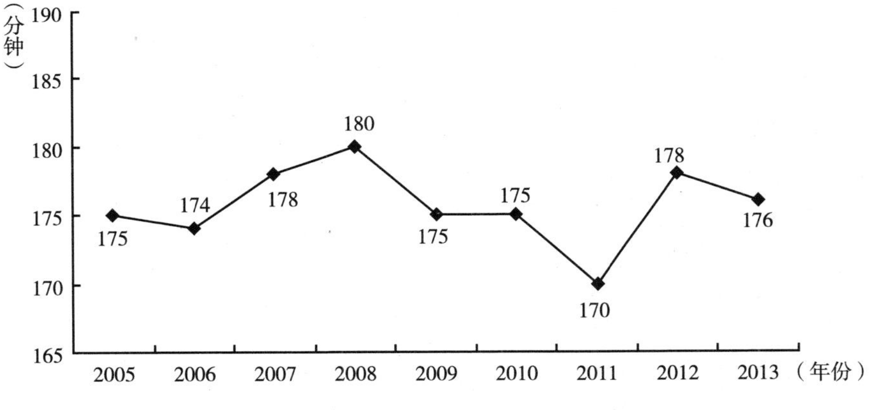

图 16　2005～2013 年法国 13 岁以上居民日均收听广播时长

数据来源：法国高等视听委员会（Conseil Supérieur de L'audiovisuel，CSA）。

1.1%；地方性广播的广告收入 1.58 亿欧元，较上年减少 2.0%（见图 17）。无论是总收入还是分项收入，广播业广告变化幅度近年来首次超过 1%。

根据法国文化部预算的优先原则，广播作为文化多样性的代表性媒体，自 2004 年以来，所获得的财政拨款持续增加，至 2012 年已增至 6.12 亿欧元，较 2004 年增加 1.43 亿欧元，增幅 30.5%。2013 年稍有下滑，至 6.06

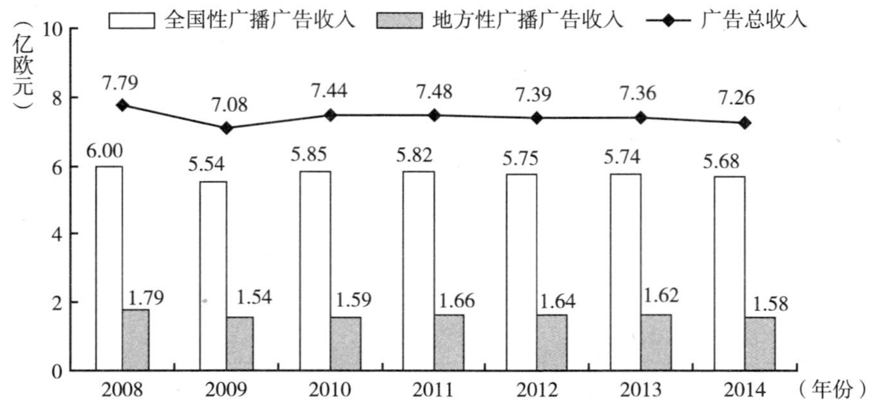

图 17　2008～2014 年法国广播业广告收入

数据来源：法国广告研究院（Institut de Recherches et d' Etudes Publicitaires，IREP）。

亿欧元（见图 18）。因此，从总体来看，尽管广告市场收入有所下降，但由于拨款金额的增加，广播的总收入仍基本呈现持续上升的趋势。

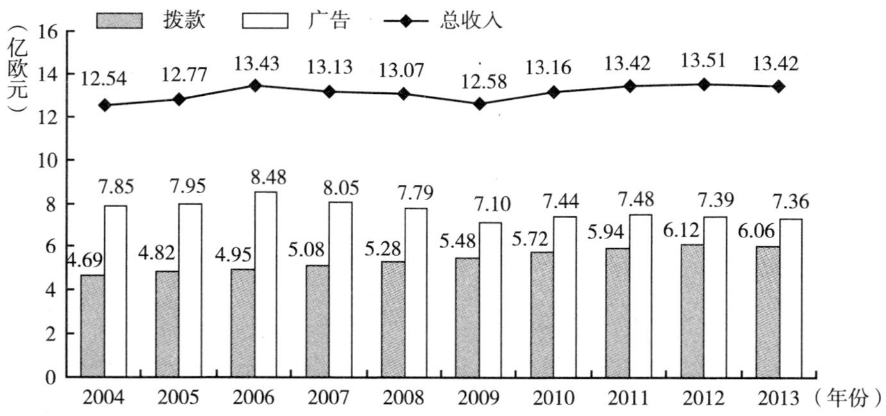

图 18　2004～2013 年法国广播业广告收入

数据来源：法国文化部发布的 2005～2015 年年报。

2. 数字化：DAB＋标准的地面数字广播系统终获开通

2008，法国广播采用 T-DMB 标准，即“地面数字多媒体广播”，这一标准最初用于移动电视，是对 DAB 和 DRM 标准的融合。

根据法国高等视听委员会绘制的数字广播路线图，2011 年 11 月 3 日应开展数字广播系统的第一次招标，2016 年应覆盖至少 3 个行政区 20% 大城市的居民，2017 年覆盖率应升至 11 个区 40% 大城市的居民，2019 年应覆盖到 11 个区的 60% 大城市的居民。

然而，相关事项的推行由于各方面阻力而一再延期，进展十分缓慢。2013 年 8 月 28 日的政府公报正式确定法国数字广播系统将采用 DAB 标准的升级版——DAB + 标准。2014 年 6 月 20 日，法国地面数字广播系统终于在马赛、尼斯和巴黎开通，已有 62 个广播电台在这个系统上播放节目，其中有部分广播电台只能通过数字系统播出和接收。

借用网络技术传播的播客（Podcasts）在 2012 年的基础上继续发展，至 2013 年 12 月，月下载量达到 2260 万次。从内容来看，结构变化不明显，娱乐、文化及新闻类节目仍然最受欢迎，几乎与上年持平（见图 19）。

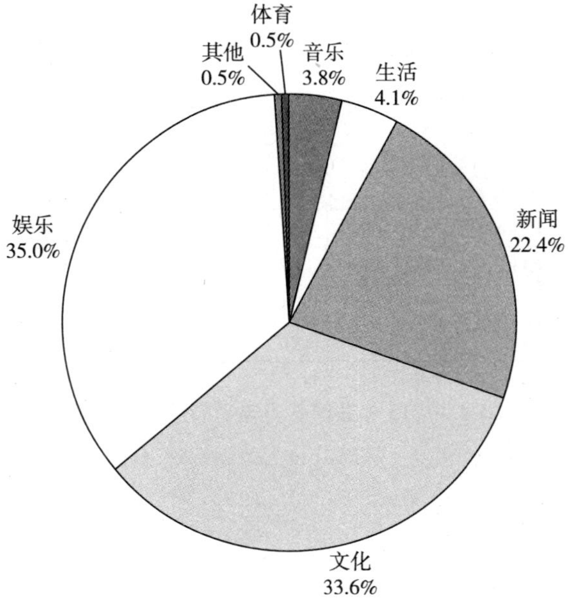

图 19　2013 年 12 月法国下载播客（Podcast）内容类型分布

数据来源：法国高等视听委员会（Conseil Supérieur de L'audiovisuel，CSA）。

（三）电视

1. 收视情况：数字电视频道份额近年将稳定在21%左右

2013 年，法国 4 岁以上居民平均每天收视时间 3 小时 46 分钟（226 分钟），较上年减少 1 分钟。①

2006 年开通的数字频道，② 2013 年的收视份额为 21.3%，较上年略有下降。这表明，经过前几年的迅猛发展后，这类频道的市场已经稳定，法国高等视听委员会预测，近年来其收视份额都将维持在这一水平上，不会有较大变化。总体来看，各类数字频道收视份额较上年增加了 1.7 个百分点，至 35%，而传统电视频道③的收视份额相应减少，至 65%，但仍保持着强劲的竞争力（见图 20 和表 10）。

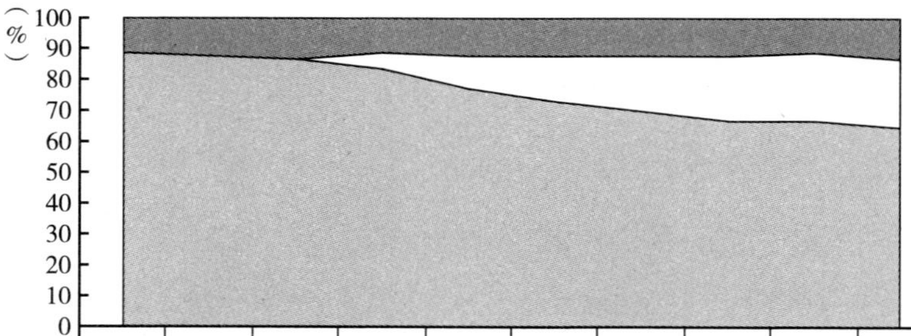

	2004年	2005年	2006年	2007年	2008年	2009年	2010年	2011年	2012年	2013年
2006年前数字频道	11.2	12.1	13.9	11.7	12.8	12.5	12.2	12.1	11.9	13.7
2006年后数字频道	—	—	—	5.4	10.2	14.2	18.2	20.9	21.4	21.3
传统频道	88.8	87.9	86.1	82.9	77.0	73.3	69.6	67.0	66.7	65.0

图 20　2004 ~ 2013 年法国各类电视频道份额的发展情况

数据来源：法国国家电影中心，*L'économie de La Télévision：2013*。

① 在最新发布的数据中，2012 年平均收视时间从 3 小时 50 分钟（230 分钟）调整为 3 小时 47 分钟（227 分钟），本报告采用的是最新数据。

② 主要包括 Direct 8/D8、W9、TMC、NT1、NRJ12、France 4、BFMTV、i > télé、Direct Star/D17 和 Gulli。

③ 主要包括 TF1、France 2、France 3、Canal +、France 5、M6 和 Arte。

表 10　2009～2013 年法国电视频道收视份额分配

电视频道		2009 年	2010 年	2011 年	2012 年	2013 年
公营电视频道	France 2	16.7	16.1	14.9	14.9	14.0
	France 3	11.8	10.7	9.7	9.7	9.5
	France 5	5.1	3.2	3.3	3.5	3.3
	Arte	2.5	1.6	1.5	1.8	2.0
	公营总计	36.1	31.6	29.4	29.9	28.8
私营电视频道	TF1	26.1	24.5	23.7	22.7	22.8
	M6	10.8	10.4	10.8	11.2	10.6
	Canal +	3.1	3.1	3.1	2.9	2.8
	私营总计	40.0	38.0	37.6	36.8	36.2
其他电视频道合计		27.9	31.9	34.8	33.1	35.0
总计		100	100	100	100	100

数据来源：*AUDIENCE DE* LA *TÉLÉVISION*，法国国家电影中心。

2. 电视收入：DTT 免费频道收入总体增长，但发展不平衡

2013 年，法国电视业收入为 92.07 亿欧元①，较上年减少 2.66 亿欧元，降幅 2.8%（见表 11）。公共基金、广告收入及付费电视订用费等三大分项均有不同程度的减少，特别是支撑电视市场收入水平的公共基金，10 年来首次低于上年水平，为 27.64 亿欧元，降幅为 1.1%，占总收入的份额 30%，较上年增加了 0.5 个百分点。自 2009 年以来持续增长的付费电视订用收入也出现较大幅度下滑，为 32.24 亿欧元，较上年减少 1.16 亿欧元，降幅为 3.5%，占总收入的份额为 35%，较上年减少 0.3 个百分点。广告收入则在上年基础上继续减少 1.18 亿欧元，为 32.19 亿欧元，降幅为 3.5%，占总收入的份额为 35%（见图 21）。无论金额、份额还是下降幅度，广告收入均与付费电视订用收入相同。

① 本报告综合使用法国国家电影中心（CNC）和法国高等视听委员会（CSA）提供的相关数据。综合考虑两者在统计上的特色与不足之后，在收入总金额部分，采用 CNC 的数据，在免费频道和付费频道收入的分项上，延用 CSA 的数据。由于两者在统计指标上有所差异，因而总体与分项数据可能存在一定程度的误差。

表 11　2004～2013 年法国电视收入情况

单位：亿欧元

年份	公共基金	广告收入	订用费	收入总额
2004	19.35	32.67	28.95	80.97
2005	19.79	33.13	29.91	82.83
2006	20.38	34.95	31.57	86.90
2007	20.89	36.17	32.45	89.51
2008	21.64	34.76	33.51	89.91
2009	26.40	30.94	32.56	89.90
2010	27.10	34.41	32.67	94.18
2011	27.11	34.96	33.35	95.42
2012	27.96	33.37	33.40	94.73
2013	27.64	32.19	32.24	92.07

数据来源：法国高等视听委员会，*Les chiffres clés de l'audiovisuel français*。

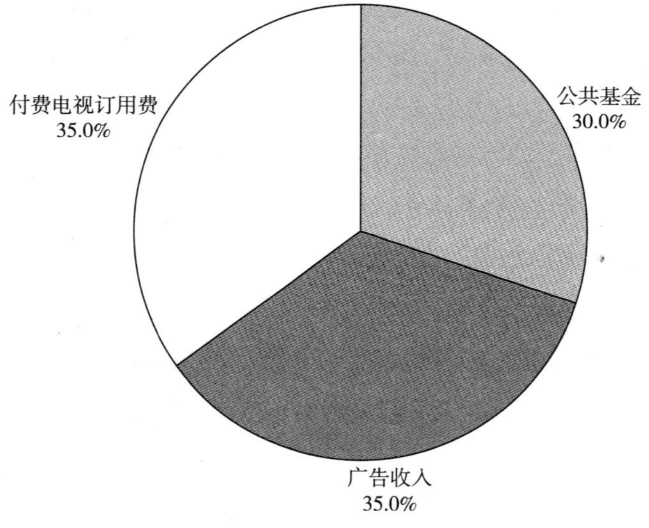

图 21　2013 年法国电视收入份额

数据来源：法国国家电影中心，*L'économie de La Télévision*。

2013 年，法国 22 个免费频道共收入 55.31 亿欧元，较上年减少 1.4 亿欧元，降幅为 2%。由于公营免费频道与私营免费频道的收入结构存在差异，因而尽管公营免费频道的广告收入较上年减少了12%，但其总收入还是达到了29.43亿欧元，仅较上年下降了5%。而私营免费频道广告收入与总收入同幅增减，均与上年基本相当，分别为25.88亿欧元和25.21亿欧元。其中TF1收入12.75亿欧元，较上年减少6%；M6收入6.54亿欧元，较上年减少1%；DTT免费频道仍是法国唯一增长的私营免费电视频道，2013年收入6.59亿欧元，较上年增加0.93亿欧元，增幅16%，已超过M6的收入（见表12）。

表12　2008～2013年法国各免费电视频道收入情况

单位：亿欧元

年份	TF1	M6	第2、3、5频道	DTT私营免费频道	总计
2008	15.78	6.68	23.91	—	46.37
2009	13.77	6.16	25.93	—	45.86
2010	14.85	6.80	30.42	4.51	56.58
2011	14.47	6.87	30.04	5.35	56.73
2012	13.57	6.59	30.89	5.66	56.71
2013	12.75	6.54	29.43	6.59	55.31

数据来源：法国高等视听委员会，*Les chiffres clés de l'audiovisuel français*。

截至2013年12月31日，法国有136个在法国高等视听委员会注册的付费频道，其中包括128个使用依托网络而非高等视听委员会分配频率进行传播的频道。其中纳入统计范围的94个付费频道①收入29.77亿欧元，与上年基本持平，略增加0.03亿欧元。占90%份额的订用费24.69亿欧元，在上年基础上继续减少1.86亿欧元，降幅为7.0%；占10%份额的广告收入2.92亿欧元，较上年减少0.28亿欧元，降幅为8.8%。

法国最大的付费频道Canal+收入18.82亿欧元，较上年增加0.04亿欧元（见图22）；订用人数570万，较上年增加了3.6%；广告收入1.48亿欧元，较上年减少8%；份额与上年持平，约占63%。

① 法国高等视听委员会：*BILAN FINANCIER DES CHAINES PAYANTES POUR L'ANNEE*, *2013*。

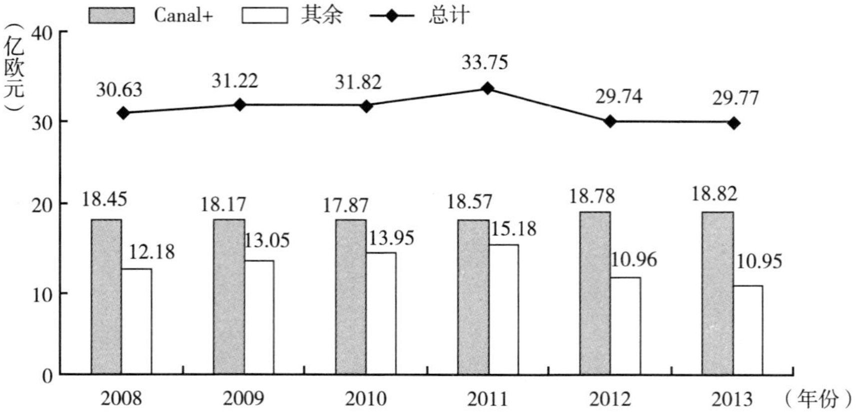

图22　2008～2013年法国付费电视频道收入状况

数据来源：综合法国高等视听委员会，*Données 2009 de la television*，*L'économie des chaînes en 2010*。

其他付费频道收入在2004～2011年间持续增长，2011年时达到峰值15.18亿欧元，即便在2009年的困难时期，其收入仍有7%的增长。2012年突然跌到10.96亿欧元，降幅高达28%。2013年，这些频道的收入未见大幅下跌，仅较上年减少0.01亿欧元。

3. 电视节目：真人秀制作份额的大幅增加带来收视份额的小幅上涨

2013年，法国电视节目制作经费总计46.14亿欧元，比上年增加了2.97亿欧元，增幅为6.9%（见图23）。制作的节目时长增加至21万小时，较上年增加5万小时，增幅为31.3%；较2004年增加16.7万小时，增加近4倍。

2013年法国付费频道Canal+的节目制作经费因体育赛事转播，费用较上年增加了10%，至12.59亿欧元。私营电视台TF1自2012年起，其制作费用的统计包含了TF1、TMC、NT1和HD1四个频道，因而其费用增加至10.04亿欧元；2013年，这一数据为9.47亿欧元，较上年减少了5.7%。法国电视集团自2013年起对第2、3、5频道进行了综合统计，不再提供单独数据，3个频道的节目制作总经费为20.65亿欧元，较上年增加2.42亿欧元，增幅为13.3%，较2004年（5.56亿欧元）增加15.09亿欧元，增加

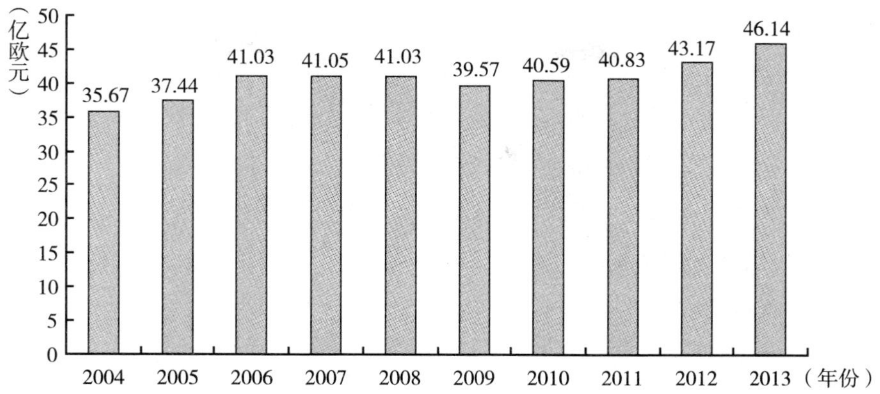

图23　2004～2013年法国传统全国性频道节目制作经费

数据来源：法国国家电影中心，*L'économie de La Télévision*。

2.7倍。另一家私营频道M6的节目制作经费为3.43亿欧元，基本与上年持平，仅减少0.03亿欧元（见图24）。

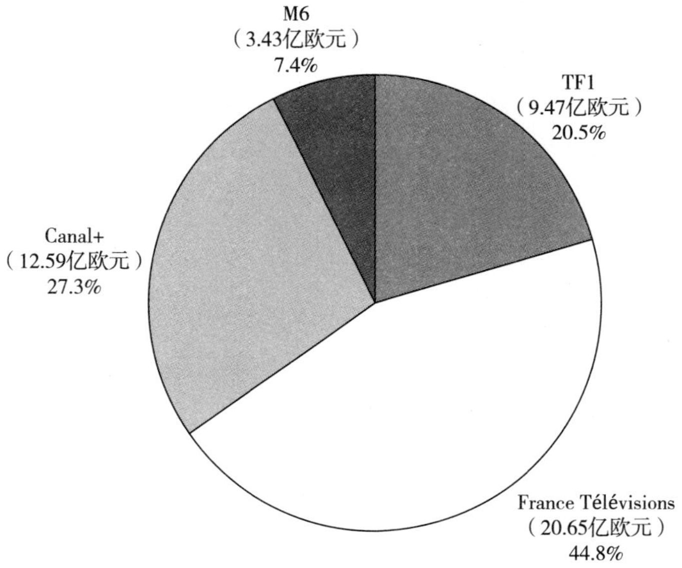

图24　2013年法国传统全国性频道节目制作经费份额

数据来源：法国国家电影中心，*L'économie de La Télévision*。

从节目制作情况来看，份额明显增加的是真人秀节目，从上年的6.9%增至10.3%，增加了3.4个百分点。与真人秀相关联的游戏节目的制作份额也增加了0.3个百分点。由于新开通的高清频道Numéro 23、6Ter和Chérie 25以杂志和纪录片节目为特色，有25%的相关节目在这3个频道播出，因而此类节目的制作量（小时）虽然增加了34.4%，但在节目中的份额仍保持稳定，仅较上年减少了0.3个百分点。电视电影、电视剧等剧情类节目的份额相应有所减少，分别较上年减少0.2个和2.6个百分点（见表13）。

表13　2009～2013年法国各类电视节目的制作份额

单位：%

内容	2009年	2010年	2011年	2012年	2013年
电视电影	4.7	4.3	4.2	4.2	4.0
电视剧	18.1	16.3	25.5	25.6	23.0
游戏节目	8.2	8.1	3.8	3.8	4.1
真人秀	5.4	5.5	7.1	6.9	10.3
新闻节目	5.6	5.2	2.3	2.3	2.1
杂志和纪录片	33.3	36.3	29.6	30.8	30.5
体育节目	2.4	3.2	2.0	1.9	1.3
青少节目	9.0	8.0	10.0	9.7	9.2
广告	6.4	6.9	7.7	7.6	8.3
其他	6.9	6.2	7.8	7.2	7.2
总计	100	100	100	100	100

数据来源：法国国家电影中心电视节目报告。

从节目收视情况来看，真人秀和游戏节目制作份额的大量增加带来了收视份额的小幅提升。新闻节目、杂志和纪录片等严肃节目的份额继续增加，其总和已达到35.7%，较上年增加1.1个百分点。另外，体育节目的收视份额在2013年突降至2.9%，较上年减少了1.9个百分点（见表14）。

表 14 2009~2013 年法国各类电视节目的收视份额

单位：%

内容	2009 年	2010 年	2011 年	2012 年	2013 年
电视电影	5.2	4.7	5.5	5.3	5.5
电视剧	25.4	22.7	26.8	25.7	25.0
游戏节目	11.9	12.6	9.8	9.8	10.1
真人秀	4.0	4.0	4.5	4.3	4.5
新闻节目	13.7	13.4	11.1	10.9	11.1
杂志和纪录片	20.9	21.6	22.2	23.7	24.6
体育节目	4.1	6.0	3.8	4.8	2.9
青少节目	2.5	2.1	3.7	3.4	3.3
广告	8.6	9.4	9.2	8.9	9.6
其他	3.7	3.5	3.4	3.2	3.4
总计	100	100	100	100	100

数据来源：法国国家电影中心电视节目报告。

4. 数字电视：ADSL 逐渐成为法国人看电视的接入方式

2008 年 10 月，法国开通 TF1、France 2、Canal +、Arte 和 M6 等 5 个高清频道。2012 年 12 月 12 日，法国又开通 HD1、L'Equipe 21、6ter、Numéro 23、RMC Découverte HD 24、Chérie 25 等 6 个字频道。由于 Canal + 和 Arte 的高清频道目前已关闭，因此法国当下共有 9 个全国性高清免费数字频道。根据法国高等视听委员会的规划，新开通的 6 个频道，其覆盖率在开通之初应迅速达到 29.0%，2014 年 1 月应增至 72.1%；2012 年 12 月 12 日，原有高清频道 TF1、France 2、M6 的覆盖率为 96.3%（见图 25）。至 2015 年 6 月，以上所有高清频道的覆盖率均应达到 97.0%。

在电视接收渠道上，DTT 虽然仍是最主流的渠道，但其份额自 2010 年之后持续降低，至 2013 年已减至 57.9%，较 2008 年减少 8.1 个百分点，较 2010 年的最高值减少 8.9 个百分点。由于越来越多的法国人使用电视收看 Catch-up TV 和 VoD，因此 ADSL 的电视接入方式近年来持续、快速增长，至 2013 年，已有 40.7% 的家庭采用这一方式，较 2008 年增加了 26.3 个百分点，从趋势上看，仍将继续增长（见图 26）。

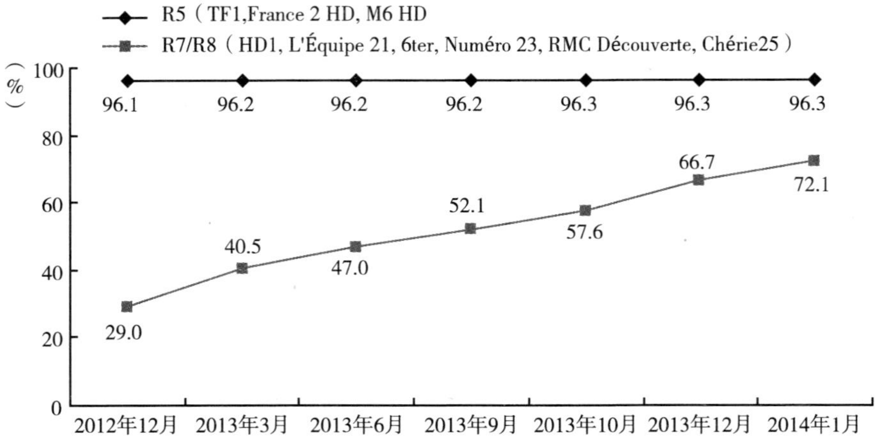

图 25　2012 年 12 月至 2014 年 1 月法国全国性高清免费数字频道覆盖率

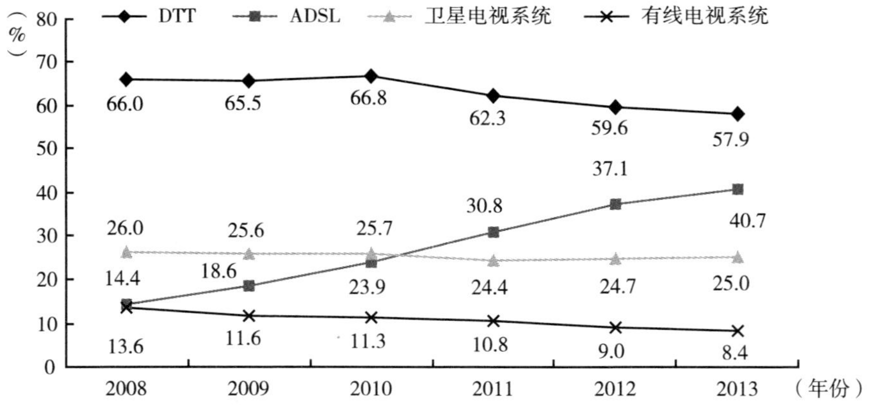

图 26　2008～2013 年法国电视接入方式份额

数据来源：法国高等视听委员会（CSA），*BILAN FINANCIER DE L'ANNEE 2013 DES CHAINES NATIONALES GRATUITES*。

2013 年，法国免费数字频道收入 6.59 亿欧元，比上年增加了 0.93 亿欧元，增幅 16.4%；较 2007 年增加 4.97 亿欧元，增长了 3 倍（见图 27）。虽然这些频道的收入持续较快速增长，但其发展很不平衡：隶属 Canal + 集团的 D8 和 D17 频道，收入分别增长 80% 和 18%，收视人数分别增长 39% 和 8%；BFM TV 的广告收入和收视人数均增加了 6%；NRJ12 的广告收入增加了2%，但其收视人数却下降了8%；另外还有5家DTT频道的收入不增反降。新开设的6个高清频道，第一年收入5260万欧元，其中广告收入5110万欧元。

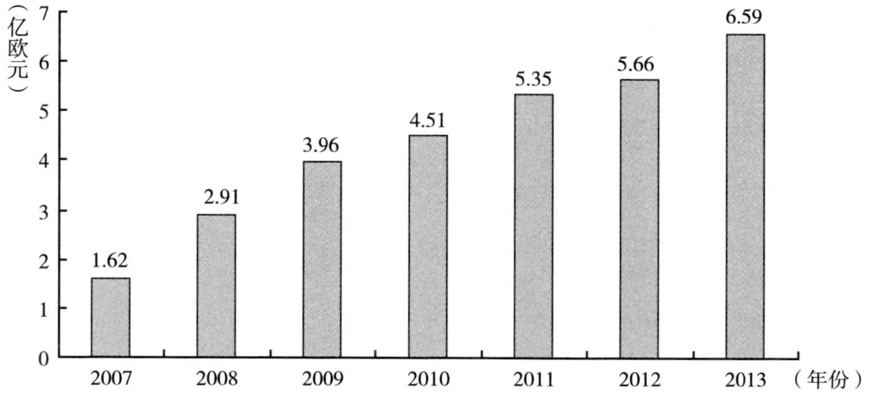

图27　2007～2013年法国电视免费数字频道收入情况

数据来源：法国高等视听委员会（CSA），*BILAN FINANCIER DE L'ANNEE 2013 DES CHAINES NATIONALES GRATUITES*。

（四）互联网

1. 订用：低速网络月接入时长不到2010年的一半

2013年，法国互联网订户数在上年基础上增加85.9万户，至2506.7万户（见图28），增幅3.5%，较上年增幅减少了1.5个百分点。其中，高速和超高速网络订户数增至2492万户，较上年增加94万户，增幅3.9%，占总订户数的99.4%。低速网络退出市场的迹象越来越明显，2013年这类网络的订户数在上年基础上继续减少了7万户，至16万户，降幅30.4%（见图29）。从接入时长来看，2010年，用户每月接入低速网的时长为566分钟（9小时26分钟），以后以每年1～2小时的速度下降，至2013年这一时长已减至248分钟（4小时8分钟）。可以预见，低速网络的订户数和接入时长未来还将进一步大幅下降。

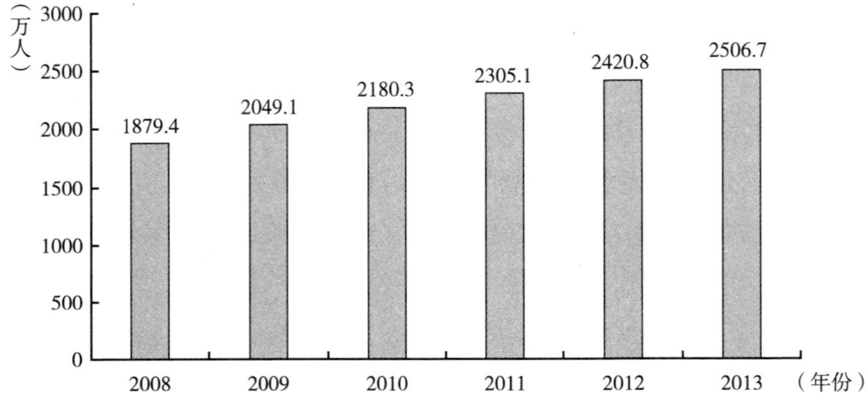

图 28　2008～2013 年法国互联网订户数

数据来源：综合法国电信管理局（ARCEP）2008～2013 年年报。

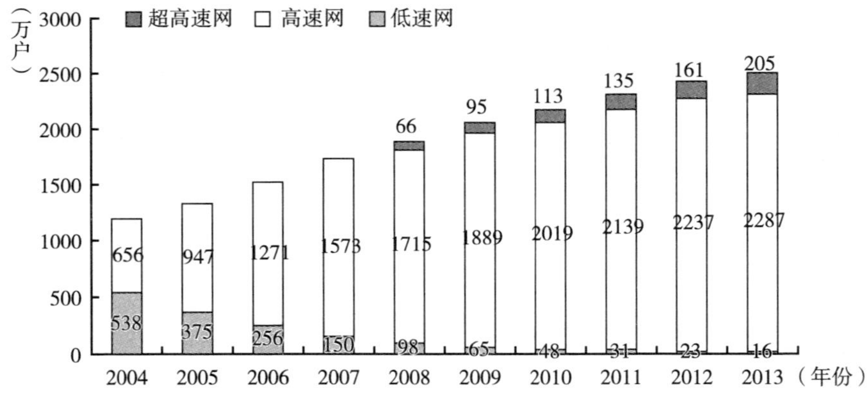

图 29　2004～2013 年法国网络速度订用情况

数据来源：法国文化部发布的 2013 年年报。

2. 收入：高速网络市场进入平稳发展阶段

2013 年，法国互联网订用收入比上年增加 3.78 亿欧元，至 98.25 亿欧元，增幅为 4%，较上年减少 3 个百分点。广告收入 6.40 亿欧元，较上年减少 0.06 亿欧元，降幅为 0.9%，基本符合该领域广告收入波动增长的规律。两者之合为 104.65 亿欧元，比上年增加 3.72 亿欧元，增幅为 3.7%，较上年减少 3.2 个百分点（见图 30）。

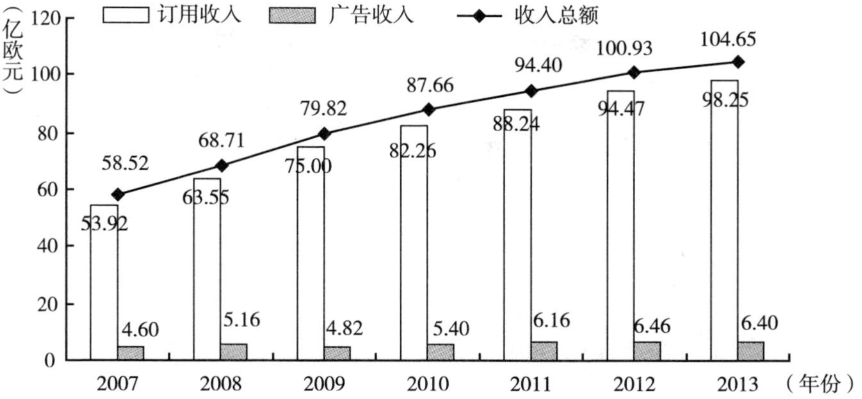

图 30　2007～2013 年法国互联网收入情况

数据来源：订用收入情况来自法国电信管理局（ARCEP）2007～2013 年年报；由于最新报告对往年数据进行了调整，本报告对往年数据进行了相应更新；广告收入情况来源于法国广告研究院（IREP）。

自 2005 年以来，低速网络订用户数及相关收入以每年 30%～40% 的速度下降，至 2013 年，已跌至 1100 万欧元。普通高速网络订用收入 84.96 亿欧元，增幅为 3.9%，较上年减少 1.8 个百分点；超高速网络订用收入 13.18 亿欧元，增幅为 5.4%，较上年减少 13.0 个百分点。可见，随着低速网络市场的萎缩，高速网络市场日趋稳定，当下的网络速度已能较好满足当下法国人的需求，因此法国互联网提速进程将放缓，超高速网络将进入平稳的发展阶段。

（五）电影

1. 基础建设：影院多屏化发展开始冲击中型影院

2014 年，法国关停了 68 块老屏幕，增开了 133 块新屏幕，使得法国电影屏幕总数为 5653 块，较上年增加 65 块，增幅为 1.2%。自 2007 年起，法国电影院向多屏影院的方向发展，屏幕数量的增加大多与新的多屏影院开业或旧影院多屏化改造有关，这一趋势使少屏影院的生存越来越艰难。在马贡的一个城镇上，一家 11 屏影院的开业导致了两家 3 屏影院的倒闭。随着影

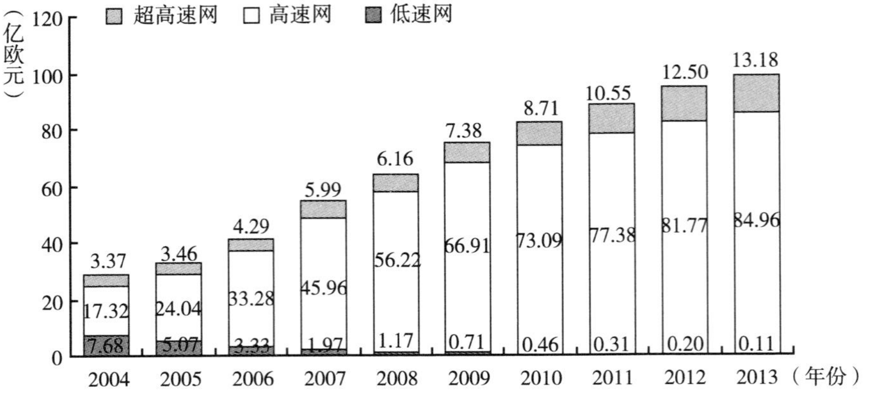

图 31　2004～2013 年法国各种速度网络订用收入情况

数据来源：综合了法国电信管理局（ARCEP）2004～2013 年年报；2013 年，法国电信管理局对高速及超高速网络收入进行了较大幅度的调整，高速网络收入的调整主要见于 2006 年及其之后的数据，超高速网络收入的调整主要见于 2009 年及之前的数据。本报告根据最新报告对往年数据进行了相应更新。

院资源的进一步集中、优化，除小型影院外，中型电影院也开始受到冲击。2014 年，新开影院 35 家，倒闭影院 41 家，使得影院总数减少至 2019 个（见表 15）。法国 2007 年开始屏幕数字化改造，经过 7 年的发展，终在 2014 年 6 月如期完成改造计划，至此，法国所有电影屏幕均装有 2K 或 4K 数字投影仪。

表 15　2008～2014 年法国电影基础设施

基础设施	2008 年	2009 年	2010 年	2011 年	2012 年	2013 年	2014 年
电影院（家）	2069	2066	2049	2033	2035	2025	2019
电影屏幕（块）	5390	5470	5467	5467	5508	5588	5653
影院座位（万个）	103. 6	105. 2	104. 8	104. 6	105. 4	106. 6	107. 2

数据来源：*Bilan 2014 du CNC*。

2015 年，法国文化部电影方面的预算约为 6. 3 亿欧元，较上年减少 0. 33 亿欧元。预算支持电影的创新与文化多样性，对提升法国电影的国际竞争力、支持电影相关活动的开展与就业岗位的增设给予优先考虑。

2. 电影制作：电影片均投资金额下降约2/3，跌至10年来的最低值

2014 年，法国电影获得 9.94 亿欧元投资，在上年基础上继续减少 2.56 亿欧元，降幅高达 20.5%。其中法方投资 7.97 亿欧元，较上年减少 1.83 亿欧元，降幅 18.7%，占总投资的 80%，较上年增加了 2 个百分点；外方投资 1.97 亿欧元，较上年减少 0.73 亿欧元，降幅 27.0%，占总投资的 20%。

2014 年，法国共制作电影长片 258 部，较上年减少 12 部，较 2012 年减少 21 部。其中法国独立和主导制作影片 203 部，较上年减少 6 部，共制作 10 部外部片，英语片为 4 部，上年这两个数值分别为 16 部和 8 部。外方主导的合作影片 55 部，在上年的基础上继续减少了 6 部。

2014 年，法国国际合作影片获得 3.95 亿欧元投资，较上年减少 1.58 亿欧元，降幅为 28.6%；影片数量减少 10 部，至 106 部。片均所得投资 373 万欧元，较上年减少 104 万欧元，降幅为 21.8%。其中，外方主导合作影片 55 部，获得投资 1.95 亿欧元，较上年减少 0.4 亿欧元；片均 354 万欧元，较上年减少 40 万欧元，降幅为 11.2%。法国投资的国际合作影片 51 部，获得投资 2 亿欧元（见表 16），较上年减少 1.18 亿欧元，降幅为 37.1%；片均 392 万欧元，较上年减少 186 万欧元，降幅 32.2%。法方独立制作的 152 部影片获得 5.99 亿欧元的投资，较上年减少 1.03 亿欧元，降幅为 14.7%；片均 394 万欧元，较上年减少 62 万欧元，降幅 13.6%。若与法国主导电影放于一起，其获得的总投资额为 7.99 亿欧元，较上年减少 2.21 亿欧元，降幅为 21.7%，是 2002 年 7.24 亿欧元以来的最低值；片均预算 394 万欧元，较上年减少 94 万欧元，降幅为 19.3%。可见，虽然制作和投资都向法国本土倾斜，但仍无法阻止其制作相关方面整体下降的趋势。下降的原因主要来自电影投资结构的变化，投资超过 1000 万欧元的影片仅占 7.8% 的份额，这一数值在 2013 年为 14.5%。

从电影内容上看，法国共制作纪录片 37 部，其中 35 部由法方独立或主导制作，共获得 2109 万欧元的投资，较上年减少一半以上，降幅为 62.2%；片均 58 万欧元，较上年的 150 万欧元减少了近 2/3，是过去 10 年的最低值。制作动画片 9 部，较上年增加了 3 部，其中 5 部由法国独立或主

导制作；共获得 6237 万欧元投资，较上年减少 2868 万欧元，降幅为 31.5%；而片均预算 693 万欧元，更是较上年的 2027 万欧元减少了 65.8%。制作故事片 212 部，其中 163 部法国独立或主导制作，比例与上年基本持平（见表 17）。

表 16　2009～2014 年法国国际合作电影概况

单位：部、亿欧元

项目		2009 年	2010 年	2011 年	2012 年	2013 年	2014 年
国际合作电影总数(部)		93	118	120	129	116	106
国际合作电影投资	法方投资	2.46	3.43	4.00	4.00	3.18	2.00
	外方投资	2.07	3.49	3.26	3.17	2.35	1.95
	总计	4.53	6.92	7.26	7.17	5.53	3.95
法国独立或主导制作电影投资	法方投资	8.52	10.19	10.10	9.67	9.32	7.53
	外方投资	0.76	0.94	1.18	0.99	0.88	0.46
	总计	9.28	11.13	11.28	10.66	10.20	7.99

数据来源：法国国家电影中心（CNC），*la production cinématographique en 2014*。

表 17　2009～2014 年法国各类方式制作的电影数量

内容		2009 年	2010 年	2011 年	2012 年	2013 年	2014 年
故事片	法国独立或主导制作	151	169	173	162	169	163
	外方主导合作	44	56	53	63	57	49
	总计	195	225	226	225	226	212
纪录片	法国独立或主导制作	27	25	29	37	36	35
	外方主导合作	3	2	7	5	2	2
	总计	30	27	36	42	38	37
动画片	法国独立或主导制作	4	9	5	10	4	5
	外方主导合作	1	0	5	2	2	4
	总计	5	9	10	12	6	9
总体情况	法国独立制作	137	143	152	150	154	152
	法国主导合作	45	60	55	59	55	51
	外方主导合作	48	58	65	70	61	55
	总计	230	261	272	279	270	258

数据来源：法国国家电影中心，*la production cinématographique en 2014*。

2. 观影市场：法国电影大获成功，创造多项历史好成绩

2014 年，法国首映 663 部，较上年增加 9 部，增幅仅为 1.4%，创历史新高。其中法国电影首映 343 部，在上年基础上继续增加 13 部，增幅 3.9%，达到历史最好水平。而美国电影（150 部）、欧洲电影（104 部）和其他国家电影（66 部）均较上年小幅减少。

2014 年，法国共售出 2.09 亿张电影票，较上年增长 7.9%，仅次于 1967 年的 2.11 亿张电影票和 2011 年的 2.17 亿张电影票；票房收入 13.33 亿欧元，较上年增加 0.83 亿欧元，增幅为 6.6%，在近 10 年中仅次于 2011 年的 13.71 亿欧元票房收入（见图 32）。观众人次和票房收入较大幅度增长与多部特别受欢迎的影片上映有关。2014 年，法国电影观众达 2.09 亿人次（见图 33），共有 3 部影片的观众超过 500 万人次，而在上年无一部影片的观众超过 500 万人次。

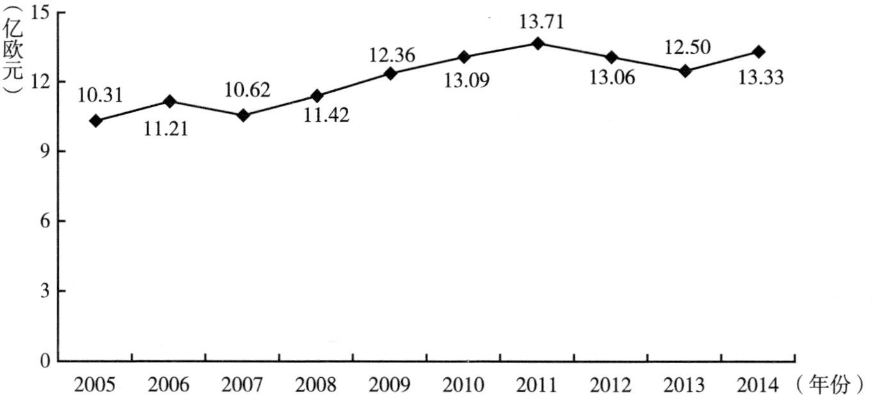

图 32　2005 ~ 2014 年法国电影票房收入

数据来源：法国国家电影中心（CNC），*Results 2014*。

从影片来源来看，2014 年观看法国电影的有 9126 万人次，远高于过去 10 年的平均值 7706 万人次，这是 30 年以来首次接近 1984 年创下的 9412 万人次的纪录；占观影总人次的 44.4%，较上年增加 10.6 个百分点，达到 2006 年以来的最高水平（见图 34），共有 4 部法国电影的观众超过 300 万人

次，票房共收入5.63亿欧元，较上年增长43.1%，达到近10年的最高水平，份额也增加了12.2个百分点，至43.1%。

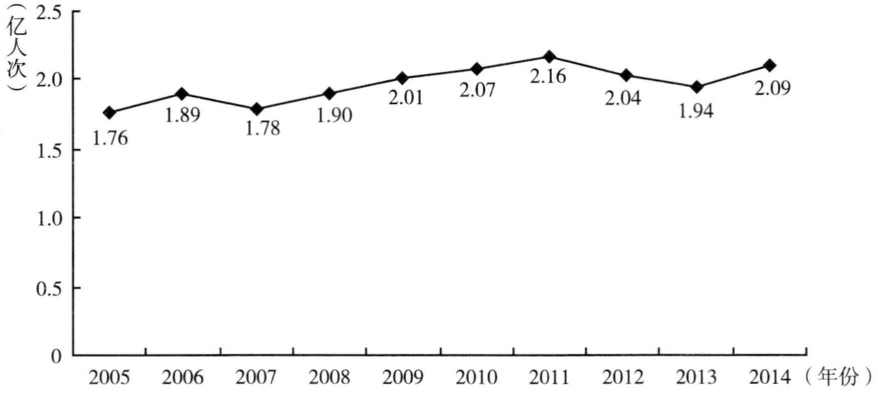

图33　2005～2014年法国观影人数

数据来源：*Results 2014*，法国国家电影中心（CNC）。

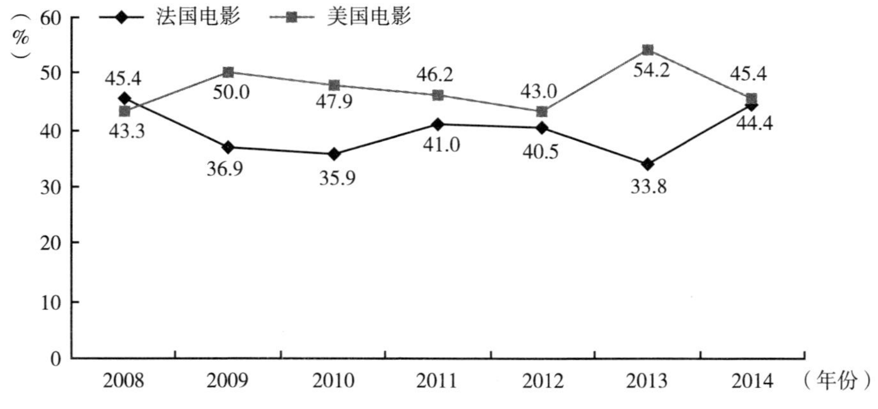

图34　2008～2014年法国各种来源电影的观影市场份额

观看美国电影的有9337万人次，较上年减少9.5%，占观影总人次的45.4%，较上年减少8.8个百分点。票房收入6.14亿欧元，较上年减少10.5%，份额也相应减少9个百分点，至47%。

欧洲其他电影的观众为1111万人次，在上年基础上继续减少22.3%，占观影总人次的5.4%，较上年减少1.9个百分点。票房收入0.65亿欧元，较上年减少32%，再创历史新低，份额也减少2.7个百分点，至5.0%。

其他地区的电影观众为985万人次，较上年增加10.5%，其份额也从4.7%略增至4.8%。票房收入0.65亿欧元，较上年增加11.5%，份额较上年增加0.3个百分点，至5.0%，近10年来首次与欧洲其他电影份额相当。

3. 电影出口：法国电影在海外电影市场取得近10年第二好成绩

2013年，法国电影出口收入为1.65亿欧元，较上年减少了21.7%，但仍高于近10年的平均水平（1.58亿欧元）。法国销往西欧的电影收入6590万欧元，较上年减少27.2%，份额上首次低于40%，为39.8%；销往北美的电影收入4900万欧元，较上年减少18.9%，份额为29.6%（见图35）；销往中东欧的电影收入1560万欧元，较上年减少34.1%；销往亚洲的电影收入相对比较稳定，仅较上年减少1.8%，为1500万欧元。

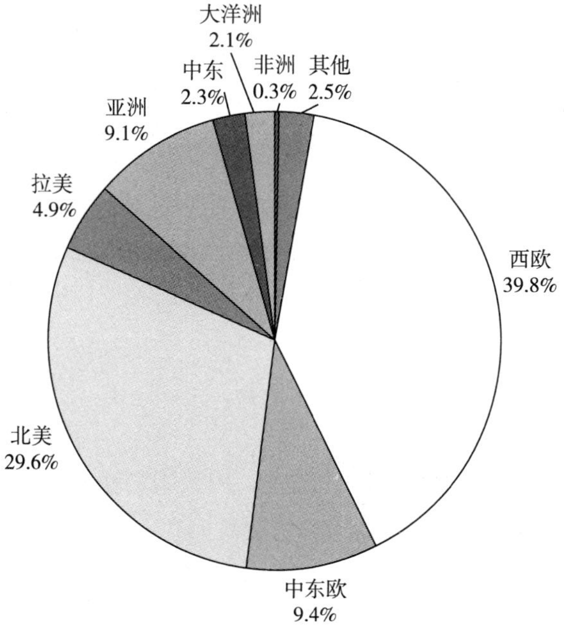

图35 2013年法国电影出口收入的区域分布

数据来源：法国国家电影中心（CNC），*Results 2014*。

2014年，法国共有552部电影在海外上映，较上年增加56部，共售出1.15亿张电影票，较上年增加125.4%，票房收入随之增加119.2%，至6.55亿欧元。各方面数据均仅低于2012年，创10年来第二好水平（见图36）。法国电影在西欧共售出3400万张票，但其份额却从2012年的42.8%下降至29.7%，较2012年减少13.1个百分点；亚洲成为法国电影的第二海外电影市场，份额为25.1%（见图37），较上年增加26个百分点，较2012年增加18个百分点，其中法国电影在中国共售出1740万张票，较上年增加1220万张；其余地区的份额则与上年基本持平。

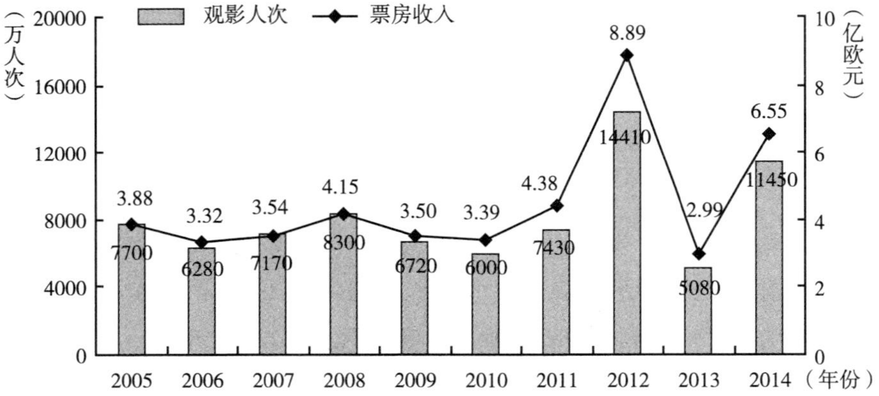

图36　2005～2014年法国电影海外放映的观影情况与票房收入

数据来源：法国国家电影中心（CNC），*Results 2014*。

（六）图书

1. 图书出版：种数增加，印数减少，单册印刷量再降18%

2013年，法国共出版图书95484种，较上年增加9190种，增幅为10.6%。其中新书46619种，较上年增加1941种，增幅4.3%；再版书48865种，较上年增加7249种，增幅17.4%。印刷图书5.72亿册，较上年减少5900万册，降幅9.4%。其中新书3.53亿册，较上年减少3400万册，降幅8.8%；再版书2.19亿册，较上年减少2500万册，降幅10.2%（见表

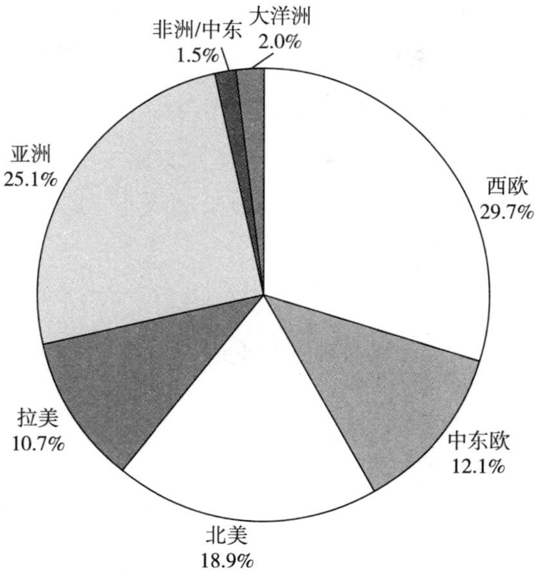

图 37　2014 年法国电影海外电影情况的区域分布

数据来源：法国国家电影中心（CNC），*Results 2014*。

18）。单册图书的印刷量为 5991 册，在上年基础上继续减少 1320 册，降幅 18.1%。

表 18　2008～2013 年法国图书出版情况

单位：种，亿册

图书类别		2008 年	2009 年	2010 年	2011 年	2012 年	2013 年
图书种数	新版书	38334	38445	40023	41904	44678	46619
	重版书	37850	36343	39285	39364	41616	48865
	总计	76184	74788	79308	81268	86294	95484
图书册数	新版书	4.48	3.71	3.86	3.80	3.87	3.53
	重版书	2.64	2.38	2.46	2.41	2.44	2.19
	总计	7.12	6.09	6.32	6.21	6.31	5.72

数据来源：法国出版商协会，*L'édition en perspective*：*RAPPORT D'ACTIVITé DU SYNDICAT NATIONAL DE L'éDITION*（*2013/2014*），www.sne.fr。

2013 年，法国共售出图书 4.27 亿册，较上年减少 1438.6 万册，降幅为 3.3%。从分类来看，宗教书籍在 2013 年成为增长幅度最大的一类图书，增幅为 3%，文学类图书在 2013 年增幅为 0.7%，其余图书销量均有不同程度的下降。其中，工具书/百科全书，2013 年下降了 11.9%。另一类下降明显的图书是纪实/新闻/散文，它在上年下降了 4.9%，2013 年继续下降 12.2%（见表 19）。

表 19　2012 年和 2013 年法国各类图书销售册数

单位：万册，%

图书类别	2012 年	2013 年	同比增长
学校教育	5901.3	5624.7	-4.7
科技/医学/管理	463.7	433.1	-6.6
人文社会科学	1897.9	1773.8	-6.5
宗教信仰	608.5	626.7	+3.0
工具书/百科全书	1788.6	1576.2	-11.9
文学	11049.1	11130.2	+0.7
纪实/新闻/散文	1288.9	1131.6	-12.2
青少年读物	9049.5	8682.6	-4.1
漫画	4390.0	4172.1	-5.0
实用图书	6492.4	6360.7	-2.0
地图	1160.4	1140.0	-1.8
总计	44090.3	42651.7	-3.3

数据来源：法国出版商协会，*Fiches marché du livre*。

2. 图书收入：学校教育类图书收入大幅下跌

2013 年，在图书种数增加、印数下降、销售量下降的情况下，法国图书收入较上年减少 0.84 亿欧元，至 26.87 亿欧元，降幅 3.0%，比 2012 年的降幅扩大了 1.2 个百分点。其中图书销售收入 25.59 亿欧元，较上年减少 0.8 亿欧元，降幅 3.0%；版权收入 1.28 亿欧元，较上年减少 0.05 亿欧元，降幅 3.8%（见表 20）。

表 20　2008～2013 年法国图书收入

单位：亿欧元

图书收入	2008 年	2009 年	2010 年	2011 年	2012 年	2013 年
售卖收入	27.00	27.03	27.07	26.69	26.39	25.59
版权收入	1.30	1.26	1.31	1.35	1.33	1.28
总计	28.30	28.29	28.38	28.04	27.71	26.87

数据来源：法国出版商协会，*Fiches marché du livre*。

从图书类型来看，宗教类图书和文学图书由于销售册数的增加，收入也随之有所增长，两类书合计增长 5.3%。其余类型的图书则均较上年有所减少。其中，纪实/新闻/散文销售册数的大量减损带来收入的大幅下降，降幅接近 20%。另外，学校教育类图书的销售册数虽然只减少了 4.75%，但其收入却减少了 12.9%（见表 21）。从图书收入份额来看，与 2012 年相比，有较大变化的图书类型为：学校教育占 12.7%，较上年减少 1.4 个百分点；文学占 26.4%，较上年增加 2.2 个百分点；纪实/新闻/散文占 4.1%，

表 21　2013 年法国各类图书售卖收入情况

单位：亿欧元，%

图书类别	2012	2013	同比增长
学校教育	3.72	3.24	-12.9
科技·医学·管理	0.79	0.74	-6.3
人文社会科学	2.45	2.43	-0.8
宗教信仰	0.36	0.36	0
工具书·百科全书	0.80	0.72	-10.0
文学	6.39	6.75	+5.6
纪实·新闻·散文	1.07	0.85	-19.6
青少年读物	3.54	3.42	-3.4
漫画	2.46	2.43	-1.2
实用图书	4.44	4.28	-3.6
地图	0.37	0.35	-5.4
总计	26.39	25.57	-3.1

数据来源：法国出版商协会，*Fiches marché du livre*。

较上年减少0.8个百分点。其余类型的图书所占份额与上年基本持平（见图38）。

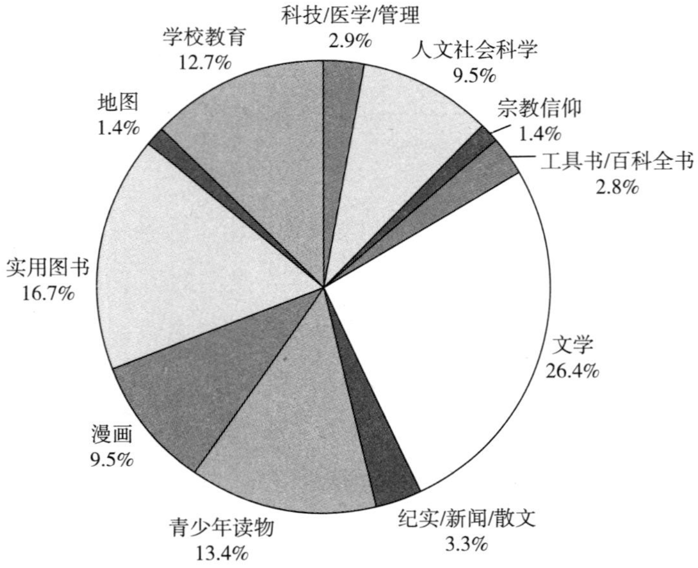

图38　2013年法国各类图书总收入份额

数据来源：法国出版商协会，*Fiches marché du livre*。

3. 图书进出口：亚太地区成为法国第二大图书进口区域

2013年，法国图书出口额6.89亿欧元，较上年减少0.24亿欧元，降幅为3.4%；进口额7.02亿欧元，较上年减少0.22亿欧元，降幅3%。逆差0.13亿欧元，较上年的0.12亿欧元有所扩大（见表22）。

表22　2007～2013年法国图书进出口交易情况

单位：亿欧元

项目	2007	2008	2009	2010	2011	2012	2013
出口额	6.95	6.95	6.65	7.05	7.01	7.13	6.89
进口额	7.09	7.51	7.10	7.06	6.88	7.24	7.02

数据来源：法国国家图书中心。

法语国家是法国图书出口的主要对象，2013 年法国向这些国家出口图书 5.14 亿欧元（见表 23），较上年减少 0.21 亿欧元，降幅 3.9%，这是自 2010 年达到峰值 5.49 亿欧元之后连续第三年下跌，其份额也较三年前减少 5.8 个百分点，至 72.1%。法国图书进出口交易最活跃的对象是欧盟成国员，2013 年，法国向欧盟国家出口图书 3.12 亿欧元，占出口总量的 45.4%，从欧盟国家进口图书 5.03 亿欧元（见表 24），占总量的 71.6%，两者均较上年有所下降，但两者的逆差较上年有所缩小，从 2.04 亿欧元降至 1.91 亿欧元。2013 年，意大利和中国成为法国最大的图书进口来源国，两国分别向法国出口图书 1.39 亿欧元和 1.11 亿欧元。而亚太地区，近 10 年来第一次在法国进口图书市场的份额中稳定保持在 19% 左右。

表 23　2007～2013 年法国与部分国家和地区图书进出口交易情况

单位：亿欧元

地区		2007	2008	2009	2010	2011	2012	2013
欧盟	出口	3.14	3.13	2.98	3.22	3.13	3.29	3.12
	进口	5.38	5.46	5.16	5.37	5.23	5.33	5.03
法语国家	出口	5.14	5.15	5.13	5.49	5.44	5.35	5.14
	进口	1.43	1.56	1.39	1.33	0.90	1.02	1.07
美国	出口	0.25	0.21	0.19	0.20	0.17	0.19	0.18
	进口	0.26	0.27	0.23	0.17	0.13	0.15	0.13
中国	出口	0.01	0.02	0.02	0.03	0.02	0.02	0.03
	进口	0.59	0.66	0.75	0.92	0.92	1.12	1.11

数据来源：法国国家图书中心。

表 24　2013 年法国与世界各地图书进出口交易情况

单位：亿欧元，%

地区	出口		进口	
	金额	份额	金额	份额
欧盟	3.12	45.4	5.03	71.6
欧盟之外西欧国家	0.99	14.4	0.25	3.5
北美	0.96	13.9	0.29	4.1
海外省	0.55	8.0	0.007	0.1

续表

地区	出口		进口	
	金额	份额	金额	份额
马格里布	0.42	6.1	0.009	0.1
非洲法语国家	0.37	5.3	0.004	0.1
亚太	0.18	2.7	1.39	19.8
近东和中东地区	0.13	1.9	0.02	0.3
拉美	0.08	1.2	0.003	0.1
东欧	0.4	0.6	0.02	0.3
西印度群岛	0.02	0.2	0.001	0.0
非洲非法语国家	0.02	0.2	0	0.0

数据来源：法国国家图书中心。

（七）音像制品

1. 唱片：迎来12年以来的首次增长，但其前景仍然堪忧

2013 年，进入法国国家图书馆名录的唱片有 12507 种，较上年减少 2162 种，降幅为 14.7%（见图 39）。但是，这一年法国唱片业收入迎来了 12 年连续下滑之后的首次增长，销售收入 4.93 亿欧元，较上年增长 0.8%，与版权收入之和为 6.03 亿欧元，较上年增长 2.3%。然而，2007 ~2013 年，

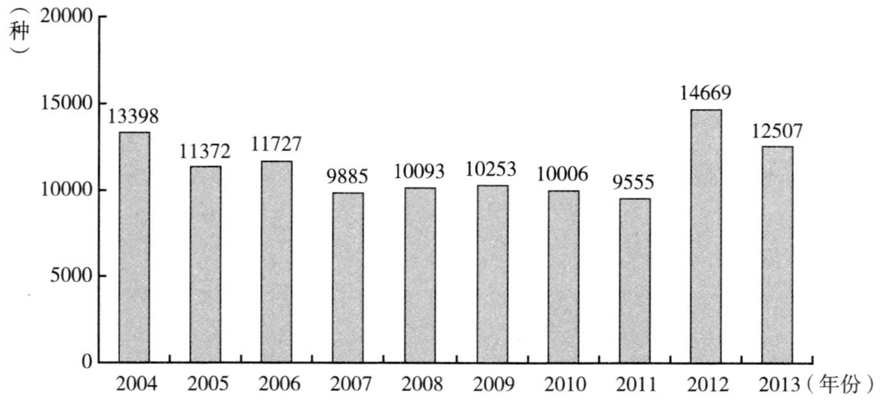

图 39　法国年度唱片种数（国家图书馆名录）：2003 ~2012

数据来源：法国国家图书馆。

法国唱片销售收入已下滑了31%，而且根据2014年第4季度的销售情况，全法唱片联盟（SNEP）预测：2014年法国唱片业前景堪忧。

2013年，法国共出售9100万张唱片，较上年减少730万张，降幅为7.4%。其中，专辑销售4850万张，较上年减少320万张，降幅为6.2%；近年来持续增长的单曲销量也有较大幅度的滑坡，较上年减少390万张，为4070万张，降幅为8.7%；MV共售出180万张，较上年减少20万张，降幅为10%，较前两年的下降幅度已有所缓和（见表25）。

表25　2008～2013年法国年度唱片销量

单位：万张

品种	2008年	2009年	2010年	2011年	2012年	2013年
专辑	6110	5650	5270	5410	5170	4850
单曲	2520	3060	3500	4390	4460	4070
MV	370	360	320	290	200	180
总计	9000	9070	9090	10090	9830	9100

数据来源：全法唱片联盟。

2013年，法国在唱片销售收入中，实体唱片的销售额为3.67亿欧元，较上年增加0.03亿欧元，数字唱片的销售额为1.26亿欧元，较上年增长0.01亿欧元（见表26）。从变化的幅度来看，两者的增幅均为0.8%，但考虑到实体唱片上年下滑11.9%，这一数据对其而言具有重要意义，而数字唱片在2012年增长了12.6%，2013年仅0.8%的增长，使得这一销售渠道是否能成为带动法国唱片业发展的动力，受到质疑。

若对各项收入进行细分，实体唱片销售收入增长主要来源于专辑的销售，较上年增长了1.5%，而单曲和DVD的销售收入都有不同程度的下跌，特别是单曲收入，降幅高达57.1%。在数字唱片销售中，互联网、流媒体的收入延续近年来的增长势头，继续小幅增长，特别是流媒体收入，已较2008年增加了12.5倍，而手机渠道的收入则持续下跌，较2008年减少了81.6%。2013年，互联网在数字唱片销售中占据了半壁江山，达50%（见图40）。

表 26　2008～2013 年法国唱片销售收入

单位：亿欧元

品种		2008 年	2009 年	2010 年	2011 年	2012 年	2013 年
法国实体唱片销售收入	专辑	4.85	4.65	4.18	3.81	3.41	3.46
	单曲	0.10	0.07	0.04	0.03	0.014	0.006
	DVD	0.35	0.40	0.44	0.29	0.214	0.206
	总计	5.30	5.12	4.66	4.13	3.638	3.672
法国数字唱片销售收入	互联网	0.24	0.40	0.47	0.57	0.63	0.63
	手机	0.49	0.20	0.16	0.14	0.10	0.09
	流媒体	0.04	0.18	0.25	0.50	0.52	0.54
	总计	0.77	0.78	0.88	1.11	1.25	1.26
法国唱片销售总收入总计		6.07	6.00	5.54	5.24	4.888	4.932

数据来源：全法唱片联盟。

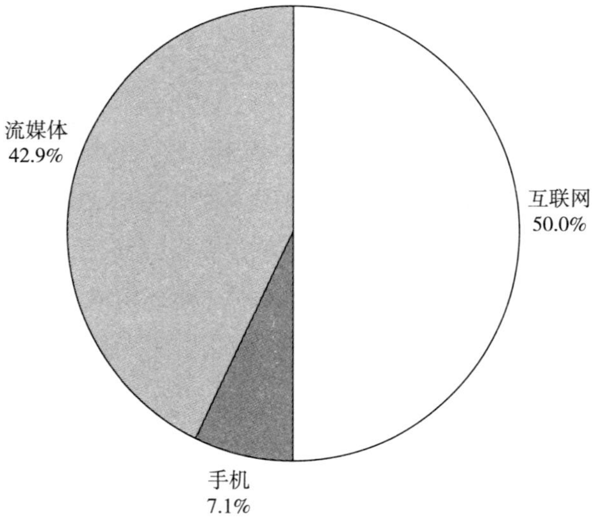

图 40　2013 年法国数字唱片销售渠道份额

数据来源：全法唱片联盟。

2013 年，法国唱片的版权收入 1.10 亿欧元，较上年增加 0.09 亿欧元，增幅 8.9%，随着这项收入增长幅度的逐年加大，它的前景也越来越被看好。

2. 录像制品：市场收入首次跌破10亿欧元

2013 年，法国录像制品列入法国国家图书馆名录的共有 10149 种，较上年减少 3535 种，降幅为 25.8%。销售量 1.03 亿件，较上年减少 1689 万件，降幅为 14.1%；销售收入首次低于 10 亿欧元，至 9.29 亿欧元，较上年减少 1.87 亿欧元（见图 41）。

图 41　2006～2013 年法国录像制品市场状况

资料来源：法国国家图书馆名录 VIDEO 种数的数据来源于：法国国家图书馆（BnF），其他数据来源于：*Baromètre Vidéo CNC – GfK：le marché de la vidéo physique en，2013*，法国国家电影中心（CNC）。

2008～2010 年，经过 3 年的相对稳定期后，法国家庭对实体视频的投资大幅减少，2011 年同比下降 11.7%，2012 年同比下降 8.7%，2013 年同比降幅高达 16.7%。10 年间，法国录像制品市场规模已缩减了 52.6%。

从内容来看，2013 年法国售出电影录像制品 4818 万件，较上年减少了 19.4%，收入 5.6 亿欧元，较上年减少了 19.1%，其所占总收入份额也出现自 2006 年以来的首次下跌，至 60.2%，较上年减少 1.7 个百分点；其中美国电影、法国电影和欧洲电影的份额均有不同程度的小幅下降，其他地区电影的份额在 2013 年激增了 1.4 个百分点；非影片录像制品共售出 4892 万件，较上年减少 8.4%，收入 3.3 亿欧元，较上年减少 13.3%，是自 2006

年以来的第 7 年连续下跌，收入份额较上年增加了 1.5 个百分点，为 35.6%；促销录像制品售出 596 万件，较上年减少 12.6%，收入 0.39 亿欧元，较上年减少 10.5%，仍在 0.4 亿欧元的波动范围之内，收入份额较上年增加 0.2 个百分点，为 4.2%（见图 42）。

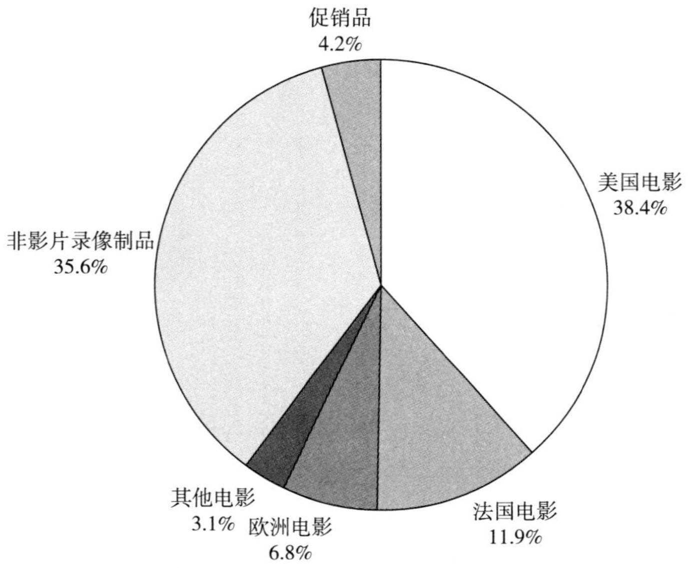

图 42　2013 年法国各类录像制品收入份额

数据来源：法国国家电影中心（CNC），*Baromètre Vidéo CNC - GfK: le marché de la vidéo physique en 2013*。

根据录像制品的材质，可分为录像带（VHS）、DVD 和蓝光光碟。由于数值过小，2007 年开始不再单独列出录像带（VHS）的相关数据。2013 年，该类录像制品出售 23569 件，较上年减少 6392 件，降幅 21.3%；收入 20 万欧元，较上年减少 13 万欧元，降幅 39.4%。DVD 仍是法国录像制品市场的主流产品，市场份额为 77.9%，但较上年已减少 2 个百分点。2013 年共销售 0.90 亿件 DVD，较上年减少 15.1%，收入 7.24 亿欧元，较上年减少 18.8%。虽然可以拥有蓝光光碟读取设备的家庭越来越多，但销售及收入并未随之增加，反而出现了自其上市以来的首次下滑。2013 年共销售 0.13 亿张蓝光光碟，较上年减少7.1%，收入2.05亿欧元，较上年减少8.5%（见表27）。但市场份额相应增加了2个百分点，为22.1%。

表27　2008～2013年法国不同质地录像制品销售数量与销售收入

单位：亿份，亿欧元

年份	销售数量(单位:亿份)			销售收入(单位:亿欧元)		
	DVD	蓝光光碟	总计	DVD	蓝光光碟	总计
2008	1.26	0.02	1.28	13.31	0.51	13.82
2009	1.36	0.05	1.41	12.77	1.07	13.84
2010	1.34	0.10	1.44	12.12	1.74	13.86
2011	1.16	0.13	1.29	10.18	2.05	12.23
2012	1.06	0.14	1.20	8.92	2.24	11.16
2013	0.90	0.13	1.03	7.24	2.05	9.29

数据来源：法国国家电影中心（CNC），*Baromètre Vidéo CNC – GfK：le marché de la vidéo physique en，2013*。

三　市场主体分析

2014年世界50大传媒集团排行榜中，法国维旺迪集团（Vivendi）收入101.97亿欧元，排名后退3位，至第12位；拉加代尔集团（Lagardère）收入72.16亿欧元，排名与上年持平，为第17位；法国国家电视集团（France Télévisions）收入28.42亿欧元，排名与上年持平，为第44位。法国电视1台（TF1）自2013年跌出榜单后暂未回归榜单之内，该集团收入24.70亿欧元，较上年减少1.51亿欧元，较榜单最后一名意大利RAI集团的收入（26.25亿欧元）少1.55亿欧元。

表28　2008～2013年法国前4大传媒集团收入状况

单位：亿欧元

传媒单位	2008年	2009年	2010年	2011年	2012年	2013年
维旺迪集团	112.95	119.54	124.91	124.86	133.25	101.97
拉加代尔集团	86.28	78.92	79.66	76.57	73.70	72.16
法国国家电视集团	27.50	30.61	31.40	30.04	31.53	28.42
法国电视1台	25.95	23.65	26.22	26.20	26.21	24.70

数据来源：传媒政策研究所。

（一）法国维旺迪集团市场表现：从综合性集团转型为传媒集团

经过两年的调整，维旺迪集团从一个集传媒、电信及其他服务于一体的综合性集团转型为完全的传媒集团。集团原有的动视暴风公司及摩洛哥电信公司、SFR 和 GVT 三家电信公司先后被卖掉，公司目前仅保留环球唱片公司、Canal + 公司，并新创设一个维旺迪村（Vivendi Village）的部门，既可作为整个集团的研发中心，又可对外开展业务。

2014 年维旺迪集团总收入 100.89 亿欧元，较上年减少 1.08 亿欧元，降幅为 1.1%。其中，EBITA 为 9.99 亿欧元，较上年增加 0.44 亿欧元，增幅为 4.6%；EBIT 为 7.36 亿欧元，较上年增加 0.99 亿欧元，增幅 15.7%（见图 43）。

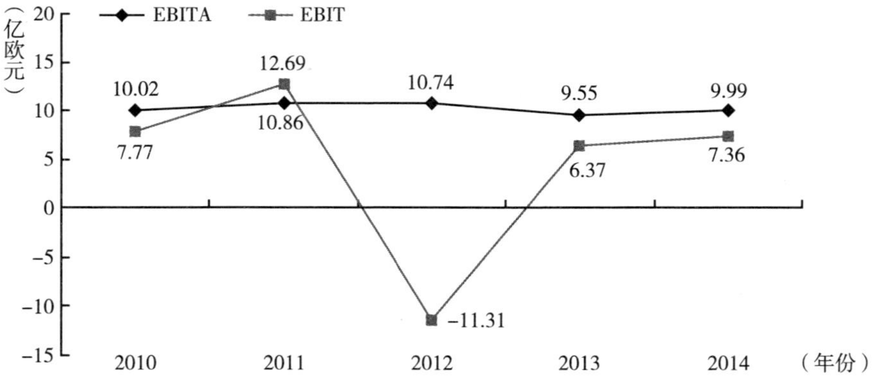

图 43　2010 ~ 2014 年维旺迪集团 EBITA 及 EBIT 情况

数据来源：综合参考维旺迪集团 2014 年年报。

从旗下各公司的发展情况来看，Canal + 公司继续保持增长势头，收入为 54.46 亿欧元，较上年增加 1.35 亿欧元，增幅为 2.5%，较上年的增幅减少了 3.4 个百分点；环球唱片公司则未能继续增长，较上年减少 3.29 亿欧元，至 45.57 亿欧元，降幅为 6.7%；新成立的维旺迪村 2014 年收入 0.96 亿欧元，较上年增加 0.25 亿欧元，增幅为 35.2%（见表 29）。

表 29　2008～2014 年维旺迪集团旗下各公司收入状况

单位：亿欧元

子公司	2008 年	2009 年	2010 年	2011 年	2012 年	2013 年	2014 年
环球唱片公司	46.50	43.63	44.49	41.97	45.44	48.86	45.57
Canal+公司	45.54	45.53	47.12	48.57	50.13	53.11	54.46
维旺迪村	—	—	—	—	—	0.71	0.96
其他	-0.57	-0.45	-0.54	-0.41	-0.24	-0.16	0.20
总计	91.47	88.71	91.07	90.13	95.33	102.52	100.89

数据来源：综合参考维旺迪集团 2008～2014 年年报。

从地区来看，2014 年维旺迪集团在欧洲的收益较上年增加 0.43 亿欧元，增幅 1.7%，较上年增幅减少 10 个百分点，在总收入中的份额占 24.8%；集团在美国的收益未能保持连续增长势头，较上年减少 1.35 亿欧元，降幅为 7.2%，在总收入中的份额占 17.2%；集团在法国本土的收入为 44.82 亿欧元，较上年减少 0.09 亿欧元，降幅 0.2%，在总收入中的份额占 44.4%；集团在其他地区收入 13.54 亿欧元，较上年减少 0.62 亿欧元，降幅 4.4%，在总收入中的份额占 13.4%（见表 30 和图 44）。

表 30　2012～2014 年维旺迪集团各地区收入状况

单位：亿欧元

国家	2012	2013	2014
法国	43.96	44.91	44.82
欧洲	22.04	24.62	25.05
美国	15.94	18.83	17.48
其他	13.39	14.16	13.54
总计	95.33	102.52	100.89

数据来源：综合参考维旺迪集团 2012～2014 年年报。

（二）拉加代尔集团市场表现：净现金及可支配现金流又回复到负数

2014 年，拉加代尔集团收入 71.70 亿欧元，比上年减少 0.46 亿欧元，

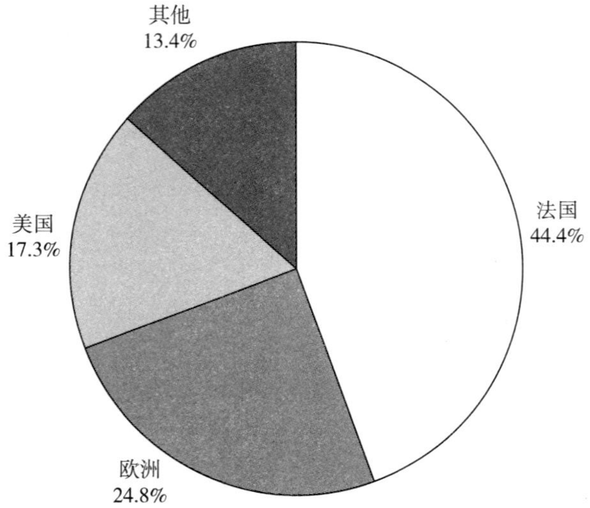

图 44　2014 年维旺迪集团各地区收入份额

数据来源：维旺迪集团 2014 年年报。

降幅仅 0.6%。其中，EBIT 为 3.42 亿欧元，较上年减少 0.3 亿欧元，降幅 8.1%；净现金较上年的 3.61 亿欧元减少 13.15 亿欧元，负债 9.54 亿欧元；可支配现金流又回到负数，为 -2.71 亿欧元。

2014 年，拉加代尔集团出版收入 20.04 亿欧元，较上年减少 0.62 亿欧元，降幅为 3.0%。其中，电子书收入 2.1 亿欧元，占出版总收入 10.5%，较上年小幅回落。传媒活动收入 9.58 亿欧元，较上年减少 0.38 亿欧元，降幅 3.8%，这主要与杂志的衰退有关。2014 年，拉加代尔集团旗下杂志收入下降 6.4%，其中广告收入下降 9.8%，发行收入下降 3.5%。广播收入相对稳定，且国际化程度较高；电视收入下降 6.1%；数字活动收入增加了 3.2%。商业服务收入 38.14 亿欧元，较上年增加 0.69 亿欧元，增幅为 1.8%。其他收入 3.94 亿欧元，较上年减少 0.15 亿欧元，降幅为 3.7%（见表 31）。

2014 年，拉加代尔开展业务的地区性结构与上年继续基本持平，除在法国本土的份额减少 2 个百分点之外，东欧、西欧仅有 1 个百分点的差别，其余地区份额与上年相同（见图 45）。

表 31　2008～2014 年拉加代尔集团传媒净销售额及分项销售额

单位：亿欧元

公司业务	2008 年	2009 年	2010 年	2011 年	2012 年	2013 年	2014 年
出版业务	21.59	22.73	21.65	20.38	20.77	20.66	20.04
传媒活动	21.11	17.25	18.26	14.41	10.14	9.96	9.58
商业服务	35.00	33.87	35.79	37.24	38.09	37.45	38.14
其他	4.44	5.07	3.96	4.54	4.70	4.09	3.94
总计	82.14	78.92	79.66	76.57	73.70	72.16	71.70

数据来源：综合参考拉加代尔集团 2008～2014 年年报。

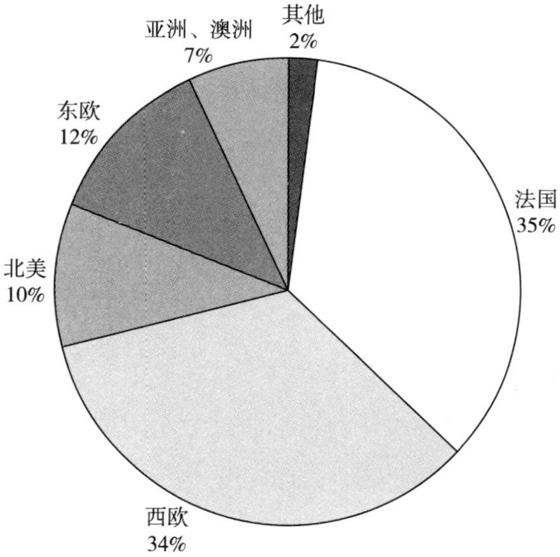

图 45　2014 年拉加代尔集团地区收入份额

数据来源：拉加代尔集团 2014 年年报。

四　传媒政策分析

（一）身边的媒体

媒体不仅是信息传播、言论表达的工具，还是公众直接参与视听创作、接触教育信息和语言文化的平台，其重要性不言而喻。目前已有一些地方性、私营性媒体发挥着为民说话、服务于民的作用。然而，很多此类媒体并未得到足够支持。因此，法国文化部部长 Fleur Pellerin 提出“身边的媒体”项目，预算 100 万欧元，为满足以下一个或多个条件的媒体（无论纸质媒体、数字媒体还是视听媒体）提供支助，这些条件包括：创新型媒体，或面临数字化发展和传播的媒体；“亲民型”媒体，亟须提升媒体专业度和内容质量；与传统全国性、大区性和地方性媒体建立沟通联系的小型媒体；支持以信息节目为主的媒体发展，鼓励信息传播；支持民众参与媒体民主讨论，帮助民众发出声音的媒体；内容以青少年节目为主的媒体。

（二）倡导公众阅读计划

根据法国图书出版商协会的一项调查显示，2013 年有 70% 的法国人至少读了一本书，这一比例较 2010 年减少 5 个百分点；人均读书 15 本，较 2010 年减少 1 本。[①] 因此，为了促进国民阅读，法国文化部设置了多个项目，以倡导公众阅读，其中一项名为“多方参与者契约关系”，即法国政府、地方各区和相关参与者之间建立一个特约协定，支持和推广公众阅读。

另外，还有一项针对青少年的读书项目“小阅读者比赛”，于 2012 年开始实施，鼓励中小学生在公共场合，如阅读者所在班级或图书管理员带领的阅读组上，大声阅读 3 分钟，材料由他们自己选定，是某部小说的摘要，先由同班或同组青少年选出最佳阅读者，被选者接着参加地方志愿者组织的 1/4 比赛，优胜者通过网络视频参加区域半决赛，最后将在全国总决赛中产生获胜者。

（三）成立数字管理局

2015 年 2 月，工业、能源和数字经济部部长 Emmanuel Macron 宣布，法国数字管理局正式成立。该机构将帮助政府进行数字技术和数字经济在法国的推广和发展，具体而言有三项主要任务，即超高速网络全境推广、创新科技发展和互联网及其他数字工具使用推广。

---

① 法国图书出版商协会（SNE）：*La lecture à l' ère d' Internet ：soyons volontaristes*。

B.7

数字时代的社会化生产与营销：2015年韩国传媒产业发展报告

龙耘　李承恩*

摘　要：2014年以来，韩国的媒介产业销售和出口的增长速度在总体上继续呈现出放缓的趋势，开始进入稳步发展的“新常态”阶段。2015年3月，韩国未来创造科技部提出了名为“建设由ICT引领的创意韩国”的发展战略与政策，为新媒体的开发与应用寻求新的产业机会。本文借助社会化生产和营销方面的典型案例，探讨韩国媒介产业的发展前景，强调以数字技术为特征的新媒体应用，以及“社会化生产和营销”等新兴产业模式对文化创意产业的影响。

关键词：数字时代　ICT产业　社会化生产　社会化营销

一　引言

回溯2015年上半年韩国媒介产业的发展，从中不难发现一系列令人印象深刻的焦点事件。而其中最为引人瞩目的变化，当属媒体的多元化发展和多平台应用。无论是媒体从业者个人还是媒体公司，抑或相关的营销企业，都在经历着新的、深刻的变化。营销企业明显地更多运用社会化媒体播出广

---

* 龙耘，博士，中国传媒大学广播电视研究中心副主任、教授、博士生导师；李承恩（Claire Seungeun Lee），博士，韩国人，韩国对外经济政策研究院中国区域市场研究组。

告，同时也更积极地与媒体制作公司携手，开展产品及广告营销，重塑企业形象。另外，“My Little Television”（小电视）等个人制作的节目也成为一个新的亮点。其所代表的新鲜的社会化生产方式，在网络电视剧或网络漫画等充满生机的新内容中随处可见。

本文从社会化生产与营销的角度入手，综合分析 2014 年和 2015 年的韩国媒介产业、政策和韩国社会化媒体的发展。首先，在梳理韩国文化产业结构的调整及媒介产品销售和出口的最新进展基础上，预测其未来走向。其次，借助典型案例，分析“社会化生产”和“社会化营销”等新的方式是如何展现的，进而探讨其未来发展的方向。同时，本文还对韩国社会媒体和 ICT 产业的结合展开个案分析，解析韩国媒介产业以及数字时代“新韩流”发展的新动向。

二 2014 年以来韩国传媒产业的发展概况及主要成果

（一）产业发展：韩国媒介产品出口与产业结构调整

在政策、技术与市场等因素的多重驱动之下，韩国媒介的产业结构和“走出去”模式均已进入新的发展阶段，呈现出低增长率的“新常态”，主要体现在销售额的增长速度继续放缓和出口额的增速持续减少两个方面。

2014 年，韩国媒介产业的销售额达到 94.2 万亿韩元，比 2013 年增长 3.3%。自 2010 年以来，销售额规模一直处于增长的趋势，不过增长的幅度越来越小；例如，和 2010 年相比，2011 年的韩国媒介产业的销售额增长了 13.1%，2012 年的增长率只达到 5.2%，2013 年的增长率达到 4.5%，而 2014 年更是减缓到 3.3%（见图 1）。

韩国媒介产业的整体销售额主要反映的是韩国国内媒介产品的消费情况，而出口额则显示韩国媒介产品在国外的“被”消费情况。虽然近几年全球经济低迷，但是这样的全球经济环境并未对韩国媒介产业发展造成过大

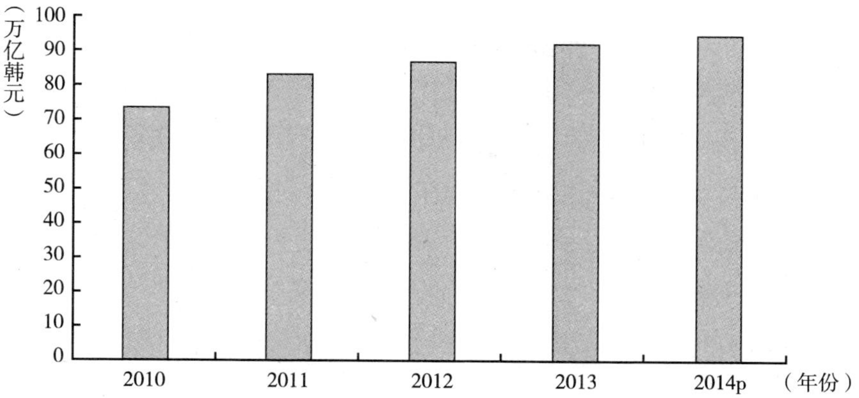

图1　2010～2014年媒介产业销售额

资料来源：韩国创意内容署：《2015年媒介产业展望》，2015，第4页。

的负面影响。这足以体现该行业的实力与抗风险能力，“韩流”品牌多年积累的良好口碑与经营策略使其拥有了相当数量并且较为稳定的受众群或国外消费者。

近五年，韩国媒介产业出口额的具体情况如下。2011年，韩国媒介产业的出口额为52.3亿美元，比2010年增长了34.4%；2012年，55.1亿美元，比2011年增长了5.4%；2013年出口额达到49.4亿美元，比2012年下降了10.3%，而增长率预期将突破10.6%。2014年，韩国媒介产业的出口额预计会达到54.1亿美元，比2013年增长会达到9.5%（见图2）。2010～2014年，出口额有大约39%的增长。

2014年，媒介产业的总销售额预计为94.2万亿韩元。具体来说，出版业的销售额最高，为20.5万亿韩元，广播类为15万亿韩元，广告类为13.5万亿韩元，信息情报产业为11.5万亿韩元。2014年，韩国在出版、漫画、音乐、游戏、电影、动漫、广播、广告、动漫角色、信息情报、内容等媒介产业领域的销售额预期为94.2万亿韩元，比2013年增长3.3%；其中信息情报和音乐的增长幅度较高，增长率分别10.6%和8.8%（见表1）。

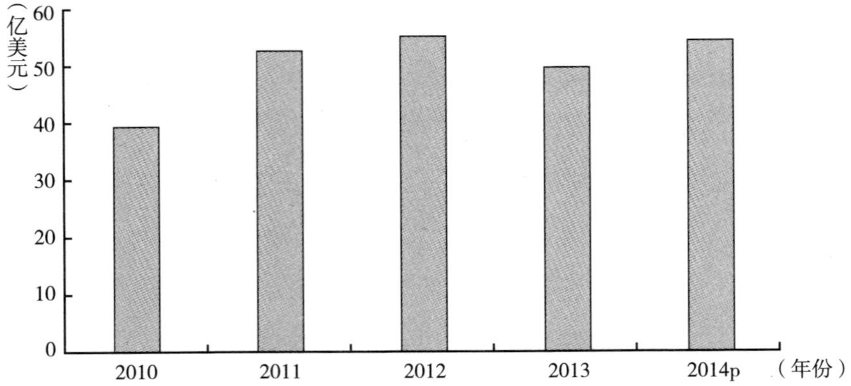

图 2　2010～2014 年媒介产业出口额

注：表中的 2014P 是指 2014 年预期数据。
资料来源：韩国创意内容署：《2015 年媒介产业展望》，2015，第 4 页。

表 1　媒介产业销售额

单位：万亿韩元

产品项目	2010 年	2011 年	2012 年	2013 年	2014 年 p
出版	21.2	21.2	21.1	20.8	20.5
漫画	0.8	0.8	0.8	0.8	0.8
音乐	3.0	3.8	4.0	4.3	4.6
游戏	7.4	8.8	9.8	9.7	10.4
电影	3.4	3.8	4.4	4.7	5.0
动漫	0.5	0.5	0.5	0.5	0.5
广播	11.2	12.8	14.2	14.9	15.0
广告	10.3	12.2	12.5	13.4	13.5
动漫角色	5.9	7.2	7.5	8.3	8.7
信息情报	7.2	9.0	9.5	10.4	11.5
内容	2.5	2.9	3.0	3.4	3.7
总计	73.4	83.0	87.3	91.2	94.2

注：表中的 2014P 是指 2014 年预期数据。
资料来源：韩国创意内容署：《2015 年媒介产业展望》，2015，第 5 页。

2014 年，媒介产业出口额预计达到 54.1 亿美元，比 2013 年增长 9.5%。在整个媒介产业里增长率最高是游戏产业和音乐产业。其中，游戏产业持续占据了56.4%的份额，远远超过30亿美元。2014年游戏产业的出口额预计为30.5亿美元，比2013年增长12.2%。预计2014年媒介产业增长较快的产品为音乐（10.7%）、动漫角色（8.9%）、信息情报（8.7%）、广播（9.7%）（见表2）。

表2　媒介产业的出口额

单位：亿美元

产品项目	2010	2011	2012	2013	2014p
出版	3.6	2.8	2.5	2.9	2.9
漫画	0.1	0.2	0.2	0.2	0.2
音乐	0.8	2.0	2.4	2.8	3.1
游戏	16.1	23.8	26.4	27.2	30.5
电影	0.1	0.2	0.2	0.4	0.4
动漫	1.0	1.2	1.1	1.1	1.1
广播	1.9	2.2	2.3	3.1	3.4
广告	7.6	10.2	9.8	1.0	1.0
动漫角色	2.8	3.9	4.2	4.5	4.9
信息情报	3.7	4.3	4.5	4.6	5.0
内容	1.2	1.5	1.5	1.6	1.6
总计	38.9	52.3	55.1	49.4	54.1

注：表中的2014p是指2014年预期数据。

资料来源：韩国创意内容署：《2015年媒介产业展望》，2015，第6页。

（二）重点产业发展战略

2015年3月，韩国未来创造科学部宣布了“建设由ICT引领的创意韩国”的政策。这是针对韩国总统朴槿惠2013年提出的将发展“创造经济”作为实现韩国经济模式转型的新的国家战略理念而设计的具体方案之一。这项政策的推出体现了韩国在ICT产业的比较优势，必将有力地促进文化创意产业的进一步发展。

韩国未来创造科学部创意经济政策局局长高京模表示，“‘创意经济’

作为推进战略，旨在通过将创造性和想象力注入 ICT、文化类企业，从而提升各媒介产业附加值、创造就业机会，加快实现韩国经济发展模式的转型。简单来讲，就是将科技、情报通信技术与整体经济发展挂钩，这是一个全新的概念，难免会对传统的产业带来冲击”①。

新的产业政策把 ICT 产业定义为创新新兴产业，也就是更为强势的先进产业，具体目标为，到 2020 年达到 8% 的增长，生产额达到 240 万亿韩元的规模，出口达 2100 亿美元。重点战略方向为改善 ICT 产业的结构、扩大 ICT 产业方面的投资、加强全球合作以及培养 9 个战略产业。②

韩国的“创造经济”战略的核心目标：一是通过创造和改革，增加工作岗位，扩大市场，重点扶植创业型中小企业，实现知识产权创作效益，提高产业附加值并摆脱现阶段就业市场饱和的局面；二是借助将高精尖技术、文化创意注入相关产业，来挖掘、开创全球先导产业，扩大在全球范围内的影响力，增强“创造经济”的国际领导力；三是通过鼓励国民创意，培养和造就企业家精神，营造容忍创业失败的创新环境。韩国通过对“创造经济”的推进，将不断激发国民创意，培养创意融合人才，加强创意性、挑战性研究，培育创意产业种子。例如，中小企业在开发产品方面若遇到阻力，可以邀请大企业参与，实现“共同成长”，当局则会提供免除 7% 的税务优惠，继而促进技术、产业融合，强化 ICT 创新力量，提倡企业家必备的冒险及创新精神，最终构建完善的创新生态系统。③

创意经济的本质是借想象力、创意性及科学技术的融合发展，进而促进 ICT 技术产业、文化产业、健康产业等多种产业之间的融合；同时，创意经济中展现出大小企业之间的共生发展，为产业融合赋予了新的内涵。其中成立创意经济创新中心是创意经济的重点项目，旨在进一步发展企业优势。自 2014 年 9 月第一个创意经济创新中心诞生以来，目前已成立了 10 个这样的中心，短期内可望在韩国全国 17 个道、市都设立自己的创意

① 未来创造科学部：《实现创造经济的 K－ICT 战略》，2015 年 3 月 25 日，第 7 页。
② 未来创造科学部：《实现创造经济的 K－ICT 战略》，2015 年 3 月 25 日，第 7 页。
③ 未来创造科学部：《K－ICT 战略发表》，2015 年 3 月 25 日。

经济创新中心。

ICT 产业在韩国占有重要地位，目前，10 个创意经济创新中心分别规划出智慧型半导体、材料科技、物联网、海量资料等基础产业，并分别依照内需市场、未来趋势、自身优势，再延伸出其他战略产业。创新中心的部分产品已实现商品化，组成新的产业链，形成具备新价值的文化产品。

高京模还指出，韩国的创意经济创新中心十分重视与中国的合作与交流，例如位于仁川的“创新中心”就与山东威海以及清华大学联合设立共同研发机构，让更多年轻人参与研发工作。中国有市场和研发的优势，韩国大企业则有较好的营销渠道和经验，彼此加强合作，互补长短，从而创造更多商机和工作岗位。

在小学、中学、大学与企业的产学研相结合培养创意人才方面也有明显成效。韩国在小学中设立软件龙头学校，计划由 2014 年的 72 所扩大到 2017 年的 1700 所，要求到 2018 年所有小学生都必须修习软件教育的训练课程。企业要支援全球教育研修课程，具体目标为，由 2015 年的一个项目扩大到 2019 年的五个项目，项目将积极录取中小企业里具有海外经验的人才。

最近提出的《建设由 ICT 引领的创意韩国》积极发展战略产业包括如下内容。一是包括数位内容、大数据在内的“内容产业”，二是 5G 和 UHD 的服务类，三是智能设备，四是软件、物联网、云计算和 IT 安全等基础设施。另外，在全国范围内设立创意 ICT 内容商务中心，从中培养相关人才、建立“技术—展览—体验—商用化—走出去”的新产业链。政府将支持面向中国游客的在 ICT 方面的事业，例如和中国进行“朋友”项目合作，K - Pop 演唱会场、漫画角色主体公园建设等。

综上所述，韩国媒介产业的新发展与 ICT 产业结合越来越紧密。数字时代的韩国正走在更加名副其实的“ICT”强国之路。数字时代媒介产业的成功之处正更多地体现在多平台、多媒体的综合运用上，体现在社会化生产与“社会化营销”的产业运行模式上。

三　数字时代社会化生产与营销的新发展

数字时代韩国媒介产业的新趋势可概括为多媒体、多平台、多内容。具体而言，其智能内容资源体现出以下特征。一是时间性。智能内容的资源传达速度更快。二是偏在性。消费者所在的空间和时间并不会成为障碍，其消费的智能内容几乎不会受到时间和方位的限制。三是互动性。消费者的视觉、听觉、嗅觉、味觉和触觉等感官与消费内容以及个人间或内容间能够形成互动。四是可接近性。便捷、容易利用的内容，任何人都可以接近内容和形式。五是参与性。用户可制作和编辑的媒体。六是连接性。用流式传输、云计算的方式将内容一直连接到使用终端的可随时更新的环境。①

在上述基础上，数字时代新媒体发展呈现出独特的现象。这就是“产业—设备—内容”结合所带来的新媒体的社会化生产和营销。

（一）社会化生产的发展与传播

在社会化生产方面，智能媒体的叙事结构和创造性表达方式发挥着重要作用，典型的例子就是智能媒体出现之后受到人们瞩目的网络电视剧和网络漫画。因此，如何制作符合数字化时代的个性化“定制内容”，成为韩国在媒介产业领域关注的主要议题。

智能手机在移动环境中观看视频日益普遍，这种新的接收方式形成了相应的内容，从而推动了利用新媒体展开社会化营销的浪潮。传统媒体时代，企业是唯一的重要的生产者，而在数字时代消费者以用户的身份参与生产。“社会化生产”既对消费者又对企业产生了前所未有的革命性影响。

考察韩国的情况，社会化生产可分为由企业主导和由产业主导两类生产方式。韩国社会化生产的领先主体本来是以个人社交媒体的参与为主，而

① Shim，Yong Un，“Upgraded Smart Contents.” In *Contents*，edited by Daeho Kim，Yong Un Sim，and Seongchul Kim et al.，Seoul：Communications Books，(2013).

2014～2015 年韩国三大电视台更积极地参与社会化生产，它们在制作韩国电视节目方面，更多地利用个人媒体和原本的制作方式相结合。这体现出韩国国民对包括电视产业在内的内容产业的高度关注，以及如何利用个人媒体参与内容产业方面的积极性。

2015 年春节期间，以特别节目形式播出的 MBC “My Little Television”（小电视）已被确定为正式节目，女子组合 AOA 成员朴草娥、著名主持人金九拉和名厨师白宗元等人联手出演该节目。① 这是第一部由韩国电视台和网站联手播出的个人制作节目。明星亲自担任制作人兼演员，属于在网络上进行直播的单人表演对决类节目。受众可以通过 Daum TV Pod Service 观看整个节目，同时，MBC 还会剪接一部分内容在电视台播放。其以新鲜的形式和内容广受关注。在 Daum TV Pod Service 播出的同时，在线观看人数也已经达到 20 万人。

另外，被称作“snack culture”的网络迷你剧也颇受欢迎，它意味着就像吃点心一样随意享受的内容。迷你剧一般不超过 10 分钟，这也使其具备了轻易享受的特征。②

（二）社会化营销的发展与传播

在中国，微信已经不再是一个简单的社交工具，从微信公众号、朋友圈、微信头像、签名到朋友圈的相册封面等，都已经被彻底开发成一个个可供营销的资源。越来越多的企业将微信作为营销的阵地，并将精力逐步从微博转移到了微信上。与中国的情形类似，韩国的免费聊天软件 Kakao Talk 等也表现出社会化营销的功能。韩国几乎每个智能手机的用户都有免费聊天软件 Kakao Talk 或者 Line。企业利用这些社交媒体和即时通信工具的广泛使用，开设公司的官方 ID，如消费者加入此 ID，那么公司就会拥有更多的消费者。

---

① 吕东垠：《韩综〈小电视〉定为正式节目 AOA 草娥加盟》，新浪娱乐网站，http://ent.sina.com.cn/v/j/2015-04-08/doc-iavxeafs4807029.shtml，2015 年 4 月 8 日。

② Ko，Chang-su，“Web drama，factors for success”，*Broadcasting Trends & Insights* 1（2015）：34.

通过“植入”的“逆行购买”

“直接购买”一般是指国内消费者在国外网上购物中心购买商品的形式，“逆直接购买”是指国外消费者在国内网上购物中心购买。从韩国的情形可以看出，逆直接购买反映了国外消费者在韩国的网上购物习惯，如较为关注韩国的本土日用品、韩国演员使用的品牌服装和化妆品等。从图3和图4可以看出，中国消费者在逆直接购买中的比重为59%。其中，家庭用品和办公用品的销售最好，达到整个产品销量的60%；首饰和化妆品、服装类也有25%左右。从此也可以判断出，女性消费者可能占据了相当的比例。

在韩国，演员的衣着行头往往引领时尚。在某部电视剧里女演员穿什么名牌、拎什么包，那么从播出该剧的那一刻起，网民都议论纷纷地开始猜测，有些品牌的官方网站也会根据电视剧的情节，推出自己的商品给消费者。2014年，在韩国和中国等地流行的《来自星星的你》引发的营销现象就是一个典型案例。演员全智贤穿过的衣服品牌，剧情里经常出现的“炸鸡和啤酒”等，这些不但在韩国卖得好，在中国也开了不少以此命名的炸鸡店。SBS电视台2014年和2015年分别在首尔东大门设计中心和韩国会展

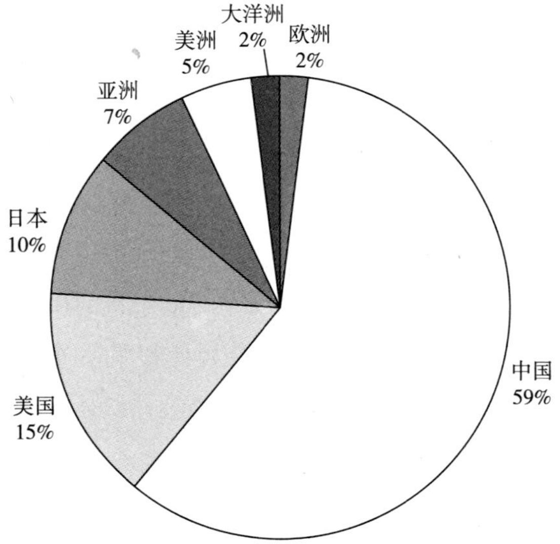

图3　地区销售比重

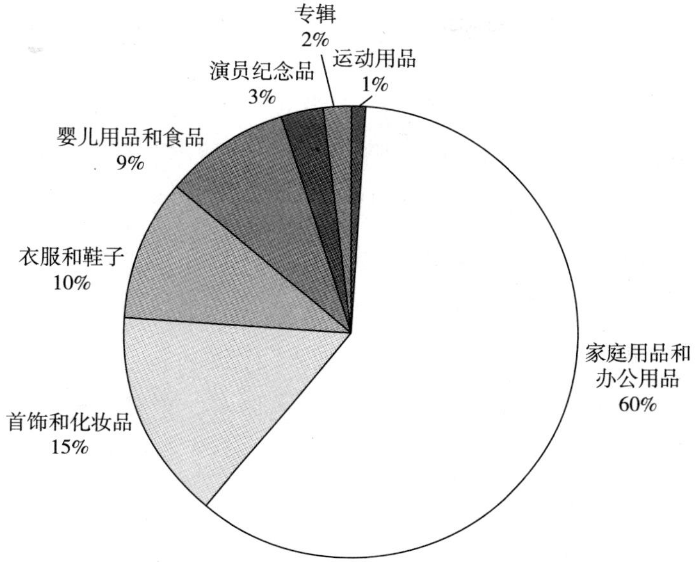

图 4　商品销售比重

资料来源：韩国创意内容署：《2015 年媒介产业展望》，2015，第 18 页。

中心的展览会场举办了《来自星星的你》的展览，吸引国内外游客。值得关注的是主角都敏俊和千颂伊的房间一时间成为新婚夫妇们拍摄婚纱照的经典背景。展会充分利用顾客及其社交媒体热传了他们的照片，进而吸引更多国内外的旅客来参观展览。另外，此展览还展现了以主角们为主体的各类商品。从衣装服饰到小耳机，都以时间通过社交媒体等渠道广为传播。这种遍及国内外的传播销售中，社会化营销无疑扮演了重要的角色。

（三）韩国媒介产业社会化生产与营销方面的典型案例

1. “网络迷你剧”：企业“植入”市场的新形式

通过 LTE 电网服务，消费者可享受在手机上观看视频的环境。这一变化对企业而言意味着投资环境的新动向。2013 年 2 月，韩国教保人寿保险有限公司在其下属的 Social Plaza 和 Daum Story Ball 上播出网络电视剧《记忆里的爱》(*Love in Memory*)。三星集团则在 Naver TV Cast 和三星集团部落格上推出名为《无限动力》的网络电视剧。Jaws Food 也在 Naver TV Cast 和部落格上大肆宣传《辣辣的人生》。一时间,“网络迷你剧”大战硝烟四起。

可以说,企业制作网络迷你剧是有一定的战略目的的。网络电视剧,以网站为基础,发行到包括社交网站 SNS 在内的多种多样的频道。网络电视剧较少受到形式和内容的限制,因而很容易把宣传企业文化作为基本构想或植入广告。企业多以自制或资助的方式参与制作,制作费用较低(只需一般电视剧制作费用的 1/6 左右),进入门槛也不高。更为重要的是,以社交媒体作为平台,使广告传播的方式更为隐蔽,更具有感召力。从 2014 年开始,这种“广告植入”或者更确切地说是“内容植入”或“文化植入”的方式一时间风生水起。企业和专业的制作公司纷纷加入网络电视剧的制作行列。主要电视台也不甘落后,2014 年 10 月,韩国广播公司 KBS 在网上率先公开《书痴列传》,同时在电视台播放这部迷你剧。2014 年 11 月韩国的唱片公司 Sidus iHQ 推出《恋爱细胞》,麒麟制作公司通过 Naver TV Cast 的方式播放了《杰出的女人》。EXO 参与的网络剧《我的邻居是 EXO》在 2015 年 4 月通过 Line TV 和 Naver TV Cast 播出,吸引了不少国内外的 EXO 的粉丝。

在移动手机或网络上观看的网络电视剧也被称为“SNS 电视剧”“手机连续剧”“迷你电视剧”等。一部网络电视剧通常在 10～15 分钟播完,最短的只有 3 分钟左右,长的可能会有 30 分钟,长度、表现形式可谓灵活多样。表 3 展示了 2014 年网络剧在韩国流行的盛况。

数字时代的新媒体产业发展不仅意味着媒体的融合,同时反映了媒介功能整合的特征。生产内容与社会化平台的有机结合,使得网络迷你剧成为广告植入的最佳载体,同时成为企业营销宣传的新的突破口。

2. 企业老对手 Daum 和 Naver 的竞争

多媒体平台的社会化生产和销售,是目前韩国社会新鲜又热门的话题。其中,值得关注的是门户网站的发展和领域的扩大。这些网站就是利用各种媒体、尤其是社会化媒体来争夺受众,吸引消费者。

表 3　2014 年十大热门的 Naver 网络电视剧

单位：万次

排行	作品	集	播放次数
1	《恋爱细胞》	15	600 以上
2	《后遗症》	11	413
3	《吸血鬼之花》	6	228
4	《书痴列传》	7	141
5	《杰出的女人》	5	120
6	《滔滔不绝》	10	112
7	《玩偶之家》	12	100
8	《Another Parting》	5	79
9	《某某沙龙》	6	56
10	《最好的未来》	5	53

资料来源：Ko，Chang - su，“Web Drama's Factors for Success”，*Broadcasting Trends & Insights* 1（2015）：35。

成立于 1995 年 2 月的 Daum Communication，“Daum” 的企业名意味着“多音”，表示它可以提供韩国社会的不同声音。到了 1997 年，Daum 开始运用 Hanmail 的服务，在韩国首次提出电子邮件的概念。直到 2000 年初，“Daum” 终于成为独一无二的互联网门户网站的强者。其成功之处是在线社群的运用。当时韩国的年轻人开始积极设立社会俱乐部，寻找有共同爱好的用户展开网络聚会。但随着社会化媒体的兴起，这些网上集体行动逐渐被个人化空间取代，Daum 人气渐失。与此同时，Naver 推出的 “Naver 知识人” 受到了更多的关注。

2014 年，韩国第二大门户网站 Daum 收购了国内最大的手机应用程序提供商 Kakao 公司，两者成为联合法人 “Daum Kakao”，正式进军韩国 IT 市场。[①] 这两家公司不但利用电脑和网络等平台，而且扩大到各个领域，积极应对新的内容形式和消费者的喜好，以期重返业界排名老大的地位。

① 李明：《韩国 Daum 与 Kakao 正式合并估值 94.5 亿美元》，新浪科技网站，http://tech.sina.com.cn/i/2014-10-02/17309665498.shtml，2014 年 10 月 2 日。

作为顺应时世、利用社会化媒体扩大生产和销售的企业，“Daum Kakao”和“Naver”都是值得比较和探讨的企业。Daum Kakao 把原本在电脑上的游戏移到手机上，在智能手机上可以收费观看漫画、小说、视频讲座等的内容超市。最近推出 Kakao 银行钱包可在 15 家商业银行使用。Kakao Talk 朋友之间则可以用购货券的方式赠送各种各样的商品。

营销企业可以利用这些平台营销产品。最近在韩国有很多小型商铺或风险企业开设了 Kakao Talk ID 或 Yellow ID（专门给非个人事业单位的用户名），在自己的网站或门户网站上向潜在的消费者宣传推销，他们可以把商铺的 ID 加入自己的朋友圈，然后传给商铺订单或询问产品的情况等。例如，用了 Kakao Talk 之后，旅行社使用 Kakao Talk“黄色气球”的用户已经达到 9 万户。跟以前相比，募集旅客的方式也变得更加集中化和多样化。再如，用 Kakao Talk 用各种贴心小服务来提高企业营销能力，强调消费者可以得到“实时咨询”的服务等。

Naver 是 NHN 公司下韩国著名的搜索引擎网站，在韩文搜索服务中独占鳌头。除了使用独有的搜索引擎之外，也同时提供许多其他服务，例如韩文新闻、电子信箱等。2004 年 Naver 跃居全国第一，成为韩国第一大门户网站。其最为特别的地方，就是在搜寻结果的呈现上增加了分类功能，当使用者键入一个关键词之后，会依序出现该关键词在字典、部落格、知识 iN、社群、专门数据、影像、书籍、最新新闻、网站、网页、图片、地区情报等 Naver 数据库内的相关信息，不仅节省了使用者筛选信息的时间，也让使用者可以迅速地对该关键词相关信息有一个全面的了解。韩国网友一提到搜寻就会想到 Naver。最近 Naver 也开始运用 Line、Band 等方式进行社会化营销，2015 年初，其在全球的注册用户已经达到 6 亿人。①

Naver 的通信软件 Line 在日本及中国台湾等地比较常用，相对来讲，在韩国国内用得较少，知名度不如 Kakao Talk 高。这可能是因为 Line 进入韩

① 《信息应该是平等的：一个引领者的梦想成真》，http://www.etoday.co.kr/news/section/newsview.php?idxno=1090867，2015 年 3 月 16 日。

国较晚。另外，两者运用新媒体进行社会化营销的方式也截然不同。Line 更侧重开设 Offline 商铺，在那里，消费者可以买到 Line 推出的内容产品等。Line 期望后来居上，但目前来看尚需时日。

从总体上分析，应更关注老对手 Daum Kakao 对 Naver 的竞争与未来发展方向。这两家公司的社会化营销方式也越来越接近，最后谁能够获得更多消费者的“选择”，将取决于开发并对应创新技术的态度和更具吸引力的内容。

四　结语

综上所述，随着数字时代技术和政策的发展，自 2014 年以来韩国媒介产业发生了新的变化。本文以社会化生产和营销为视角，探讨了当下韩国媒介产业发展的全貌和新趋势。

2015 年是韩国媒介产业的一个转折点。作为一个举世瞩目的 ICT 强国，韩国一直拥有超过 4000 万人的网民，一直在寻求文化创意及媒介产业的新的增长点。在全球化不断深入以及媒介产业加入全球产业链的大背景下，强化互联网、传播技术与文化内容的结合，正在为韩国媒介产业的发展迎来更加广阔的合作与发展空间。2015 年 6 月，《中华人民共和国政府和大韩民国政府自由贸易协定》正式签署，将创造中韩在媒介产业领域新的合作机会。

B.8

数字化、社会化和移动化：2015年俄罗斯传媒产业发展报告

王雨琼*

摘　要：2014 年在俄罗斯经济危机影响下，传媒产业整体下滑。互联网成为日常生活不可缺少的一部分，仍然是发展最快和保持高速发展的传媒产业，其中移动互联网和社会化媒体是本年度互联网经济发展的亮点。俄罗斯广电数字化转换已近尾声，进入全面数字转播阶段，免费地面无线数字广电节目通过 2 个信道向俄罗斯全境播放、3 个信道向俄罗斯特定地区播放。广播产业急速下降，期刊市场前景黯淡。利用互联网营销和发展数字内容生产是传统媒体进行产业发展的共识举措。社会化媒体营销是受市场追捧的新营销方式。

关键词：俄罗斯传媒产业　数字化　社会化媒体　移动互联网

一　2014年俄罗斯传媒产业总况

（一）互联网产业

2013 年，俄罗斯互联网内容与服务市场总量为 7500 亿卢布[①]，占俄罗

---

* 王雨琼，博士，上海大学上海电影学院讲师，主要从事俄罗斯新闻传媒、跨文化传播等方面的研究，研究专业为传媒经济与管理、新媒体等。

① 据俄罗斯中央银行 2013 年 12 月 31 日公布的汇率，美元兑卢布为 1∶32.6

斯国民生产总值的1.6%。2014年俄罗斯互联网内容与服务市场总量近1万亿卢布①，互联网关联市场总量在7万亿卢布②。即使是在2014年俄罗斯经济危机的情况下，互联网产业仍有较高的增速，到2018年还将保持8%~10%的年增长率，是俄罗斯传媒产业中发展最好的产业。

1. 互联网成为俄罗斯生活的一部分，但互联网企业分布呈高度地域集中性

FOM统计数据显示，2014年俄罗斯互联网用户数量达7380万户，继续保持7.7%的年度增长率，其中60.8%的网民每日上网，28%的网民居住在农村和小城镇，50%的农村已开通互联网，小城镇网购人数占29%；网民日平均上网时间为126分钟，其中26%用在社会化媒体上，12%用于看视频，7%用于发邮件，3%用于阅读新闻。俄罗斯互联网站中提供所有领域的商品与服务，并且数量还在不断增长，仅2014年就增长了一倍。整合集互联网与数字电视服务于一体的智能电视机使用数量超过700万台，年度增长率达41%，是该年度最具活力和用户数量增长最快的新媒体。

有31%的小中型互联网企业集中在莫斯科市区及莫斯科州，14%位于列宁格勒州，其余的集中在新西伯利亚州（5.9%）、斯维尔德洛夫斯克州（5.5%），其他地区的在线商城不超过3%。互联网在线贸易蓬勃发展，2013年新入驻互联网企业为33%，到2014年新入驻互联网企业已达51%。在线销售和服务形式越来越完善和多样化：39%的网店使用B2B交易模式；越来越多的互联网企业在线销售自己的产品和服务，比重从2013年的21%增加到2014年的29%；面向终端客户的网店比重也从2013年的15%增加到2014年的23%。

2. 互联网与传统媒体平分市场秋色

俄罗斯TNS TV公司在2015年3月对俄罗斯传统电视媒体和互联网媒体市场的覆盖率进行了统计。在排名前十位的媒体中，有五个是传媒集团的传

---

① 2014年美元兑卢布的汇率在1∶70~1∶50。

② Исследование，*Экономика Рунета 2013 – 2014.* РАЭК，ВШЭ：ОКТЯБРЬ 2014.

统媒体电视台、五个是互联网媒体，并且无论是在媒体数量还是市场覆盖率方面，互联网媒体都不逊于传媒媒体（见表1）。

表1　2015年3月俄罗斯传统电视媒体与互联网媒体市场覆盖率对比

单位：%

媒体名称	日覆盖率	平均覆盖率
俄气传媒的电视台(NTV、TNT、2X2、星期五、TV3)	51.0	67.8
全俄国家电视广播公司的电视台(欧洲新闻、俄罗斯1、俄罗斯2、俄罗斯24、俄罗斯K)	48.0	66.5
Mail.ru集团	46.1	59.7
第一频道	40.8	57.0
STS传媒的电视台(家庭、辣椒、STS、STS LOVE)	38.2	53.0
Yandex	37.7	42.5
民族传媒的电视台(第五频道、REN TV)	33.4	34.9
Google Sktes	25.1	31.0
Rambler & Co	10.1	31.0
Facebook	6.8	25.2

信息来源：TNS TV Index，Web Index，Россия.

3. 互联网广告被市场公认为是最有效的广告形式

即使是在2014年俄罗斯经济危机和广告总量萎缩的情况下，手机广告、社会化媒体的视频广告、自动化广告、互动广告仍然迅速增长。尽管受互联网媒体广告下降的影响，但2014年互联网广告还有18%的年增长率，市场总量为846亿卢布。互联网广告商品主要集中在药品、零售与快速消费品行业。互联网广告价格对广告销量几乎不产生任何影响，按照用户的话来说“我们使用网上广告，因为我们不能不使用它”①。

4. 可穿戴设备成为互联网开发产业的高增长产业

2013年，俄罗斯在大力发展高质量基础设备政策的推动下，Web开发产业市场以71%的年增长速度发展，市场总量达210亿卢布。2014年受国

① *Интернет в России 2014 состояние тенденция и перспективы развития*，http://www.fapmc.ru/.

内政治经济形势的负面影响，公司普遍缩减开支，不再创建复杂网站，导致俄罗斯 Web 开发产业市场总量年度增长率下降到 20%。因移动应用、内容及与其他服务的互动都离不开高品质的设备平台，2014 年可穿戴设备开发行业增长显著。鉴于移动互联网络开发市场的高速发展速度（与运营商和其他互联网截然不同），有关专家建议把俄罗斯互联网开发市场划分为 Web 开发市场和移动互联网网络开发市场两个部分。

（二）电视产业

1. 广电数字化改造将近尾声，绝大部分居民已接收免费数字电视节目

自 1997 年开始筹谋规划、几经重大修改的俄罗斯广电信号地面无线模拟传输网的数字化改造工程，2009 年被提高到国家发展规划的高度后，逐年完成既定改造目标（见图 1）。到 2014 年底，广电数字化的基础设施改造已全部完工。据联邦国家统一企业①公布的官方信息，到 2015 年 1 月 1 日，88.61% 的俄罗斯居民可以接收到地面无线数字传输的广电信号。按照规划，到 2005 年年底，俄罗斯将全部完成广电数字化改造，98% 的俄罗斯居民可以收看到至少 20 个由“俄罗斯电视广播网”联邦国家统一企业负责提供的联邦数字电视频道。

2. 免费广电节目通过5个信道进行数字传输

改造后的俄罗斯数字电视与广播采用 DVB－T2 标准，由两个基本信道、一个地方电视信道和一个补充信道进行传输，组成 5 个数字电视广播节目包。第一信道传输 10 个电视频道和 3 个广播频道，构成“俄罗斯电视广播网－1”（PTPC－1）数字电视广播节目包；第二信道数字传输 10 个电视频道，构成“俄罗斯电视广播网－2”（PTPC－2）数字电视节目包；第三信道的电视频道还未最终确定，目前有两个待选方案，组成地方数字电视包：4 个地方市政频道和一个全俄高清电视频道；或 7－8 联邦电视频道和 1－2 地方频道及 1 个“全俄国家电视广播公司”组建的电视频道。这三个

① 该企业负责监控《俄联邦电视广播 2009～2015 年发展规划》的实施和评估。

图1　俄罗斯广电地面模拟传输数字化转换进程及使用技术标准

信道中的所有广播电视节目强制向俄罗斯全境送达，免费对俄罗斯全体人群开放，以确保俄罗斯统一信息空间的完整、保障居民接收到重要社会信息。即使是收费电视（非地面传输电视和商业电视），也要免费向其用户转播第一信道的全部数字电视频道。“俄罗斯电视广播网”联邦国家统一企业是第一信道数字电视频道唯一的运营商。三个信道的数字广播电视包区别在于：进入第二信道的电视频道是通过竞标方式取得数字转播权的，竞标的条件是每天全天候转播、节目信号不加密“自由”传输、国产节目转播时间不少于55%；第一、第二信道特别是第二信道的数字广播电视在俄罗斯全境（包括边远地区和中心城市）传输，而第三信道的数字电视只在那些“全俄国家电视广播公司”（ВГТРК）业务不涉及的地区运营，具体方案到2018年才能确定。专门针对俄罗斯新进成员克里米亚共和国和塞瓦斯托波尔地区，抽出第一、第二、第三信道中的部分电视频道，组建第四信道广电数字节目包，2014 年 6 月 1 日起开始进行转播。此外，还有一个补充信道专门针对莫斯科地区，用 40 个电视频道的节目按时间段分段，用 10 个视频道进行数字转播。2015 年 1 月 15 日奥斯坦金诺电视塔开始对补充信道数字电视包的节目转播（见表 2）。

表 2　俄罗斯数字传输无线电视广播频道

信道	数字传输的电视广播频道	传输范围	进入条件	起始时间
第一信道	第一频道、俄罗斯 1、俄罗斯 2、俄罗斯 K（文化）、俄罗斯 24、NTV（独立频道）、第五频道、旋转木马、OTR、TV－中央电视频道，新闻－FM、灯塔广播和俄罗斯广播台	全俄	制定	2012
第二信道	2x2、MTV、雨、家庭、和平、音乐－TV、辣椒、REN－TV、体育、体育＋、STS、TV－3、TV－中央、TNT、O2TV、21＋、俄罗斯今日、明星、KP－TV	全俄	竞标	2013
第三信道	待定	特定地区	指定	待定
第四信道	克里米亚国家电视广播公司、TV－FM、星期五、辣椒、LifeNews 国家电视广播公司、莫斯科－24、ATR、Lale、塞瓦斯托波尔－1 和 STV（只在塞瓦斯托波尔地区转播）	克里米亚、塞瓦斯托波尔	指定	2014～2015
补充信道	用 10 个频道数字转播 40 个电视频道的节目	莫斯科	指定	2014

3. 以特色节目和优质节目取胜

2014 年，俄罗斯电视节目质量总体上有所提高。传统电视媒体在与社会化视频媒体及其他新媒体的竞争中，利用传统电视在节目制作上的优势，开发优质自制电视剧、特色新闻综合节目和娱乐综合节目，寻找适合的市场定位，以具有竞争优势的电视节目来保持收视群数量。其中比较成功的有第一频道电视台自制的 12 集电视剧《解冻的天气》，广受欢迎；NTV 电视台的新闻深度报道节目“Egor360”，记者以第一人称把客观事件报道和主观评论相结合，赋予听众亲临新闻报道现场、多方面经历新闻事件的感受，掀起新闻节目的收视高潮；“好声音”“战斗合唱团”“一进一”等娱乐综艺类才艺秀和明星秀外购电视节目，也有良好的市场反馈。

（三）广播产业

2014 年俄罗斯监管委员会颁发了 932 张广播许可证，比 2013 年多 298 张，在 60 个城市开放了 103 个频道。在广播行业，俄罗斯出现了广播公司不再在莫斯科或圣彼得堡开设旗舰店，只在其他各地区发展广播站点的局面。2014 年行业内最大的并购是原先从“专业传媒集团”分离出来的“俄气传媒集团”收购老东家“专业传媒集团”。有国家资本在内的“俄气传媒集团”的实力大增，光旗下的广播台就有莫斯科回声、Siti－FM、Relax－FM、儿童广播和喜剧广播。

1. 广播媒体广告市场急剧下降

2014 年，俄罗斯广播业的最大变化是广告市场的急剧下降。2013 年广播广告年增幅超过电视广告、户外广告、平面媒体广告，达到 13%。但在 2014 年，俄罗斯电子通信协会统计数据显示，俄罗斯广播广告市场年增幅与广播市场总体发展水平一致，只有 2%，广告总量为 169 亿卢布。联邦广播广告市场急速下降拖累总体市场的不景气，地方广播广告总体比 2013 年减少 1%。地区市场份额不均，圣彼得堡、叶卡捷琳娜堡、下诺夫格勒、新西伯利亚、喀山、科拉斯纳雅尔斯克和顿河拉斯托夫地区的广告份额最大，这 7 个城市广告总额占市场总量的 73%。

2. 广播媒体的海外市场强大

俄罗斯广播的另一个特点是海外广播市场庞大，不仅是在邻国（乌克兰、哈萨克斯坦、白俄罗斯、摩尔多瓦、德涅斯特、吉尔吉斯斯坦、拉脱维亚、爱沙尼亚、亚美尼亚）转播，在欧洲（意大利）、非洲（埃及）、美国、阿联酋等地也都有转播。

3. 利用互联网新媒体进行市场营销

广播与其他传统媒体一样，努力借助新媒体拓展新的传播渠道。联邦电台普遍采用的手法是建立广播电台的互联网站、进行在线广播，这也是各大地方广播公司积极拓展的方向。新的尝试手法是创建移动互联网广播、利用在社会化媒体中创建广播电台听众群进行广播与互动活动。俄罗斯的在线广播存在着信号弱、接收软件差（没有播客和录制软件）、每个电台孤军作战（都是独立网站、独立转播）的不足。由于建立移动互联网广播需要专门的营运战略和投资，目前这种新式广播在俄罗斯各地区还未被广泛使用。

（四）印刷媒体

俄罗斯印刷媒体发展呈现两个相反的复杂局面。一方面2014年俄罗斯印刷媒体产业发展举步维艰，广告收入锐减，呈现行业负增长局面。专家对2015年的预测更为悲观，按Goldman Sachs投资银行预测，2015年印刷媒体广告的市场总量将减少20%～30%。另一方面印刷媒体还拥有稳定数量的读者群，来自报刊发行的收入并未减少。2014年俄罗斯有超过70%的居民还保留阅读报纸杂志的习惯，其中有近51%只阅读报纸杂志。

媒体运营商运用多媒体技术进行内容生产、扩大发行渠道、吸引读者和广告商，以挽救印刷媒体产业。俄罗斯所有大中型报刊社及出版社都转型为跨媒体企业，数字报刊也很受读者欢迎，比如《消息报》电子版网站的年访问量达500万人次。但数字报刊只能笼络住读者数量，不能为企业创收。报刊媒体只有改头换面，不再是互联网和数字媒体的对立者与竞争者，才能转变当前行业衰败的局面。这也成为俄罗斯报刊行业年度最热议的话题。

（五）广告业

2014年，俄罗斯广告市场经历了实质性的变化。2014年以前各类媒体广告市场份额都在逐年增长，但2014年广告投放量整体减少，市场总体年度增幅只有2%，各分类媒体广告市场增幅有正有负，呈现两极分化的状态（见表3）。只有被视为有效率的互联网广告市场才保持了高增长速度，而印刷媒体广告已呈现负增长态势。即使是增速最高的互联网广告市场也是各有起伏，互联网媒体广告下降，包括社会化媒体广告在内的软文广告迅猛增长。按Goldman Sachs投资银行预测，在2015年俄罗斯经济危机的大环境下，俄罗斯广告市场总量将下降15%，60%的广告用户会继续缩减广告开支，只有互联网广告将维持正增长。

表 3　2014 年俄罗斯媒体广告市场统计

单位：百亿卢布，%

指示	电视广告			广播广告	印刷媒体广告				户外广告	互联网广告			其他广告	合计
	总量	地面无线	有线卫星	总量	总量	报纸	杂志	广告	总量	总量	媒体	软文	总量	
产值	159.8	155.7	4.1	16.9	33.1	8.1	16.5	8.5	40.6	84.7	19.1	65.6	5.1	340.2
增长率	2	2		2	-11	-7	-11	-14	0	18	-5	27	-9	4

二　年度重点产业

2014 年，在俄罗斯媒体产业总体下滑的背景下，具有高效广告效应的社会化媒体营销和移动互联网广告深受广告用户的喜爱，数字内容产业以其跨界生产和集合营销的特长而拥有巨大的市场潜力，这些媒体成为俄罗斯传媒业年度发展的亮点。

（一）社会化媒体成为互联网媒体市场的宠儿

1. 社会化媒体与服务最受网民喜爱

2014 年，俄罗斯互联网用户希望从事的前 5 种上网活动分别是“搜索信息”“电邮信件”“Skype 通话”“网上搜索有共同兴趣的人并与其交往”“下载和收看视频、照片与图片”。“搜索信息”和“电邮信件”是最原始和基本的上网活动，“Skype”将有可能替代手机进行异地通话。这三种网站以其不同的实用性功能吸引用户，并在基础功能上均增添了交友、视频下载等社会化媒体版块，成为综合社会性服务与功能性使用的综合网站。后两种社会化媒体因可以同时上传各种内容（照片、视频、音乐），满足人们社交需求和文化享受而拥有大量“粉丝”。市场的这些迹象表明，俄罗斯互联网媒体将呈现向社会化媒体整合的趋势。

在 TNS Web Index 俄罗斯公司对互联网媒体用户数量及覆盖率的统计

中，许多社会化媒体（如 VK、Wikipedia、Facebook、LiveJoural、Kinoposk、YouTube）出现在排行榜前列。在 2014 年俄罗斯桌面与移动互联网的最流行网站排行榜的前 11 名中，有 8 名是社会化媒体，其他 3 名 Yandex、Google、Mail. ru 虽不是专门的社会化媒体，但也是将诸多社会化媒体融入其中的综合性互联网网站（见表 4）。这些数据充分说明社会化媒体在俄罗斯网民中有着很高的认可度。

表 4　2014 年俄罗斯互联网媒体用户数量及覆盖率

单位：千户，%

互联网媒体	桌面互联网		移动互联网	
	覆盖用户数量	市场覆盖率	覆盖用户数量	市场覆盖率
Yandex	17484. 5	67. 8	110628	429
Mail	17166. 2	66. 5	90641	351
VK	15401. 7	59. 7	111390	432
Google	14699. 1	57. 0	134459	521
Wikipedia	109770	425	65495	254
Odnoklassniki	89975	349	42101	163
Facebook	79991	310	66390	257
Avito	79898	310	—	—
LiveJournal	65044	252	—	—
Kinopoisk	62000	240	—	—
Rambler	56964	221	—	—
Youtube	—	—	99100	384
Skype	—	—	40936	159
Whatsapp	—	—	68196	264

TNS Web Index 公司于 2014 年 9 月对莫斯科地区 12 ~64 岁的互联网（桌面与移动）网民进行上网时间分配的调查，其结果也证实了社会化媒体深受俄罗斯网民喜爱：昼夜的任意时间段内，有 90% 的网民固定使用社会化媒体，其中停留在 vk. com、facebook. com 和 odnoklassniki. ru 网站上的人数名列前茅；网民在上网时间分配上，把 25% ~26% 的时间花在社会化媒体上。

VK（ВКонтакте）成立于 2006 年，起初只是一个在校大学生及毕业生的交友网站，现在已发展成为俄罗斯最大的社会性服务媒体，也是世界第六大社交网站，2014 年用户数量已达 5500 万户（见表 5）。TNS 俄罗斯 2015 年 3 月数据显示，80% 的 12 ~ 64 岁俄罗斯网民是 VK 用户，达 5360 万人，人平均浏览网站的时间是每天 45 分钟，其中有一半时间花在阅读群里的内容信息和停留在朋友圈中。Facebook 是继 VK 和娱乐社会化媒体 Odnoklaccniki 之后俄罗斯第三大社会化媒体。Facebook 2014 年的官方数据显示，月访问量近 1000 万人，停留时间每天 6 分钟（TNS Russia 数据），用户大部分集中在莫斯科、圣彼得堡和叶卡捷琳堡；有 95% 的 Facebook 用户同时也是 VK 用户。Twitter 微博用户基本上是使用移动设备进行网站访问的，TNS Russia 调查数据显示，2015 年 1 月俄罗斯 Twitter 微博数量超过 70 万条，月用户数量为 120 万人，平均每天使用时间为 5 分钟。

表 5　2014 年俄罗斯社会化媒体情况

社会化媒体	积极用户数量（万户）	每日留言/信息（万条）	类型	来源
俄罗斯 Tvitter	150 ~ 200	1400	社交网络及博客	国际
Livejournal	80	30	博客	俄罗斯
VK	5500	1700	社会性网络服务	俄罗斯
Facebook	1000 ~ 1200	400 ~ 500	社会性网络服务	国际
Odnoklassniki	6000(10 万个社交群)		娱乐社交网站	俄罗斯
Instagram	750 个俄罗斯账户	100 ~ 200	跨平台图片社交应用	国际
独立博客和论坛	12			俄罗斯

资料来源：http：//www. fapmc. ru/。

2. 社会化媒体成为俄罗斯互联网并购市场最活跃的因子

随着互联网服务与贸易市场的不断扩大，社会化媒体的营销效应逐步被市场看好，成为互联网经济的活跃分子。2014 年俄罗斯发生的两大互联网并购案都与社会化媒体有关。一起是俄罗斯最大的互联网通信网站 Mail 集团合并俄罗斯最有名的社会化媒体 VK。Mail. ru 以免费电子邮箱起家，集电子邮箱、交友、电子游戏、新闻、词条搜索服务于一体，2012 年 10 月的用户数量已超过 319 万人，居世界第 52 位、俄罗斯第 5 位。VK 加盟 Mail，使社会性服务网站与通信网站实现强强联合，成为俄罗斯互联网市场服务 + 营销网站。

另一起是俄罗斯互联网服务门户（最大搜索引擎及其他服务）Yandex 收购了俄罗斯有名的汽车网站 Auto、视频社会化性网络服务网站 Kinopoisk 以及《生意人》报社集团旗下的广告媒体 AdFox。Yandex 隶属于欧洲互联网公司，Alexa 数据统计显示，2015 年 7 月 5 日 Yandex 的用户数量位居世界第 15 位、俄罗斯第 1 位，是集词条搜索、图片、市场信息、博客、交通信息等 50 多种服务于一体的综合性门户网站。通过 2014 年的收购案，Yandex 加强了在网络视频社交、汽车服务、专业广告领域内的实力。

3. 社会化媒体广告在危机中逆势强劲增长

2014 年，俄罗斯广告业整体份额下滑，广告商有选择性地把广告投放在有效率的广告市场上。互联网广告市场也是如此，媒体广告下降（年度下降 5%），拖累了整个互联网广告市场增速放缓。在互联网广告总量年增长率的 18% 中，包括社会化媒体广告在内的上下文广告出现了 27% 的年度增长，互联网广告中的视频广告年度增长 50%，SMM 广告年增长率 17%。

社会化媒体一方面深受网民喜爱、已渗入网民生活的各个角落；另一方面社会化媒体中的由共同爱好和阶层所自然组成的群、论坛，使社会化媒体呈现出广泛性、有针对性、自然性和友爱性的社会属性，这完全契合市场营销的需求，也自然成为广告投放的宠儿。社会化媒体凭借着强大的营销效应，其广告份额在逆势中强劲增长。在俄联邦通信与大众传媒部合著的《2014 年互联网行业报告》中，对俄罗斯网民在社会化媒体中的活动情况做了一个统计，结果发现，阅读商品描述是网民在社会化媒体中最活跃的活动，占社会化媒体用户的 55%（见图 2），通过社会化媒体完成网上购物的人大有所在，社会化媒体俨然成了互联网商品销售的导购。

4. 社会化媒体成为广播电台扩大影响力的新选择

在社会化媒体中建立广播电台听众群，是俄罗斯广播业新兴的市场营销方式。首都广播电台首选的社会化媒体是 VK、Facebook 和 Twitter，“粉丝”

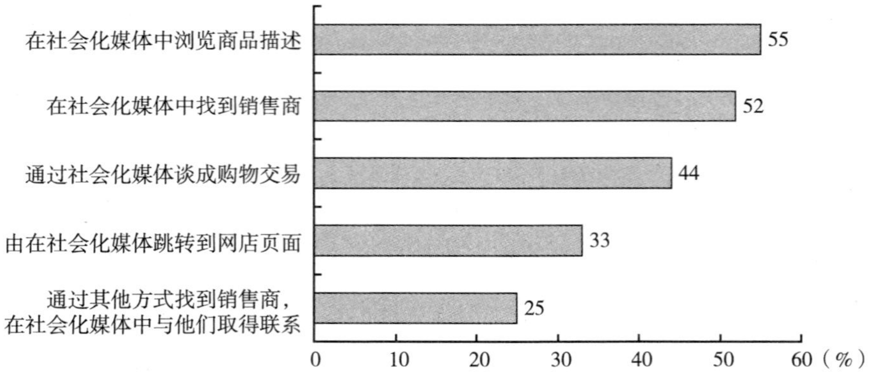

图 2　俄罗斯网民通过社会化媒体进行网上购物的情况

数量可以达到数万人。地方电台目前还未能充分使用社会化媒体进行市场营销，“粉丝”数不多。VK 中聚集了俄罗斯所有的大型广播电台听众群，其中联邦娱乐电台的“粉丝”数量最多，创纪录电台“粉丝”数量为 290 万人，欧洲 Pluc 电台“粉丝”数量为 220 万人，精力电台“粉丝”数量为 120 万人，DFM“粉丝”数量为 88.8 万人。2015 年 4 月 25 日，在 VK 中注册的各类广播电台（从联邦电台到大学生电台）有 3 万多个（见表 6）。越是积极在社会化媒体中进行跨媒体运营的电台，其“粉丝”数就越多，电台在“粉丝”群中发布节目预告、在信息中嵌入节目直播。大型地方电台经常以社会化媒体关联网页形式出现在社会化媒体中，并且定期进行网页更

表 6　在 VK 中最受欢迎的 10 个俄罗斯广播电台

单位：百万人

广播电台名称	社区中所在位置	注册用户数量
Рекорд	https://vk. com/record	2908
Европа	https://vk. com/europaplus	2250
Плюс Энерджи	https://vk. com/nrj	1264
DFM	https://vk. com/dfm	881
Наше	https://vk. com/nashe	548
Радио Love Radio	https://vk. com/loveradio	446
101	https://vk. com/onlineradio101ru	404

新，但在营销和数字通信领域缺少高水平专业人士，大多数地方电台对其“粉丝”群的管理工作无系统性。

入驻 Facebook 的俄罗斯地方电台远远少于 VK。Social Bakers 公司调查数据显示，在 Facebook 注册的俄罗斯广播媒体总共有 15 个。各电台浏览者数量差距巨大，排行第一的“莫斯科回声”粉丝数量有 14 万人，第 10 位的用户数量是 7356 人，而第 15 位的用户数量只有不到 200 人。地方电台经常以创建用户账户代替 Facebook 群，这种做法为 Facebook 管理者所禁止，故而俄罗斯地方电台在 Facebook 听众群数量不多。

利用 Twitter 微博群可以增加电台与其移动用户之间的互动，但俄罗斯电台的 Twitter 微博群目前还不普及，并且主要还只是利用移动设备发布短消息。扩大 Twitter 微博群、充分使用所有互联网移动服务而非只仅限于移动短消息，是俄罗斯电台利用移动社会化媒体进行市场营销的方向。

（二）俄罗斯中小型企业首选互联网广告营销方式

俄罗斯大部分企业，尤其是中小企业都涉足互联网商务。Yandex 2015 年 2 月数据统计显示，莫斯科地区近 71% 的企业进驻互联网商务，圣彼得堡地区有 75% 的企业涉足互联网业务，其他地区入驻互联网商务的企业比例也保持在 45% ~58% 的水平。2013 年和 2014 年 Tiu 和 Data Insight 公司对 10.4 万个积极从事互联网商务的企业进行联合市场调查，结果发现：83% 的受访企业使用互联网广告进行商品和服务的推广，明显高于使用其他广告渠道；其中 16% 的企业只使用互联网广告，55% 的企业把互联网营销视为市场营销的首选方案。目前最流行的是在分类广告网站上发布企业的商品信息，有 41% 的企业采用这种广告形式；其次是搜索广告和软文广告，各有 35% 和 37% 的企业使用。一个公司平均使用 2.7 种互联网广告，35% 的公司只使用 1 种互联网广告，即搜索引擎优化、分类广告网站或上下文广告。最有效的互联网广告是搜索引擎优化和上下文广告，在商品和供应商目录中添加信息也是比较有效的互联网广告。还有 24% 的被调查企业采用在电子邮箱中散发广告的 e—mail 营销方式。

（三）移动互联网广告、RTB 及自动化广告是俄罗斯最热门的互联网广告手段

1. 移动互联网广告是2014年的广告明星

2014 年，俄罗斯桌面互联网用户下降 1%，移动互联网用户却快速增长，增长了 34%。移动互联网流量增长了 1.5 倍，日平均上网时间 86 分钟。有 9% 的移动互联网用户（约 1180 万人）只用移动设备上网，大多是年轻及高收入用户群。随着宽带网的发展，移动互联网的质量、入网及发展将受到更大的关注。

虽然移动互联网广告从广告方式、平台到广告技术和策略，都没有出现任何本质性的变化，但却突然成为广告商的宠儿，就像 12 年前的互联网广告和 5 年前的 SMM 广告。广告用户把手机广告视为互动广告不可分割的一部分，大多数广告运营商也把手机广告作为必备的广告工具，每条广告中都要附带手机广告。手机广告远远领先于新近出现的其他新媒体广告。随着手机广告的繁荣，带动了广告着陆页的使用量。在这种连带作用下，不仅改变了广告收益，还改变了互联网的特性，促使移动互联网市场的发展。

2. RTB 广告前景美好

几年前还在学术界争论的 RTB（实时竞价）现已不再是三个奇怪的字母，销售中也不再需要向客户提供广告效果统计数据和复杂的解说。大多数广告客户指定要使用视频广告，而且不附带任何特别的要求。尽管对 RTB 广告的理解各有不同，但对 RTB 的认识已达成如下共识：是广告大用户能够简洁明了的一系列技术、规则和方式组合，或已被广告用户常规使用，或被广告公司认可为现阶段技术水平下不可或缺的广告手段。虽然 RTB 广告目前还未占据俄罗斯广告市场份额，但在市场销售已进入实质性具体事项的谈判阶段，其发展只是个时间和技术操作的问题。

3. 自动化广告放量增长

自动化广告以软文广告和定向广告居首。市场出现了大量的自动化广告生成软件，有西方软件，也有俄罗斯广告市场管理公司自发研制的软件，用

以处理海量搜索广告和定向广告。面向大中客户的自动化广告尽管已存在很多年，但2014年突然在俄罗斯出现急剧增长，特别是软文广告。这说明在俄罗斯广告市场中，有一些特定的广告客户通过广告操手在网上散发软文广告，不只是针对搜索广告和只对自动化广告系统感兴趣，还运用自动化广告向其他各种社会化媒体散发软文广告和定向广告。

（四）数字内容产业

从发展速度和跨界范围来看，数字内容产业是俄罗斯发展最快的媒体产业。从数字游戏、数字视频、数字音乐、数字图书和大众传媒几个产业领域来考查俄罗斯媒体数字内容产业的状况，俄罗斯的数字内容产业总量为410亿卢布，2014年增长率为18%。市场预测2015年将有10%～20%的增长，其中数字图书和大众传媒产业增幅将达到65%。

参考文献

"Интернет в России 2014 состояние тенденция и перспективы развития"，http：//www. fapmc. ru/.

"Периодическая печать в России 2014 состояние тенденция и перспективы развития"，http：//www. fapmc. ru/.

"Родиовещание в России 2014 состояние тенденция и перспективы развития"，http：//www. fapmc. ru/.

"Бесплатное цифровое телевидение России в 2015 г"，http：//niir. ru/opublikovany－dannye－po－oxvatu－naseleniya－rf－veshhaniem－nazemnogo－efirnogo－cifrovogo－televideniya－po－sostoyaniyu－na－1－yanvarya－2015－g/

"Цифровое телевидение в России"，https：//ru. wikipedia. org/.

B.9

图绘复杂的景观：2015印度传媒发展报告

Savyasaachi Jain *

摘　要：印度传媒很难归属于一种传媒体制，其发展速度超过了GDP增长率，而且发展态势也多元而复杂。本文不仅梳理了2014～2015年度印度传媒发展情况，而且从多方面和多层次的角度分析了多样性的传媒图景。

关键词：印度传媒　多样扩张　复杂景观

India is one of the fastest growing countries in the world and the second fastest in the BRICS grouping. India's GDP grew at an average of more than 7.8 per cent per annum in real terms between 2003 and 2012 (World Bank, 2014). The relatively low growth rate of 4.4 per cent in 2013 is projected to again take an upward trend, reaching 6.8 per cent by 2016 (IMF, 2014: 184). Given the context of India's rapidly growing economy, it is to be expected that its media would have also expanded rapidly in recent years; however, the growth of the media sector has been even faster than the economy as a whole. Media growth has consistently outstripped GDP growth by several percentage points in the last decade, achieving growth rates in the double digits (Thussu, 2012; FICCI, 2006; FICCI, 2008; FICCI-KPMG, 2010; FICCI-KPMG, 2011; FICCI-KPMG, 2012). This growth is expected to continue at rates of up to 16 per cent per annum (FICCI-KPMG, 2013; FICCI-KPMG, 2014). The result is one of the largest-and probably the most energetic and

* Savyasaachi Jain is a Senior Lecturer at Swansea University in the UK.

vibrant-media landscapes in the world, and also one that sharply deviates from the shrinking news markets in many of the developed economies.

There is no doubt that Indian media are significant-they serve one of every six humans, the largest democratically governed population on the planet. Even with low penetration rates, Indian newspapers reach more people than in any other country. Many of the statistics for Indian media are an order of magnitude larger than other BRICS countries. For instance, there were more than 94000 publications registered with the Registrar of Newspapers for India at the end of March 2013 (RNI, 2014). The numbers rise every year: 7337 new publications were registered during 2012 – 2013 (ibid.). Other media show similar or higher growth figures in terms of numbers of outlets and audiences as well as revenues.

However, the story of the growth of Indian media is one of the great untold-or less told-stories. It has not received as much international scholarly attention as the national media systems of many other countries. India's relatively sheltered economy and, in particular, barriers against international investment in India's news media, undoubtedly have a role to play in this seeming lack of interest. Language differences and the Indian media's limited international reach and impact in the West outside the limited sphere of diasporic audiences are also important factors. In addition, Indian media are hard to understand or even describe. Data is often unavailable but, more than that, the rapidly multiplying and expanding newspapers, television channels, radio stations and mobile networks reflect a continental scale and diversity. No compartments become readily apparent into which various segments of the Indian media can be neatly boxed and categorized. Bollywood may be the most prolific film factory in the world but it is just one of more than a dozen regional and language-specific film industries in India.

Across media, multiple languages and layers weave a web of intertwining and divergences that defies patterns as soon as they are established. Media operations vary widely on every parameter, including size, financing, patterns of ownership, relationship to power, methods of production, genre and approach. On the one hand there are one-man operations in remote areas producing content on obsolete equipment in a language spoken by a few hundred thousand people and, on the other hand, there are large diversified corporate entities that, among other businesses, own large newspapers, radio stations, web operations and television channels reaching tens of millions and making profits in the billions of rupees. Unlike many other countries, neither corporatization nor political constraints are dominant, homogenizing factors. This diversity of media and the dozens of languages in which they operate makes it difficult to classify Indian media as one media system. Neither do Indian media behave as one system. The dissimilarities are often more pronounced than resemblances, despite several common overarching frameworks, such as a common national boundary and political system, legal structure and regulatory mechanisms. The diversity is pronounced to the extent that, across India, the media do not exhibit homogeneity with respect to any given sets of parameters, including the four "dimensions" of Hallin and Mancini (2004), the development of media markets, political parallelism, journalistic professionalism and state intervention. This chapter examines not only the growth trajectory of Indian media but also some of the diversity they encompass in an attempt to describe this multi-faceted and multi-layered media landscape.

Historical Roots

Building upon traditional communication traditions, news media in modern forms have a history of nearly two and a half centuries in India. The first printing press arrived with the Portuguese in 1556 and was largely used for the printing of religious literature by Jesuit missionaries based in Goa on the western coast of peninsular India (Vilanilam, 2005: 51). The first printed newspaper dates back to 1780, during the colonial period, when an Englishman, James Augustus Hicky, launched the weekly *Bengal Gazette*, also known as the *Calcutta General Advertiser*, in Calcutta (now Kolkata). Hicky's *Gazette*, described as a "witty and scurrilous newspaper" that carried items of scandal and gossip (Parthasarathy, 1997: 19) had a short life span. Hicky was sued for defamation by the Governor-General of Bengal, Warren Hastings, fined, imprisoned and subsequently deported, and the newspaper ceased publication less than two years after its launch. However, even in this period, other newspapers had already made an appearance, the first of them being the*Indian Gazette*, which was launched a mere few months after Hicky's newspaper. Within a few years, Calcutta had four weeklies and a monthly. The other two Presidencies (settlements) of British India, Madras (now Chennai) and Bombay (now Mumbai) were slightly slower off the mark, but the weekly *Madras Courier* began publication in 1785 and the *Bombay Herald* in 1789. Within half a century, there were nearly 50 publications being published in different parts of the country. A majority of them were in English, and catered to the needs of an expatriate population. Newspapers in Indian languages began to be published several decades after the early beginnings. The first such newspaper, *Digdarshan* (World Vision), first published in 1818, was started by missionaries and it mainly concerned itself with religious matters, but it was soon followed by many others in a number of languages.

Newspapers in colonial, pre-1947, India displayed three strong, persistent trends-those of resistance to the oppressive legal and governmental regimes, furtherance of social reform campaigns, and a strong tradition of political activism.

The first of these, an antagonistic relationship with the government, began with Hicky's *Gazette* in 1780. Parathasarathy (1997) chronicles the long history of active resistance by both British and Indian editors in the face of repressive licensing and legislative regimes, and the prosecution and deportation of British editors (the tactics of resistance often included appointing editors of mixed Anglo-Indian descent who could not be deported). From the very earliest days, newspapers exhibited a strong streak of watchdog journalism, exposing financial and administrative scandals of the East India Company. They commented strongly on governance and policy issues, even as they took prurient delight in exposing personal scandal. It is noteworthy that many of the issues of authoritarianism and governmental control faced by newspapers in the early decades persisted through the colonial experience and into Independent India. The post-colonial elite preserved the colonial legacy of media laws, regulations, and systems of control, either by default or design (Thomas, 2010: 36-37).

The most prominent early exponent of the second persistent trend-that of social reform-was Raja Ram Mohun Roy, under whose influence the first Indian-owned newspaper in English, the *Bengal Gazette*, began publication in 1816. Roy went on to launch and inspire several other newspapers in Bengali and Persian languages. One of the major social reform campaigns he inspired is the one against*sati*, the practice of the immolation of a widow on the pyre of her dead husband. Ironically, many of the progressive and reformist newspapers suffered a decline in readership after the abolition of *sati* in 1829 (Parthasarathy, 1997: 36). Roy also championed other causes, including freedom of expression and of the press. Several other newspapers in different parts of the country followed Roy's inclinations, making social reform a noticeable trend. Attempts to modernise India and Hinduism through appeals to logic and rationalism persisted well into the twentieth century.

It is also recognised that the intellectual base of Roy's social and religious activism laid the base for the more emotionally charged trend that later became manifest as the third prominent movement in pre-Independence media-that of political activism. Indian newspapers played a major role in promoting a spirit of nationalism and directly supported the independence movement, especially after the failed First War of Independence (also called the Sepoy Mutiny) in 1857. Ram (1997, xiii-xiv) characterises the press's support to the anti-imperialist cause as Stage Ⅱ of the history of Indian journalism, stretching from 1868 – 1919. It includes the founding of several long lasting newspapers that achieved a reach beyond their regions, including *Amrita Bazar Patrika* (1868 – 1986) *The Statesman* (1875 to the present day) and *The Hindu* (1878 to the present day). Ram defines Stage Ⅲ as the period between 1919 and 1937 that sees the differentiation of the press into moderate and radical, a reference to their positions with regard to the strategy and tactics of the freedom movement. This phase encompassed the launch of *Hindustan Times* and *The Indian Express*, both of which continue to be published today. Stage Ⅳ, from 1937 to the achievement of independence in 1947, sees the maturing of assertive tendencies in the press, according to Ram (ibid.). Many leaders of India's independence movement, including the Father of the Indian Nation, Mahatma Gandhi, and India's first Prime Minister, Jawaharlal Nehru, wrote and published extensively, and newspapers were a critical element of mobilisation and activism in the first half of the twentieth century. When India gained independence in 1947, there were several mass circulation newspapers both in English and Indian languages, even though less than one-fifth of Indians were literate.

Independent India represented a discontinuity in political and governance terms, but not with regard to the media, which continued to exhibit many of the tendencies from the colonial period. The tradition of watchdog reporting, support for social reform and nationalistic zeal continued, albeit in modified forms and to differing extents across the vast and diverse media sector. In the immediate post-Independence era, that is, in the 1950s and 1960s, many newspapers consciously adopted a watchdog role, especially in view of the parliamentary majority enjoyed by the ruling Congress Party (Parthasarathy, 1997). The freedom of the press is not expressly enshrined in the Indian Constitution but the Supreme Court of India has interpreted it as being implicit within the freedom of speech and expression, which are guaranteed by the Constitution.

In the early decades of independent India, even as they espoused a watchdog role, the media remained an integral part of the nation-building project. This is perhaps also a reflection of the influence of Mahatma Gandhi and the values of "Gandhian journalism" that he inspired. Newspapers understood their role to be one that incorporated development journalism. Public radio and television-All India Radio and Doordarshan-were expressly mandated to perform a positive social role. All India Radio had emerged in the 1930s from an amalgamation of radio clubs and experimental services (Page and Crawley, 2001) and television broadcasting began in New Delhi in 1959, with a second station being opened in Mumbai only after a gap of 13 years. The initiation of colour broadcasting for the 1982 Asian Games was an important step in television transitioning to its status as a mass medium. A missionary zeal that included residual nationalism and multiple elements of social reform is evident in the media output of this period, equally in journalism, broadcasting and the emerging film industries in different languages.

Despite the committed nature of media during these years, newspaper journalism maintained a largely independent and probing character even as it maintained a close relationship with political institutions. Newspapers were headed by eminent editors who robustly and loudly guarded their freedom-when they were able to. A notable exception occurred during the state of emergency imposed by the then prime minister, Indira Gandhi, from 1975 to 1977. Stringent censorship was imposed and journalists were among those arrested along with activists of opposition parties. Lal Krishna Advani, a political leader who became Information and Broadcasting minister after the Emergency, famously said to editors: "You were merely asked to bend, but you chose to crawl" (quoted in Ninan, 2007: 273). However, once the

Emergency was over, the media reasserted its independence with a vengeance and entered an era of aggressive journalism, fuelled by newspapers such as *The Indian Express* and the newsmagazines *India Today* and*Sunday*.

Doordarshan and All India Radio, though ostensibly granted autonomy as independent public service broadcasters under the Prasar Bharati (Broadcasting Corporation of India) Act, 1990, have found it more difficult to emerge from under the yoke of governmental control over content. Not only are they treated as tools for development, they also serve as instruments to weld the nation together (Mehta, 2008: 25). The government substantially funds the public broadcasting corporation and also plays a role in the appointment of officers in key executive roles. It thus continues to exercise financial, administrative and editorial control.

The early 1990s were an inflection point for Indian media. Several events and circumstances combined to create the conditions for major changes. Chronologically, the first of these was the tentative advent of independent factual television in 1990. The independent current affairs newsmagazines*Eyewitness*and *Newstrack*, which were initially circulated on VHS videocassettes marketed through direct subscription and neighbourhood video libraries, began first to break the monopoly of Doordarshan on visuals of news events. With high journalistic standards and production values, they introduced audiences to the immediacy of television visuals and whetted their appetite. The second event was the first Gulf War, during which, in early 1991, India was first introduced to satellite television through CNN's broadcasts. The third, and most important, of the events was the economic reforms of 1991 – 1992 that followed on from the near bankruptcy of the Government of India in 1991. The liberalisation not only marked a break with the command economy of previous decades but also created fertile ground that subsequently facilitated the emergence of privately-owned broadcasting and market-led media. Thereafter, the changes were rapid. In 1992, the first private television station, Zee Television, ushered in the era of satellite television. The independent journalism introduced by *Eyewitness* and *News Track* found an echo in news bulletins that began to appear on the entertainment-focused private channels by the mid-1990s. In 1998, the first 24-hour news channel was launched, marking the breaking point with the past and leading to developments that irrevocably altered the size, reach and character of the media landscape. This is the age in which Indian media currently exists-an era of sharp growth in media outlets and revenues, energetic but chaotic individualism and market-led journalism.

Rapid Expansion

As the world's largest democracy and second most populous country, it is perhaps no surprise that India also has one of the most vibrant media environments. With more newspapers and 24-hour television news channels than any other country, India combines a larger economic base for its media industries with rapidly increasing audience numbers. The "argumentative Indian" (Sen, 2005) evidently continues to display a hunger for news.

Double digit growth rates for the media industries have become normal over the past several years. The projections of industry analysts are that between 2013 and 2018, the television industry will grow at a cumulative annual growth rate (CAGR) of 16. 2 per cent, print at 9 per cent, films at 11. 9 per cent, radio at 18. 1 per cent, and digital advertising at 27. 7 per cent (FICCI-KPMG, 2014: 2). Figure 1 shows the growth of the television and print industries as a whole.

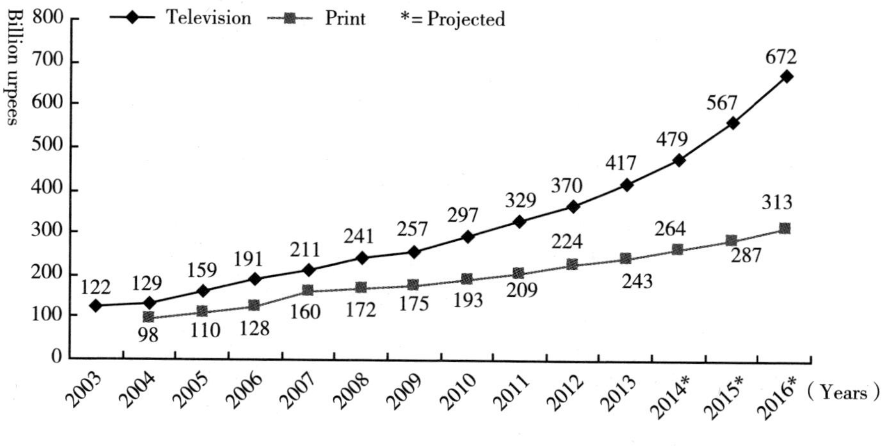

Figure 1 Growth of television and print industries

Source, *KPMG Analysis*, 2012; PwC, *Industry Analysis*, 2011.

Newspapers

About two decades ago, Robin Jeffrey wrote:

No other country-indeed no other continent-in the world has a newspaper industry as complex and highly developed as India's……In most of the industrialized world, the past decade has seen a reduction in the number and circulation of daily newspapers. But not so in India, where the overall circulation appears to have increased by roughly 140 per cent in the same period (1993: 2004).

In terms of the scale of the newspaper industry, the situation today qualitatively remains broadly the same, but in quantitative terms, growth has far outpaced what Jeffrey saw in the early 1990s (WAN-IFRA, 2008; WAN-IFRA, 2010). Since then, the Indian newspaper market has overtaken China's to emerge as the largest (WAN-IFRA, 2011), and *The Times of India* has become the largest circulated English quality newspaper in the world. According to the Indian Readership Survey, conducted in the second quarter of 2012, each day's paper is read by an average of 7.64 million people. However, there are many Indian newspapers in other languages that have far greater reach (Table 1).

Table 1　Top 10 dailies in India

Average issue readership (AIR) figures in millions		
Publication	Language	IRS 2012 Q2
Dainik Jagran	Hindi	16.43
Daink Bhaskar	Hindi	14.45
Hindustan	Hindi	12.20
Malayala Manorama	Malayalam	9.71
Amar Ujala	Hindi	8.61
The Times of India	English	7.64
Lokmat	Marathi	7.51
Daily Thanthi	Tamil	7.43
Rajasthan Patrika	Hindi	6.76
Mathrubhumi	Malayalam	6.49

Source: *Indian Readership Survey* 2012 Q2.

At the same time, there is a sustained growth in the numbers of newspapers and periodicals. At the end of March, 2010, 77384 newspapers and periodicals were registered with the Registrar of Newspapers for India. This rose to 82222 by 31 March, 2011, to 86754 a year later, and further to 94067 in 2013. Unlike in more developed economies, newspapers are a rapidly growing sector in India.

Newspapers reach approximately 42 per cent of Indians (WAN-IFRA, 2011). It ranks second among the BRICS countries in newspaper reach (Figure. 2). At a global level, India's figures are close to those of the US (40 per cent), but far lower than those of Germany (70 per cent), Sweden (81 per cent), Venezuela (85 per cent) and Japan (91 per cent). With rising literacy, there is ample scope for expansion of the newspaper market in India.

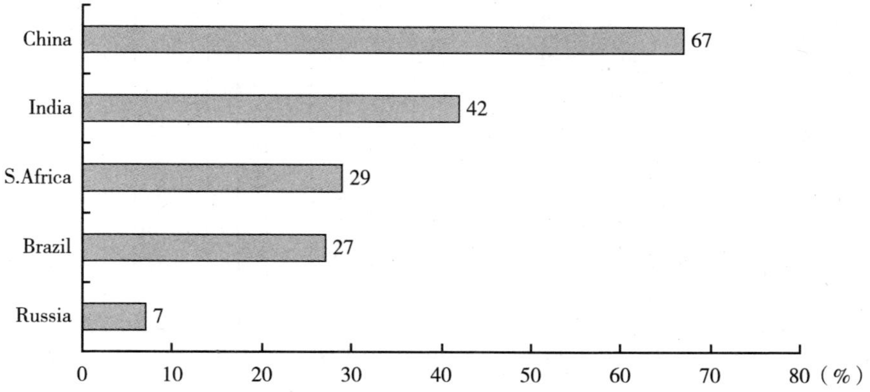

Figure 2 Comparative newspaper reach in BRICS countries – 2010

Source, *World Press Trends*, 2011.

Television

Television is one of India's fastest growing sectors, not just amongst media but among all industries, with double-digit growth both attained and forecast. Television follows the commercial model rather than the public-service broadcasting model seen in Western or Northern Europe. There is a vibrant television news environment dominated by private broadcasters, many of whom are parts of larger media empires.

More than 61 per cent of India's households (143 million households out of a total of 233 million households) have television sets. Though in percentage terms the figure has not grown substantially in the recent past, in reality millions of additional households tune into television every year (Figure. 3). More than 64 per cent of these-92 million households-have access to hundreds of channels via cable and satellite services (Figure. 4); the rest can receive only terrestrial signals from the state broadcaster, Doordarshan, which is the sole terrestrial broadcaster. Doordarshan broadcasts 35 channels in different languages (Ministry of Information and Broadcasting, 2012: 126).

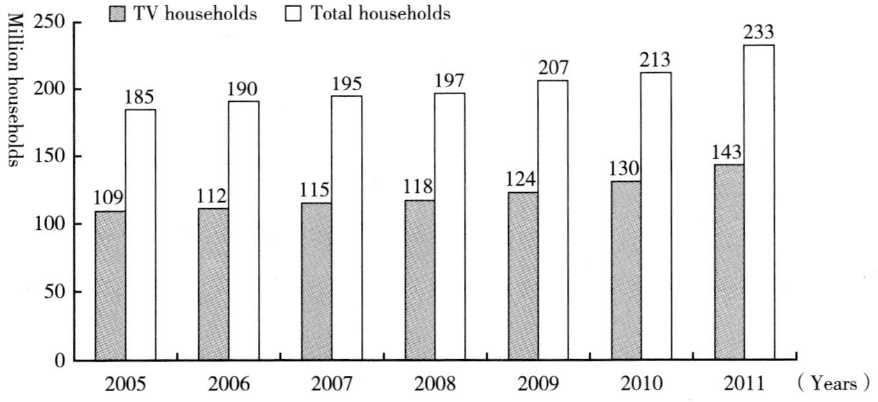

Figure 3 Growth in the reach of television in India

Source, *Ministry of Information and Broadcasting.*

The average Indian household is of five people, so television reaches more than 700 million people, of whom more than 450 million can watch cable and satellite channels. They are served by about 6000 multi-system operators who download and supply signals from satellites and 60000 cable operators (Ministry of Information and Broadcasting, 2012) who provide the last-mile connectivity through physical cables strung from trees and telephone poles. This is a fast-growing sector of the television industry, though one that will witness large-scale business model reconfigurations with the digitisation programme currently underway.

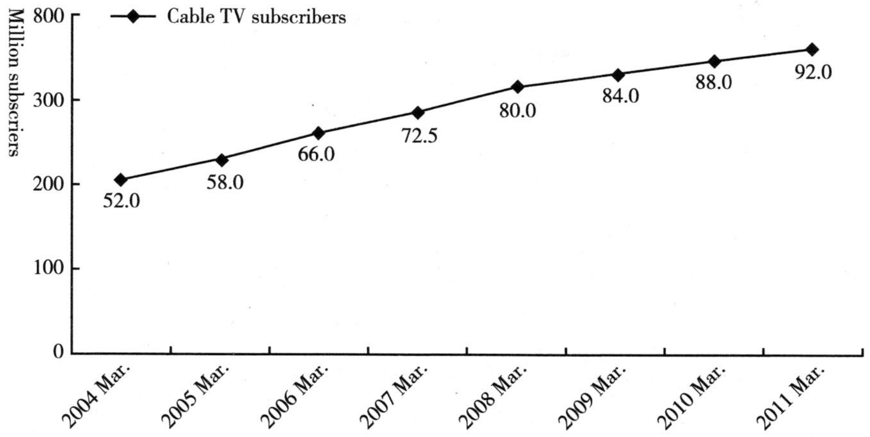

Figure 4　Cable TV subscribers

Source, *Ministry of Information and Broadcasting.*

Another fast-growing area is that of direct-to-home (DTH) satellite television services. There are six major DTH providers who enable subscribers to access satellite signals through Ku-band satellite dishes similar to those of Sky in the UK. As Figure 5 shows, the number of DTH subscribers has nearly trebled in the two years between 2009 and 2011.

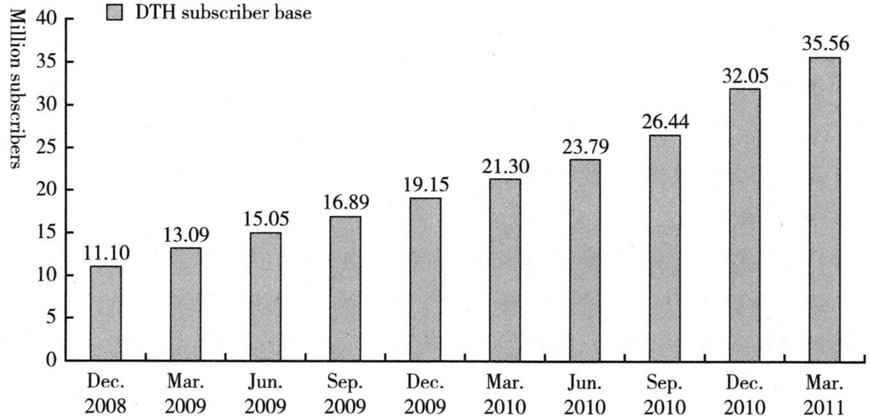

Figure 5　Growth in DTH subscriber base

Source, *Ministry of Information and Broadcasting.*

It is clear that there is substantial scope for further expansion of audiences. Figure 6 shows TV penetration in India in comparison with other countries. It is interesting to note that a fellow BRICS country, Brazil, has a much lower newspaper reach than India (Figure. 2), but a substantially higher TV penetration rate. Of course, Brazil is a mid-income country, while India is a low-income country. India has a nominal per capita GDP of about MYM1, 570 and a GDP per capita PPP of about MYM5, 350 (World Bank, 2014).

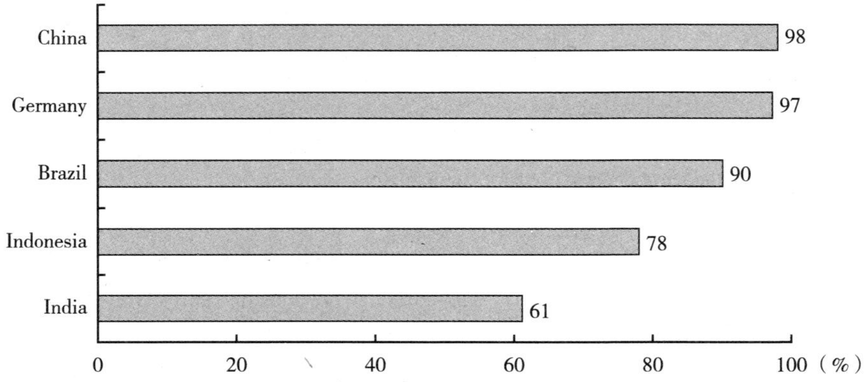

Figure 6 Comparative TV penetration

Source, *KPMG Analyses*, 2012.

Though private television channels did not begin to proliferate until the late 1990s, more than 600 channels were launched in the first decade of the twenty-first century. The figure continues to rise every year and, in May 2015, stood at more than 800.

The Ministry of Information and Broadcasting classifies all channels that have news and current affairs content as "news channels". By this definition, the list includes 402 news channels and 424 non-news channels (Ministry of Information and Broadcasting, 2015).

Radio, Mobile and the Internet

An overwhelming majority of advertising revenue flows to newspapers and television, now being called legacy media in many media systems, but still ruling the public sphere in India. This is because of structural and historical as well as economic factors. As things stand, print and television continue to get the lion's share of advertising revenue, with radio and the internet commanding a miniscule share. As a result, newspapers and television in India have not yet begun to experience the shifting of advertising revenue.

State-owned All India Radio has a geographical coverage of about 92 per cent and it reaches more than 99 per cent of the population with its 432 medium wave, short wave and FM transmitters (Telecom Regulatory Authority of India, 2013). In addition, 148 community radio stations and 242 private FM stations in 86 cities cover about 37 per cent of the geographical area of India. The number of private FM stations is set to grow to 839 licences across 294 cities, with the third phase of licensing to be concluded in 2014. In terms of revenue, private radio grew at 15 per cent in 2012 – 2013 and is expected to keep growing at an average of 18 per cent per annum over the next six years (FICCI-KPMG, 2014). Private FM stations are music stations for the most part; they are not, as yet, allowed to broadcast any news other than the feed of All India Radio. However, they have been undertaking a number of social initiatives in their attempts to connect with audiences and build community. These campaigns and public-service announcements on health, education, the environment, safety and gender issues, are a staple programming element for private stations.

The big growth story in India in recent years has been the mobile-from an interpersonal communication point of view, but not yet from a media perspective. As Figure 7 shows, by March 2013, there were 867 million mobile phone subscribers in India.

There is-as yet-very little commercial or media activity on mobile phones. 3G connections are still relatively expensive compared to calling rates, which have dropped drastically from Rupees 32 per minute in the mid-1990s to less than one rupee per minute over the last few years (the latter figure comes to about £ 0.01 at mid-2014 exchange rates). Because of the high rates for 3G connections, few Indians access the internet over their mobile phones.

Compared to voice segment's 39 per cent spurt in numbers, The Telecom

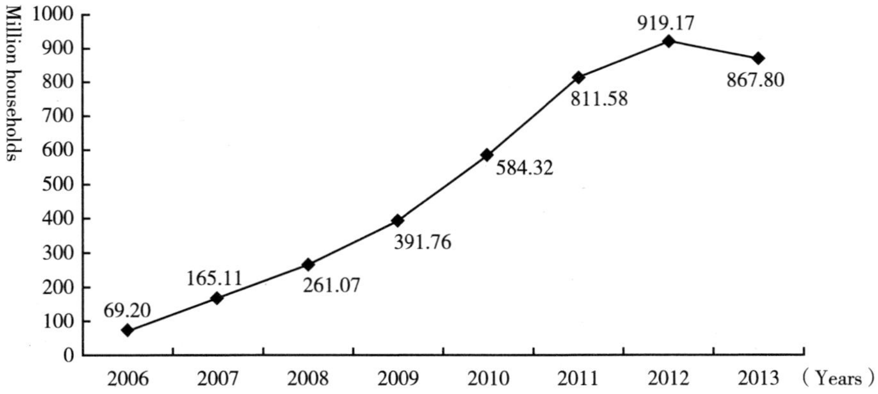

Figure 7 Mobile phone subscribers in India

Source, *Compiled from Reports of the Telecom Regulatory Authority of India.*

Regulatory Authority of India (TRAI) describes growth in the internet as slow. The number of internet subscribers grew from a little over 16 million to 19.67 million in 2010 - 2011 (TRAI, 2011), which represents a growth rate of 21.6 per cent. Most of this growth was in broadband connections, and if one considers broadband alone, the growth rate was about 35.6 per cent in 2010 - 2011 (see Fig. 8.). Thus, the growth rates are not small in themselves, but the size of the sector and the comparison with other countries do make it seem insignificant in relation to other media sectors. The low penetration of the internet is attributable to infrastructural issues (TRAI, 2011). While the total number of fixed line internet connections in India is only about 21 million, the number of users who access the internet through mobile phones is estimated to be about 143 million (TRAI, 2014).

Though the internet has not yet begun to have a reach sizeable enough to impact the fortunes of the newspaper and television industries, advertisers have begun to notice it. This segment of the media has begun to attract advertising revenue faster than its growth, partly because it represents a desirable demographic for advertisers. As Figure 9 shows, the value of advertising on the internet is growing rapidly, at rates of up to 50 per cent per annum, but it remains a fraction of that in the television or print industries. There is substantial scope for growth, and the position of India vis-à-vis chosen Asian countries is represented in Figure 10.

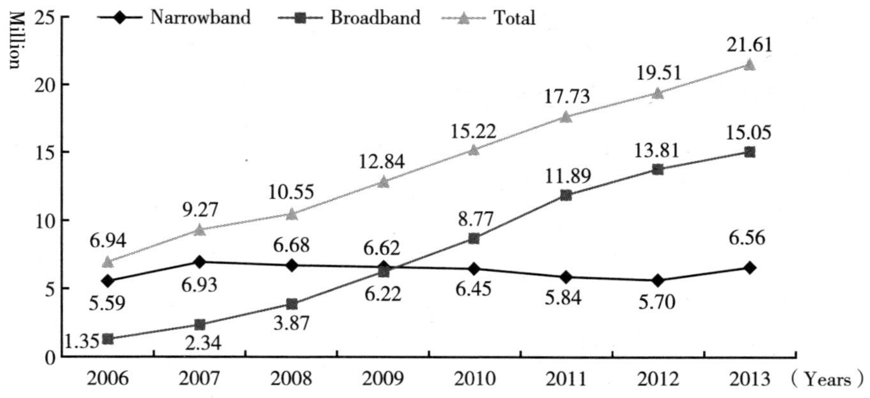

Figure 8　Fixed line internet connections

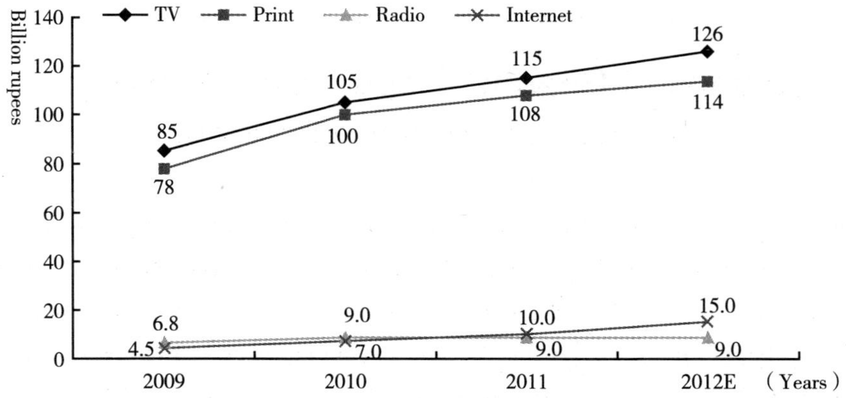

Figure 9　Advertising revenue by media

Source, *Pitch Madison Media Ad Outlook*, 2012.

So, while print and television revenues are growing, the internet is beginning to make some inroads into advertising revenues. As internet penetration increases, this trend will be more pronounced and will be reflected in the business models of the print and television industries. At the same time, it must be stated that because of factors such as the size and stratification of the Indian market, it will be a long time before the bottom lines of the legacy media is seriously hit.

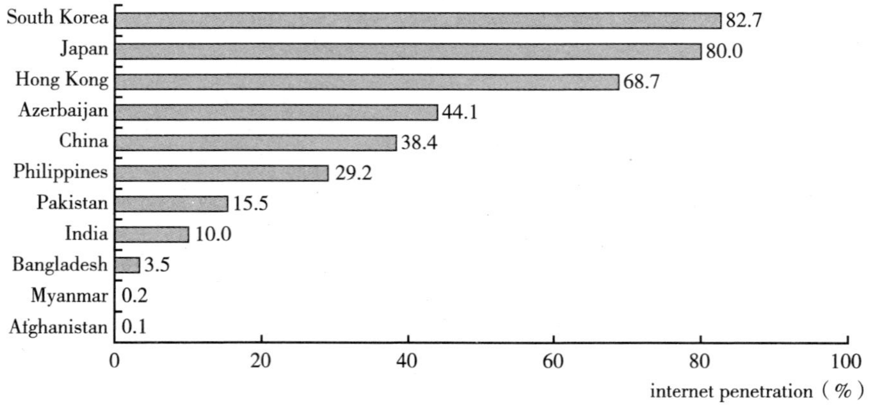

Figure 10 Internet penetration in Asian countries

Source: *Boston Consulting Group.*

Engines of Growth: Population, Literacy, Urbanization and the Economy

India is the seventh largest country in the world, 13 times as large as the UK, with a population of 1.21 billion (Census of India). The sheer size of the population is a major driver of media growth. Along with the growth in number of people, literacy rates are rising. At the beginning of the twentieth century, literacy rates as recorded by the Census of India were very low (5.35 per cent in 1901 and 5.92 per cent in 1911). Substantial progress in literacy in the last 60 years (Figure. 11) has been instrumental in increasing the audience for news media. There are marked differences in literacy between different states in India and also between men and women. For instance, in 2011, though 82.14 per cent men were literate, less than two-thirds of women were able to read and write, leading to a male - female literacy gap of nearly 17 per cent, but as these differentials reduce, larger media audiences will be available.

In the last decade alone, India has added more than 217 million people to its literate population (Figure. 12). With the audience for news growing at such a

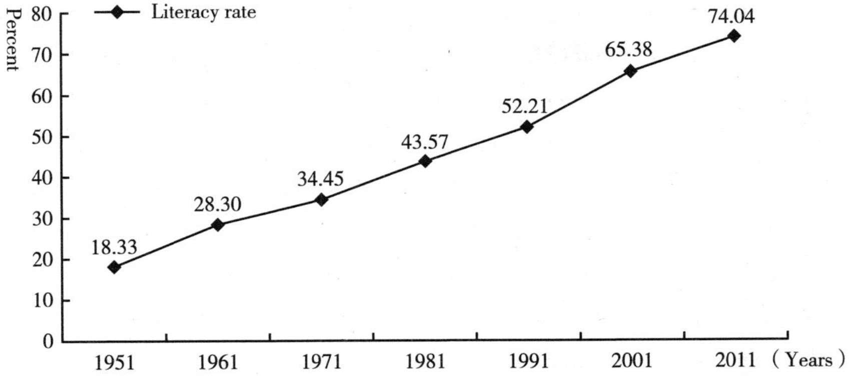

Figure 11　Literacy rates

Source, *Census of India*.

rapid pace, Indian media have several years of growth ahead of them before they reach saturation levels. Large numbers of Indians remain in a "media-dark" zone-for economic reasons, among others. Thus, opportunities for growth of the news media will continue to exist for decades.

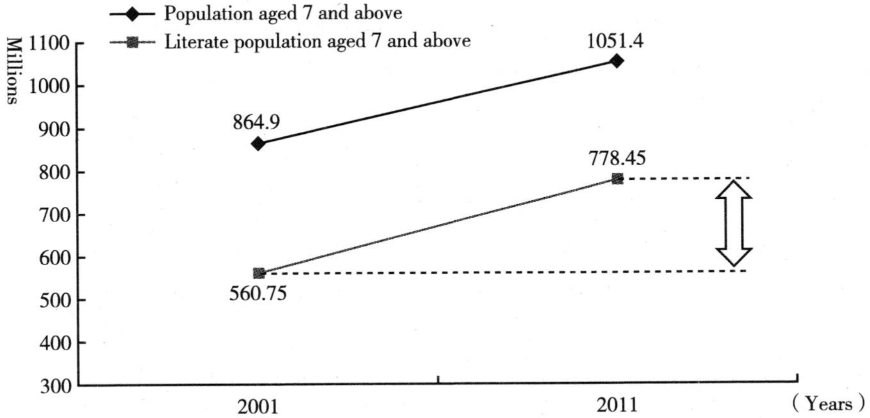

Figure 12　Addition to literate population aged more than seven years

Source, *Analysis Based on Data From the Census of India*.

At the same time, it must be pointed out that "literate" does not necessarily mean being educated well enough to read a newspaper. The detailed tabulation from the 2011 census is not yet available, but in 2001, out of the 562 million Indians aged 20 and above, less than one-third had finished middle school and/or gone on to secondary school and higher education. The other two-thirds were classified as educated to primary level, literate below primary level, literate without any educational level or illiterate (Census of India) -categories where consumption of the news media can reasonably be expected to be low. This low level of education among those classified as literate is a limiting factor for the reach of the media-and of course it also has a bearing on the media's approach and treatment of news. However, with a greater thrust on education including the 'Education for All' initiative in recent years, it is expected that the educational levels of literate Indians will rise to a level that brings larger numbers into the catchment area of the news media.

The growth in audiences of news media is also related to migration from rural to urban areas. The trend of urbanisation is shown in Figure 13. In 1901, only 10.8 per cent of Indians lived in urban areas; this increased to 17.3 per cent in 1951 and 31.2 per cent in 2011 (Census of India). While India has 640867 villages, which can be remote and hard to access for news media, it now has nearly 8000 "urban units", which is what the Census calls towns and cities. Between 2001 and 2011, the number of urban units increased from 5161 to 7935, a jump of about 54 per cent in a span of merely 10 years. The Census defines urban areas as all residential agglomerations that have a population of at least 5000, a population density of at least 400 persons per square km. and where at least 75 per cent of male "main workers" are engaged in non-agricultural pursuits. This clustering of people and the movement from agricultural to non-agricultural livelihoods has obvious implications for the penetration and delivery of news media, whether newspapers or television. There are now 53 cities in India with populations of more than one million. The largest of these-called the four "metros" in India-are Greater Mumbai (earlier Bombay) (18.4 million), the National Capital Territory of Delhi at 16.3 million, Kolkata (earlier Calcutta) with 14.1 million residents and Chennai (earlier Madras), which comes in at 8.7 million. Several other cities, including Bangalore (8.5 million), Hyderabad (7.7 million), Ahmedabad (6.4 million) and Pune (5 million), are not far behind.

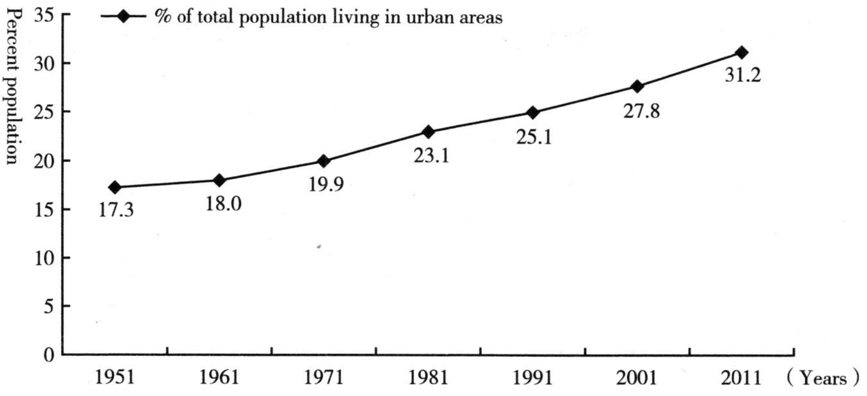

Figure 13 Urbanisation in India

Source, *Census of India*.

Media consumption has also risen along with income and an upward swing in standards of living. Poverty in India continues to remain at abysmal levels. About one-third of all Indians-that makes about 400 million-live under the national poverty line defined by the Planning Commission of India. At the same time, India has a huge middle class, estimated to range in size from 30 million to 300 million depending on how the term is defined. Over the past decade and more, India has been experiencing some of the highest growth rates in the world, and this economic prosperity has had a role to play in the growth of the media industries. The 1990s began on a low note with a GDP growth rate of 1. 4 per cent in 1991 - 1992. This was a watershed, preceded by a balance of payments crisis and tided over with major economic reforms. As a result of these reforms, the GDP growth rate jumped to 5. 4 per cent in 1992 - 1993 and rose every succeeding year to hit 8. 0 per cent in 1996 - 1997. In the last decade, growth rates have remained consistently high, exceeding 9 per cent in many years.

Over the last 60 years, India's GDP growth has outstripped its population growth. Figure 14 shows the relative growths of population and the GDP, the latter considered at constant prices indexed to the base year 1951. In the two decades since the launch of economic reforms in India, the growth of GDP has accelerated. Between 1991 and 2001, the decadal growth of population was about

21 per cent, but the GDP grew more than 72 per cent. In the decade 2001 - 2011, population grew by 17. 7 per cent while GDP climbed by 141 per cent.

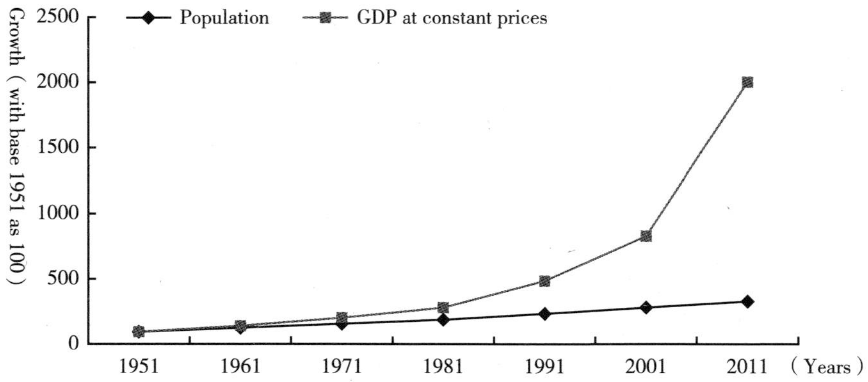

Figure 14 Relative growth of GDP and population

Source, Census of India.

Thus, the growth of news media in India is inextricably tied up with the macro picture of demographics and the economy, including the phenomena of population growth, higher literacy rates, increasing urbanisation and rising standards of living. The average Indian is becoming richer (or less poor), more educated and moving to cities, and this process of empowerment and greater engagement with local and national processes is the core engine that is fuelling growth in the media. For the most part, the benefits of this growth are accruing to the newspaper and television sectors, which have not yet been adversely impacted by the rise of the mobile and internet sectors.

Diversity

India's diversity makes India both difficult and very fertile for media operations. In many senses, India's media is becoming increasingly differentiated, in keeping with its geographical, linguistic, cultural and political diversity. The political boundary of India incorporates multiple nationalities, cultures, languages and ethnicities. India's population is not only diverse, it is also very large. India's smallest state has a population comparable to Finland or Denmark and its most populous state houses about 200 million people, which is three times that of the UK, two and a half times that of Germany, and one-third more than Russia.

Culturally, India is more diverse than any other country in the world-the only land mass more diverse than India is the continent of Africa. In religious terms, too, India is not homogenous. More religious traditions have a home in India than in any other country, and almost all major religions have a sizeable number of followers. Linguistically, it has 22 "official" languages and, in addition, English serves as a link language. More than 10 million people speak each of the 14 major languages, 29 languages are spoken by more than one million, 60 languages are spoken by more than 100000 people, and 122 languages by more than 10000 Indians. Indian languages belong to four different language groups-the Indo-European, Dravidian, Sino-Tibetan and Austro-Asiatic or Mon-Khmer.

These wide divergences of language, culture and ethnicity are coupled with differences of political culture in different Indian states. The various regions of India have different political histories and political cultures, ranging from the highly personalised to deeply ideological, and variously linked with religion, culture, ethnicity and caste groupings. Some Indian states repeatedly vote-in Hindu right wing governments, others elect communists for decades at a time. India's states are broadly demarcated on the basis of language, and the cultural, literary and political histories of these states affect the media in those languages. There has been a reinvigoration of various linguistic spaces, and thus of the media in these languages, since the late 1980s. Changing power equations have resulted in a shift away from the language of power, English, and the designated national language, Hindi to other languages, bringing with it a shift in the media consumption in various languages. Large media groups in a number of languages have begun to attain the size and prominence that was earlier associated with the 'national' media in English and Hindi. At the same time, the "national" media have started catering to the growth in regional languages. *The Times of India*, *The Hindu*, and *Hindustan Times* are just a few of the "national" media groups that have started moving into the language market in response to media consumption shifts and the consequent shift of advertising revenue to language media.

This move away from Hindi and English towards other languages is also evident in news and entertainment television, with a large number of channels having sprung up to cater to the growing appetite for content in regional languages. Most major television organisations have a bouquet of regional language channels, and of course there are a number of media groups that have emerged in various regions.

Issues in Indian media

If there is one characteristic of the Indian media landscape that demands attention, it is the intense competition that marks each of its sectors. Whether it is newspapers (more than 94000) or television channels (more than 800), the sheer number of media titles manoeuvring for market space and advantage has begun to define the media landscape (Thussu, 2012).

The results of this competition are manifest in many different aspects. One is the desperate search for profitability. In each segment of the market, whether by language, geography or genre, there is space for only a limited number of winners (Ram, 2011). Market leaders succeed in being profitable, but the vast numbers of second- and third-tier media companies in each market are lucky merely to survive (Kohli-Khandekar, 2010, Ram 2011). Low profitability also has an impact on ownership-if direct returns from media operations are not an option, investors in media are instead seeking overt returns through the political power and influence of the media. The ownership of media is increasingly being sought by politicians and their associates, or businessmen who want to use media for their ends.

One of the areas in which these pressures are reflected is media output. The large number of players might be expected to lead to a number of strategies that would differentiate one from the other, but this is not the case. What is observed instead is an increasing homogeneity as each of the media outlets at the bottom of the pyramid vie to become clones of the market leaders. Competitive pressures are also thought to be leading to deepening trends of tabloidization and sensationalism in the media. This, combined with a trend towards the instrumentalization of journalism by media owners, is thought to be responsible for some of the lowering of standards that is observed (Ram, 2011).

Indian media are vast, diverse and complex, and necessarily operate at a number of political, financial and linguistic or geographic levels. This, combined with the shifts taking place because of the economic growth, demographic movements and cultural developments, makes Indian media both a difficult and an exciting object of inquiry.

A previous version of this article was published as a book chapter: Jain, S. (2015) "Multiple media explosions". In: Nordenstreng, K. and Thussu, D. K. *Mapping BRICS Media*. Abingdon: Routledge, 145 - 165.

Bibliography

Census of India "online" Available from, www. censusindia. gov. in. (accessed 3 October 2013).

FICCI (2006), *The Indian Entertainment and Media Industry: Unravelling the Potential*. New Delhi: Federation of Indian Chambers of Commerce and Industry.

FICCI (2008), *The Indian Entertainment and Media Industry-A Growth Story Unfolds*. London: PricewaterhouseCoopers in association with Federation of Indian Chambers of Commerce and Industry.

FICCI - KPMG (2010), *Back in the Spotlight - FICCI - KPMG Indian Media and Entertainment Report 2010*. Mumbai: KPMG in association with Federation of Indian Chambers of Commerce and Industry.

FICCI - KPMG (2011), *Hitting the High Notes - FICCI - KPMG Indian Media and Entertainment Report 2011*. Mumbai: KPMG in association with Federation of Indian Chambers of Commerce and Industry.

FICCI - KPMG (2012), *Digital Dawn: The Metamorphosis Begins - FICCI - KPMG Indian Media and Entertainment Report 2012*. Mumbai: KPMG in association with Federation of Indian Chambers of Commerce and Industry.

FICCI - KPMG (2013), *The Power of a Billion: Realizing the Indian Dream - FICCI - KPMG Indian Media and Entertainment Report 2013*. Mumbai: KPMG in association with Federation of Indian Chambers of Commerce and Industry.

FICCI - KPMG (2014), *The Stage is Set - FICCI - KPMG Indian Media and Entertainment Industry Report 2014*. Mumbai: KPMG in association with Federation of Indian Chambers of Commerce and Industry.

Hallin, D. and Mancini, P. (2004), *Comparing Media Systems: Three Models of Media and Politics*. New York: Cambridge University Press.

IMF (2014), *World Economic Outlook April 2014: Recovery Strengthens, Remains Uneven*. Washington: International Monetary Fund.

IRS (2012), *Indian Readership Survey* Available at. http://mruc.net/sites/default/files/IRS%202012%20Q2%20Topline%20Findings_0.pdf (accessed 20 October 2012).

Jeffrey, R. (1993), "Indian Language Newspapers and Why They Grow", *Economic and Political Weekly* 28 (38): 2004 - 2011.

Kohli – Khandekar, V. (2010), *The Indian Media Business* (third edition). New Delhi: Sage.

Mehta, N. (2008), *India on Television: How Satellite News Channels Have Changed the Way We Think and Act*. New Delhi: Harper Collins.

Ministry of Information and Broadcasting (2012), *Annual Report*. New Delhi: Ministry of Information and Broadcasting, Government of India.

Ministry of Information and Broadcasting, India (2014) online Website, Ministry of Information and Broadcasting, Government of India. Available at. http://mib.nic.in/. (accessed 6 July 2014).

Ministry of Information and Broadcasting, India (2015) online Website, Ministry of Information and Broadcasting, Government of India. Available at. *http://mib.nic.in/*. (accessed 24 August 2014).

Ninan, S. (2007), *Headlines from the Heartland: Reinventing the Hindi Public Sphere*. New Delhi: Sage.

Page, D. and Crawley, W. (2001), *Satellites over South Asia: Broadcasting Culture and the Public Interest*. New Delhi: Sage.

Parthasarathy, R. (1997), *Journalism in India* (fourth edition). New Delhi: Sterling.

Ram, N. (1997), "Foreword in Parthasarathy", *Journalism in India* (fourth edition). New Delhi: Sterling.

Ram, N. (2011), *The Changing Role of the News Media in Contemporary India*. Indian History Congress. Punjabi University, Patiala, December.

RNI (2014), "The Office of the Registrar of Newspapers for India. New Delhi", http://rni.nic.in/.

Sen, A. (2005), *The Argumentative Indian*. London: Penguin.

Telecom Regulatory Authority of India (2011), *Annual Report 2010 – 2011*. New Delhi: Telecom Regulatory Authority of India.

Telecom Regulatory Authority of India (2013), *Annual Report 2012 – 2013*. New Delhi: Telecom Regulatory Authority of India.

Thomas, P. N. (2010), *Political Economy of Communications in India: The Good, the Bad and the Ugly*. New Delhi: Sage.

Thussu, D. K. (2012), "A Million Media Now! The Rise of India on the Global Scene", *The Round Table: The Commonwealth Journal of International Affairs* 101 (5): 435 –446.

Vilanilam, J. V. (2005), *Mass Communication in India: A Sociological Perspective*. New Delhi: Sage.

WAN – IFRA (2008), *India: Media Market Description*. Paris: World Association of Newspapers.

WAN – IFRA (2010), *India Country Report*. Paris: World Association of Newspapers.

WAN – IFRA (2011), *World Press Trends 2011*. Paris: World Association of Newspapers.

WAN – IFRA, "World Press Trends Database Available from," http://www.wptdatabase.org/, (accessed 15 October 2012).

World Bank (2014), online *World Development Indicators*. Available from, http://wdi.worldbank.org/table/1.1. (accessed 8 August, 2014).

专 题 篇

Special Reports

B.10

中国内地用户对有线数字电视机顶盒业务需求调研分析报告

段 鹏*

摘 要： 截至2013年9月，中国机顶盒市场保有量突破2.6亿台，相比2012年底增长了4674.2万台，增长幅度超过20%。以中国4.3亿家庭户数的基数，已有超过半数拥有机顶盒，其中有线数字电视机顶盒用户占比七成。但是，随着国家“三网融合”发展战略的深入推进，电信行业主导的IPTV和互联网行业主导的OTT TV飞速崛起，利用各自强大的资金实力和对消费市场的敏感，使其用户规模不断迅速扩大，机顶盒新增市场逐渐形成有线、IP TV、OTT TV机顶盒“三分天下”的局面，有线数字电视机顶盒面临越来越严峻的挑战。

* 段鹏，博士，教授，中国传媒大学文科科研处处长、移动互联与社会化媒体研究中心主任。

本报告从有线数字机顶盒的用户需求出发，通过问卷调查的形式分析了有线数字电视机顶盒用户的人群特征、消费习惯以及消费需求，找出有线数字电视面临的具体问题并提出应对策略。

关键词：有线数字电视　机顶盒　数字电视模式

一　相关概念陈述

（一）数字电视相关概述

数字电视（Digital TV）是指从电视节目的拍摄、制作、传输和到信号接收、处理显示的所有环节完全数字化的电视系统。数字电视是一个系统集合的概念，有不同的分类方法。

1. 按清晰度分类

（1）标清数字电视。标准清晰度电视（SDTV），主要是对应现有分辨率而言。是指分辨率达到 720×576 像素的标准，但还不足以称为高分辨率（High Definition）的电视系统。

（2）高清数字电视。指高清晰度电视（HDTV）。关于高清的标准，国际上公认的有两条，一是视频垂直分辨率超过 720p 或 1080i 二是视频宽纵比为 16∶9。

2. 按传输途径分类

（1）地面数字电视。即通过接受电视塔发出的地面数字电视信号，收看电视节目。

（2）数字卫星电视。是利用地球同步卫星将数字编码压缩的电视信号传输到用户端的一种广播电视形式。主要有两种方式：一种是将数字电视信号传送到有线电视前端，再由有线电视台转换成模拟电视传送到用户家中。

另一种方式是将数字电视信号直接传送到用户家中即：DTH（Direct to Home）方式。

（3）有线数字电视。有线数字电视并非电视机的数字化，而是电视信号传输过程的数字化。将传统的模拟电视信号数字化，按照 DVB 的标准压缩编码处理后，通过现有的有线网传输到接收端。用户通过机顶盒，利用现有的有线电视网络和家用电视机就可以收看数字电视节目。

（4）移动数字电视。顾名思义就是可在移动状态中收看的电视，是全新概念的信息型移动户外数字电视传媒，是传统电视媒体的延伸。它采用了当今世界最先进的数字电视技术，通过无线发射、地面接收的方法进行电视节目传播，用户可以在任何安装了接收装置的公交车、轮渡、轨道交通等移动载体中收看如 DVD 般清晰的移动电视画面，也能在非移动的情况下接收。

（二）机顶盒相关概述

机顶盒（Set Top Box，STB）是一种将数字电视信号转换成模拟信号的转换设备，它对经过数字化压缩的图像和声音信号进行解码还原，产生模拟的视频和音频，通过终端显示器给观众提供高质量的电视节目。其分类方式有两种。

1. 按清晰度分类

（1）标清机顶盒（SD）。所谓标清，英文为“Standard Definition”，是物理分辨率在 720p 以下的一种视频格式。

（2）高清机顶盒（HD）。能够播放物理分辨率达到 720p 及以上视频节目的机顶盒。

2. 按信号流向分类

（1）单向机顶盒。单向机顶盒只能接收信号而不能发出信号；只能接收数字电视节目、电子节目表、新闻资讯等只读信息。

（2）双向机顶盒。又称互动机顶盒，能接收信号，也能回传信号，除了具有单向机顶盒的所有功能外，还可以点播节目、电影等，可以玩游戏，文字、语音或视频通信，在电视上交水、电、气费，网上购物等。

3. 按信号传输渠道分类

（1）有线数字电视机顶盒。位于有线数字电视系统的大众端，利用有线电视网络作为传输平台，完成条件接收、数字电视信号的解压缩和支持实施多种业务功能的软、硬件平台。

（2）卫星数字电视机顶盒。用来接收卫星数字电视信号并转化成高质量的音频信号输出的设备，能够让用户在现有模拟电视上观看卫星电视节目。

（3）地面数字电视机顶盒。地面数字机顶盒的功能与卫星数字机顶盒类似，所不同的只是传输介质由卫星信道变成了地面广播信道。

（4）IPTV 机顶盒。采用以太网接入，可将通过网络传输过来的 MPEG 文件转换成模拟视音频输出至电视。

（5）OTT TV 机顶盒：OTT TV 是“Over The Top TV”的缩写，是指基于开放互联网的视频和信息服务，终端可以是电视、电脑、机顶盒、PAD、智能手机等。

4. 按照业务和功能划分

机顶盒分可为基本型、增强型、高级型三种类型。这三种类型也代表了机顶盒的三个发展阶段。

第一阶段是作为信号转换装置的机顶盒（基本型）。

第二阶段是集成机顶盒（增强型）。

第三阶段是数字电视智能机顶盒（高级型）。

二　调研背景介绍

（一）政策背景

1. 国家信息化发展战略

《2006～2020 年国家信息化发展战略》明确指出，信息化是当今世界发展的大趋势，是推动经济社会变革的重要力量。大力推进信息化，是覆盖我国现代化建设全局的战略举措。广播电视行业作为国家信息化战略的重要一环，肩负着重大的改革创新责任。有线数字电视机顶盒作为广电行业进一步向数字化、信息化发展的重要突破口，在“国家信息化战略”的大背景下具有广阔的发展空间。

2. “三网融合”发展战略

“三网融合”的出现引发了有线电视行业基础技术、业务形态、市场结构、产业形态和生存方式的全面变革，推动着有线电视企业组织结构、市场发展策略以及行业制度与政策的不断调整。在“三网融合”背景下中国有线电视的转型与发展也就更具紧迫性和战略意义，而有线数字电视机顶盒作为广电行业在“三网融合”进程中转型和发展的核心产品和重要发力点，具有重要的战略价值和意义。

3. “宽带中国”战略

宽带网络是新时期我国经济社会发展的战略性公共基础设施，发展宽带网络对拉动有效投资和促进信息消费、推进发展方式转变和小康社会建设具有重要支撑作用。“宽带中国”战略的实施将给广电行业带来更大的机遇：带宽问题的解决将为高清数字电视业务的普及、有线数字电视机顶盒业务的拓展和推广提供可靠的网络技术支持。

（二）市场背景

1. 有线数字电视机顶盒的发展趋势分析

（1）机顶盒市场的发展趋势分析。今后几年，机顶盒市场将呈现如下发展趋势。一是产品功能的多元化及应用软件的多元化。内置 WiFi 路由器、体感游戏功能、无线路由功能、家庭网关功能都正在或有望被集成进入机顶盒。二是内容和宽带将成为机顶盒承载的最重要价值，也是未来机顶盒发展的最核心因素。随着产业链的融合发展，内容与硬件的对接，产品之间的差异化将越来越明显。三是机顶盒产品形态走向多元化，硬件和应用产品更新换代速度加快。

（2）有线数字电视机顶盒发展趋势分析。一是机顶盒的高清化趋势。

基于竞争需要，有线数字电视机顶盒高清化将更为迫切，有线高清机顶盒的市场机会将会体现在整机转换及替换市场，将占据中国高清市场主导地位。二是机顶盒置换市场扩大趋势。作为中国数字化主要渠道，有线数字电视机顶盒市场将一直保持为中国机顶盒主要目标市场。从2016年起，中国有线数字电视机顶盒市场将进入置换市场。三是机顶盒终端的智能化演进。机顶盒终端的智能化体现在产品功能的多元化、应用软件的多元化。基于有线电视平台的软件应用开发会呈现多元化，并渗透到娱乐、学习、社交、消费等各个领域，促使“电视机+机顶盒”成为数字家庭中心。

2. 有线数字电视机顶盒市场现状分析

（1）面临强有力的竞争。数字机顶盒市场快速增长，拥有近4000万户的市场总量，但竞争日益激烈。随着国家“三网融合”发展战略的深入推进，电信行业主导的IPTV和互联网行业主导的OTT TV飞速崛起，利用各自强大的资金实力和对消费市场的敏感，使其用户规模不断迅速扩大，机顶盒新增市场逐渐形成有线、IPTV、OTT TV机顶盒“三分天下”的局面。

（2）有线数字智能机顶盒优势和劣势分析。

相对于来自电信和互联网行业的两大主要竞争对手，有线数字电视智能机顶盒有其自身的优势。一是已有用户规模优势。格兰研究数据显示，截至2013年9月，中国数字机顶盒用户总量已达2.25亿户，全民数字机顶盒普及率超过50%，全民数字化程度达到51.7%。其中，有线机顶盒仍占据总体市场七成份额。二是内容制作优势。相比于电信和互联网行业的门外汉，电视节目制作和分发属于广电行业的老本行，因此在内容制作和选择方面广电行业具有先发优势。三是政策优势。在中国，广电行业在维护国家意识形态安全方面有着重要的政治作用，因此能够享更多的国家政策支持。

有线数字电视智能机顶盒存在的劣势。在资金方面，相比于其他两大竞争对手，广电行业处于绝对的下风。但由于广电行业长期处于国家的垄断保护之下，因此在市场需求的敏感度方面，在应对市场变化的灵活性方面并不占优势。

三　调研结果及分析

（一）受访者对有线数字电视机顶盒的使用行为分析

1. 超过50%的用户使用率构成了有线数字电视机顶盒在市场竞争中的用户基数优势

当下人们收看电视节目使用的终端设备具有多样化的特征，但以有线数字电视机顶盒为主，通过对北京、南京、深圳和成都4个城市的调研，有线数字电视机顶盒使用比例都在50%以上（见表1）。

表1　受访者家中收看电视节目的终端使用情况

单位：%

机顶盒类型	北京	南京	深圳	成都
有线数字机顶盒	65.3	54.1	57.1	60.7
互联网(OTT TV)	6.8	28.4	15.2	26.8
卫星数字机顶盒	17.7	10.8	5.4	5.4
地面数字机顶盒	8.2	1.4	1.8	—
TPTV 数字机顶盒	3.4	1.4	—	5.4
使用模拟信号	5.4	4.1	1.8	1.8
使用其他终端	6.1	—	24.1	—

2. 在已有有线用户中，有线数字电视机顶盒的使用情况较稳定

北京、南京、深圳和成都4个地区的收视频率和收视时长呈现出各自不同的特点，但综合来看，四个地区的受访者保持每天开机的比率均超过半数（见图1）。

综合收视频率和收视时长，4个城市中半数以上的受访者每天至少开机一次，且半数以上的收视时长集中在1~4小时（见图2）。由此可见，有线数字电视机顶盒在已有用户中的使用情况比较稳定，也比较理想。

3. 已有有线用户对机顶盒的使用仍然多处于“看电视”层面，而在“用电视”层面使用不足

调查数据显示，得分较高的业务集中于“看电视”层面。说明现有用

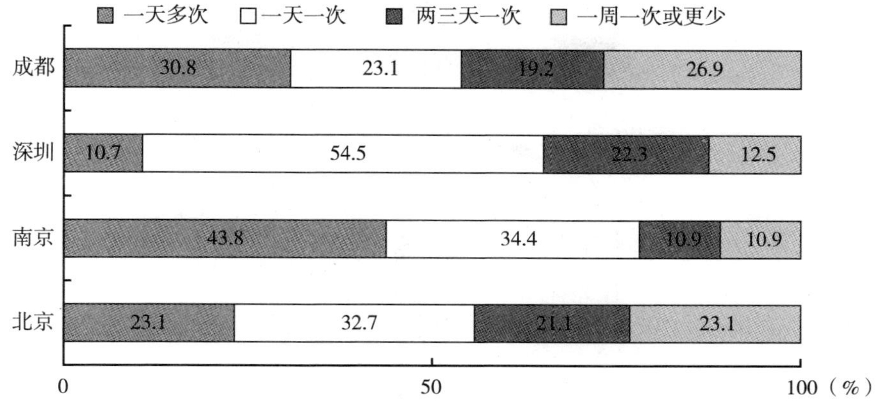

图1　4个城市

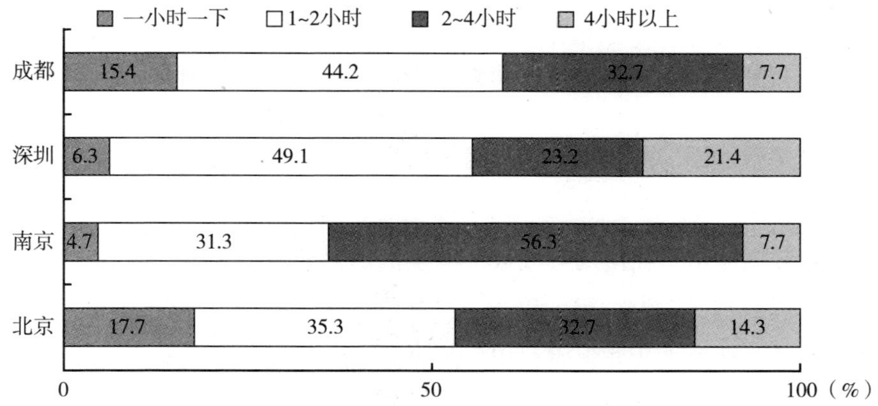

图2　4个城市用户每次收看的时长

户对有线数字电视机顶盒的使用仍局限于对传统有线电视业务的认知，而对于更具有智能机顶盒特点的增值业务而言，其市场并未被开发出来（见图3）。这也在一定程度上削弱了有线数字顶盒所具有的“用户基础”优势——用户基础优势是源自有线电视的传统业务，而在“用电视”的智能机顶盒层面，有线数字电视机顶盒并不比IPTV和OTT TV机顶盒更具优势。因此，在以“用电视”为特点的智能机顶盒市场上，有线数字电视机顶盒的“用户基础优势”很容易被瓦解。

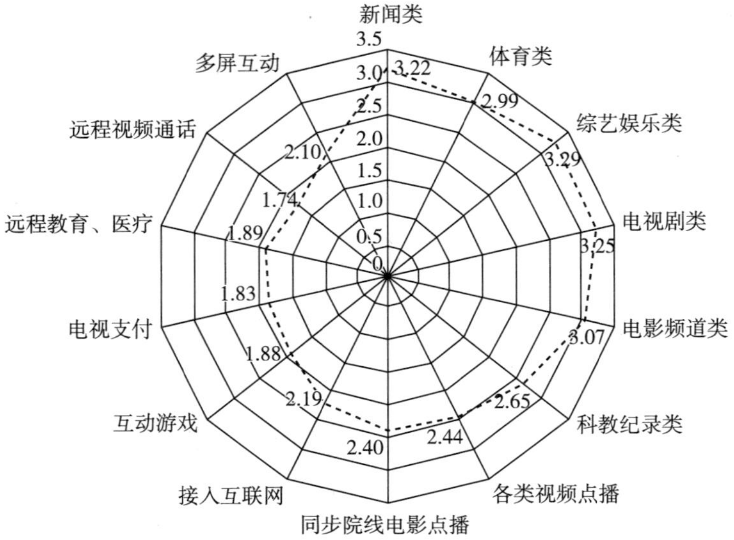

图 3　受访者对有线数字电视机顶盒提供的各项业务的使用度

4. “免费赠送”成为有线数字电视机顶盒吸引用户的最主要因素，用户忠诚度不稳定

调查数据显示，在使用有线数字电视机顶盒的原因上，“初装有线电视时有线运营商赠送”这一因素以 38.4% 的占比排在了第一位（见图 4）。当用户是通过免费的方式获得时，用户的忠诚度就可能不太稳定。因此，也就说明有线数字电视机顶盒所具有的“用户基础”优势并不可靠，随时有可能被迅速发展的竞争对手所取代。这也就为广电行业的从业者敲响了警钟。

（二）有线数字电视机顶盒用户的认知度分析

1. 用户对有线数字电视机顶盒与其他类型电视接收终端设备的区别认知模糊

研究数据表明，从总体情况来看，用户对有线数字电视机顶盒与其他类型电视接收终端设备的区别“了解一些，但不多”的受访者约占半数；其次是“不了解”，约占 33.6%；“非常了解”所占比例仅有 16.5%（见图 5）；深圳非常了解数字电视机顶盒的用户达到 50%，不了解的仅占 2.7%（见图 6）。

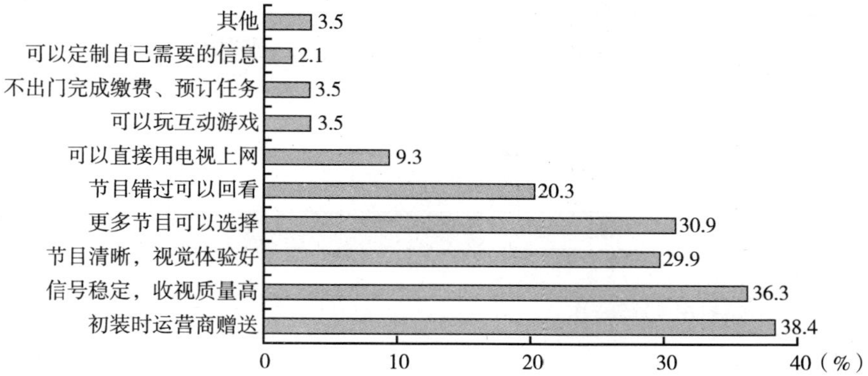

图 4　用户最初购买和使用有线数字电视机顶盒的主要原因

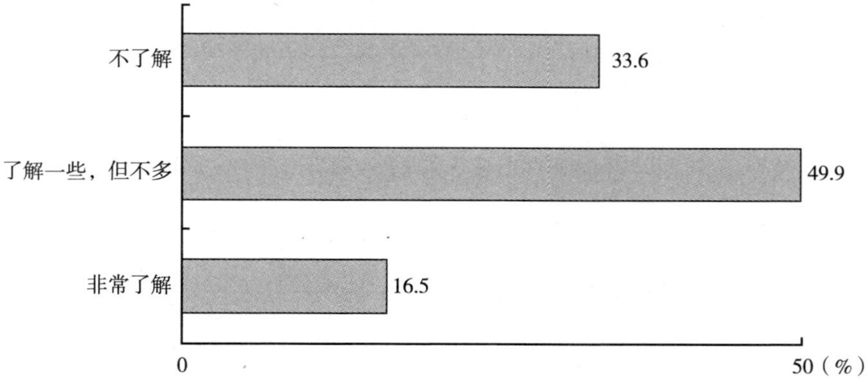

图 5　调研对象对有线数字电视机顶盒与其他类型电视接收终端设备区别的认知程度

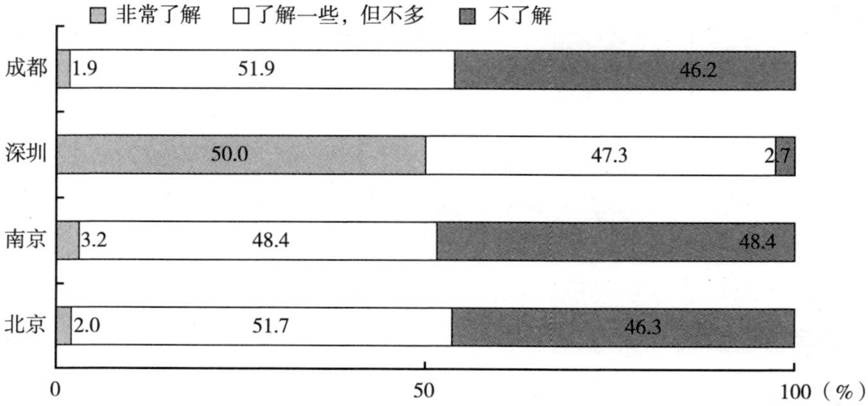

图 6　4 个城市对有线数字电视机顶盒的认知情况

2. 用户对有线数字电视视频基本业务与增值业务区别的认知欠缺

研究数据显示，受访者对有线数字电视视频基本业务与增值业务区别的普遍认知程度较低（见图 7 和图 8）。

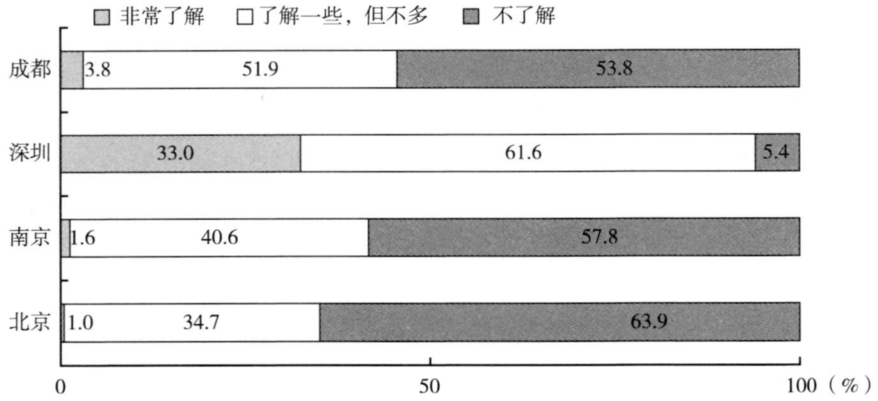

图 7　4 个城市对有线数字电视基本业务与增值业务的区别认知情况

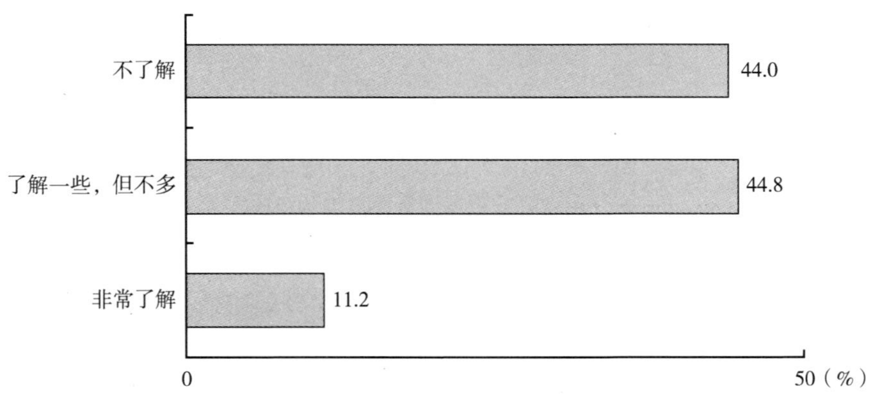

图 8　调研对象对有线数字电视视频基本业务与增值业务的区别的认知程度

3. 用户对有线数字电视机顶盒基础业务的认知度较高，而对增值业务的认知度普遍偏低

调查数据显示，已有有线用户对于有线数字电视机顶盒的特点和增值功能的认知存在着很大的缺失（见图 9）。认知度的不足进而导致了机顶盒相

关业务使用度的不足。对有线数字电视机顶盒认知度的缺乏暴露了广电行业在市场宣传方面的不足。

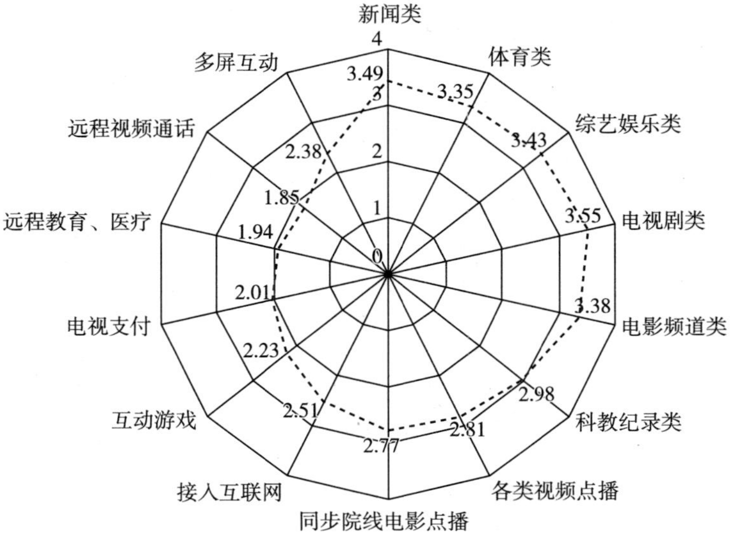

图 9　受访者对有线数字电视机顶盒提供的各项业务的认知度

（三）有线数字电视机顶盒用户满意度分析

1. 用户对有线数字电视机顶盒提供的各项业务满意度总体偏低，尤其是在增值业务方面

调查数据显示，有线数字电视机顶盒在满足用户需要方面还存在诸多不足，尤其是在智能机顶盒的新增业务方面还有很多地方需要改进（见图 10）。

2. 用户对高清双向数字机顶盒性能体验的满意程度总体偏低

根据受访者反映，有线数字电视机顶盒在用户体验方面存在诸多问题（见图 11 和图 12）。有线数字电视智能机顶盒作为一个相对较新的事物，对用户而言在接受方面需要一段适应过程。这就更需要在产品的设计方面尽可能考虑用户的使用习惯，并在设计改进的过程中充分吸收目标用户的意见，不断改进机顶盒的业务和产品体验。

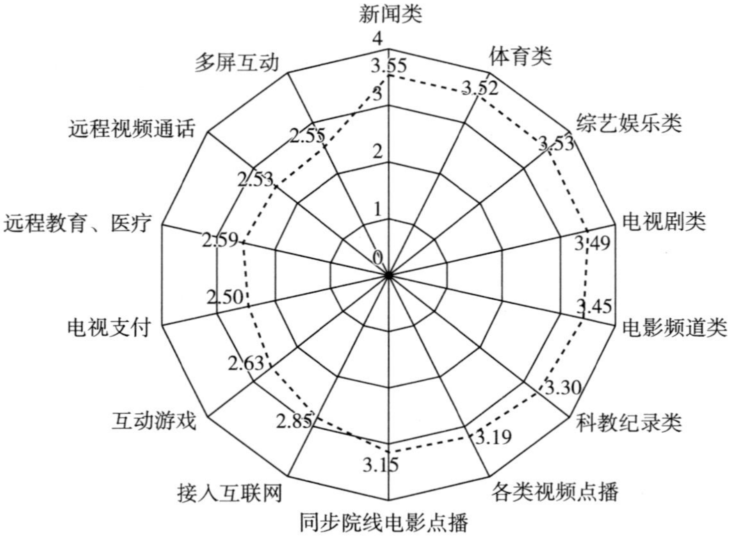

图 10　受访者对各项业务的满意度

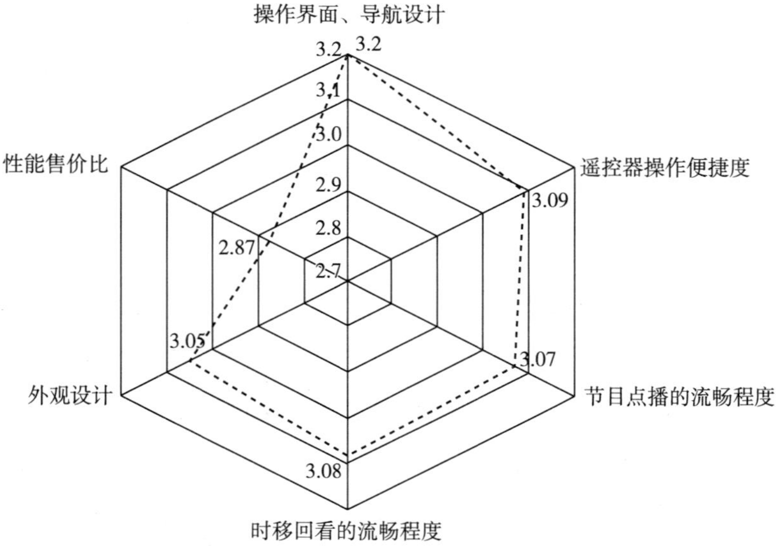

图 11　受访者对高清双向机顶盒性能体验的满意度

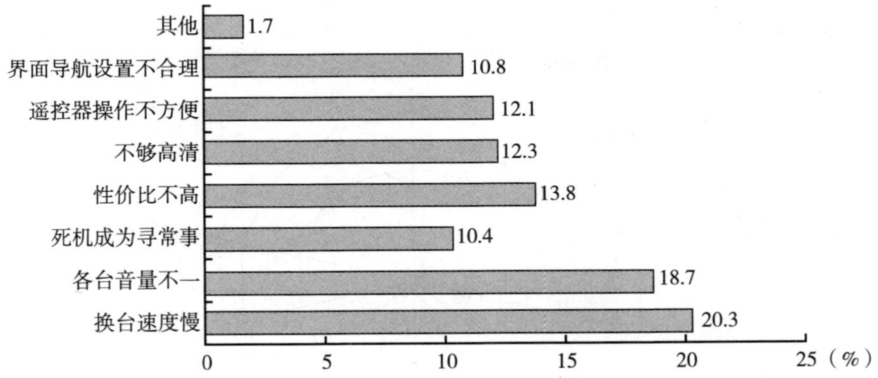

图 12　受访者对有线数字电视机顶盒存在问题的反映

（四）有线数字电视机顶盒用户需求分析

1. 用户对有线数字电视机顶盒的增值业务需求尚不显著，但用户对“用电视”的机顶盒新功能心存期待

调查数据显示，有线数字电视机顶盒各项业务的重要度指数总体偏低。“重要度”指标能够反映用户对机顶盒不同功能的需求程度。重要度得分较高的业务多集中在“看电视”的基本业务层面，如电视剧类、新闻类节目等，然而智能机顶盒的优势，如同步院线电影点播、接入互联网等“用电视”层面的增值业务并没有被受访者看重（见图 13）。

尽管当下多数用户对智能机顶盒“用电视”层面的新业务功能需求并不强烈，但用户对这些新业务心存好奇，怀有期待（见图 14）。

对新的业务并无强烈需要但怀有好奇和期待，一方面说明智能机顶盒市场当下还处于市场培育期，增值业务的重要性被大众广泛接受还需要一段时间；另一方面只要人们怀有期待，“用电视”的新功能进入千家万户也就指日可待，因此应该对机顶盒智能化的发展趋势充满信心。

2. 多屏互动、同步院线电影点播两种服务的满意度与重要度相关性最强，可重点推广

Spearman 相关系数用来衡量定序变量间的线性关系。相关系数为正数，

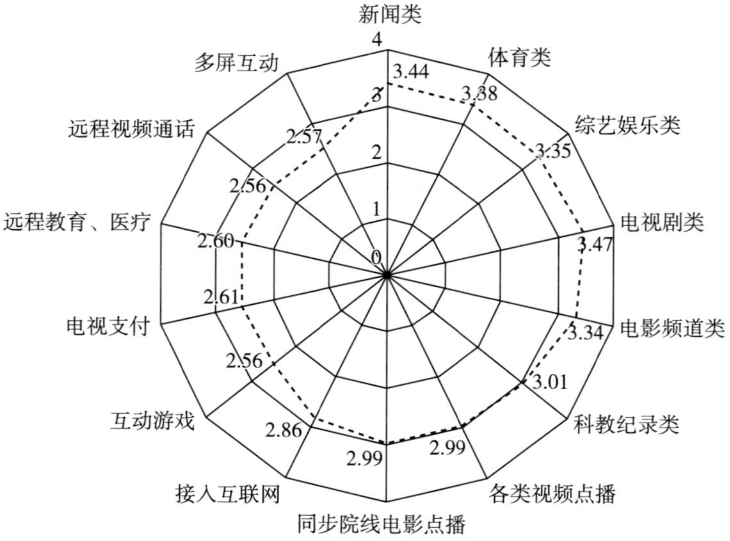

图 13　受访者对有线数字电视机顶盒提供的各项业务的重要度

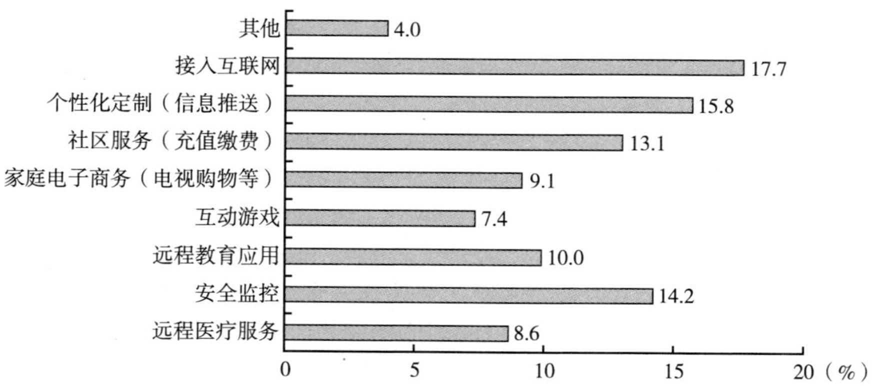

图 14　受访者期待有线数字电视机顶盒增值的业务

表明两者具有正相关性。相关系数的绝对值越大，相关性越强，相关系数越接近于 1 或 -1，相关度越强，相关系数越接近于 0，相关度越弱。通常情况下，通过以下取值范围判断变量的相关强度：相关系数 0.8 ~ 1.0 为极强相关；0.6 ~ 0.8 为强相关；0.4 ~ 0.6 为中等程度相关；0.2 ~ 0.4 为弱相关；0.0 ~ 0.2 为极弱相关或无相关。

新闻类的满意度与重要度呈现中等程度相关（见表 2）。

表2 新闻类相关系数

			新闻类满意度	新闻类重要度
Spearman 的 rho	新闻类满意度	相关系数	1.000	0.463 **
		Sig.（双侧）		0.000
		N	375	375
	新闻类重要度	相关系数	0.463 **	1.000
		Sig.（双侧）	0.000	
		N	375	375

**. 在置信度（双侧）为0.01时，相关性是显著的。

体育类的满意度与重要度呈现弱相关（见表3）。

表3 体育类相关系数

			体育类满意度	体育类重要度
Spearman 的 rho	体育类满意度	相关系数	1.000	0.362 **
		Sig.（双侧）		0.000
		N	375	375
	体育类重要度	相关系数	0.362 **	1.000
		Sig.（双侧）	0.000	
		N	375	375

**. 在置信度（双侧）为0.01时，相关性是显著的。

电视剧类的满意度与重要度呈现中等程度相关（见表4）。

表4 电视剧的相关系数

			电视剧满意度	电视剧重要度
Spearman 的 rho	电视剧满意度	相关系数	1.000	0.404 **
		Sig.（双侧）		0.000
		N	375	375
	电视剧重要度	相关系数	0.404 **	1.000
		Sig.（双侧）	0.000	
		N	375	375

**. 在置信度（双侧）为0.01时，相关性是显著的。

电影频道的满意度与重要度呈现中等程度相关（见表5）。

表5　电影频道的相关系数

			电影频道满意度	电影频道重要度
Spearman 的 rho	电影频道满意度	相关系数	1.000	0.564**
		Sig.（双侧）		0.000
		N	375	375
	电影频道重要度	相关系数	0.564**	1.000
		Sig.（双侧）	0.000	
		N	375	375

**. 在置信度（双侧）为0.01时，相关性是显著的。

科教记录的满意度与重要度呈现中等程度相关（见表6）。

表6　科教记录的相关系数

			科教记录满意度	科教记录重要度
Spearman 的 rho	科教记录满意度	相关系数	1.000	0.539**
		Sig.（双侧）		0.000
		N	375	375
	科教记录重要度	相关系数	0.539**	1.000
		Sig.（双侧）	0.000	
		N	375	375

**. 在置信度（双侧）为0.01时，相关性是显著的。

视频点播的满意度与重要度呈现中等程度相关（见表7）。

表7　视频点播的相关系数

			视频点播满意度	视频点播重要度
Spearman 的 rho	视频点播满意度	相关系数	1.000	0.462**
		Sig.（双侧）		0.000
		N	375	375
	视频点播重要度	相关系数	0.462**	1.000
		Sig.（双侧）	0.000	
		N	375	375

**. 在置信度（双侧）为0.01时，相关性是显著的。

同步院线电影点播的满意度与重要度呈现强相关（见表8）。

表8　同步院线的相关系数

			同步院线满意度	同步院线重要度
Spearman 的 rho	同步院线满意度	相关系数	1.000	0.643**
		Sig.（双侧）		0.000
		N	375	375
	同步院线重要度	相关系数	0.643**	1.000
		Sig.（双侧）	0.000	
		N	375	375

**. 在置信度（双侧）为0.01时，相关性是显著的。

接入互联网的满意度与重要度呈现中等程度相关（见表9）。

表9　入网的相关系数

			入网满意度	入网重要度
Spearman 的 rho	入网满意度	相关系数	1.000	0.423**
		Sig.（双侧）		0.000
		N	375	375
	入网重要度	相关系数	0.423**	1.000
		Sig.（双侧）	0.000	
		N	375	375

**. 在置信度（双侧）为0.01时，相关性是显著的。

互动游戏的满意度与重要度呈现中等程度相关（见表10）。

表10　互动游戏的相关系数

			互动游戏满意度	互动游戏重要度
Spearman 的 rho	互动游戏满意度	相关系数	1.000	0.451**
		Sig.（双侧）		0.000
		N	375	375
	互动游戏重要度	相关系数	0.451**	1.000
		Sig.（双侧）	0.000	
		N	375	375

**. 在置信度（双侧）为0.01时，相关性是显著的。

电视支付的满意度与重要度呈现中等程度相关（见表11）。

表11　电视支付的相关系数

			电视支付满意度	电视支付重要度
Spearman 的 rho	电视支付满意度	相关系数	1.000	0.438**
		Sig.（双侧）		0.000
		N	375	375
	电视支付重要度	相关系数	0.438**	1.000
		Sig.（双侧）	0.000	
		N	375	375

**. 在置信度（双侧）为0.01时，相关性是显著的。

远程教育医疗的满意度与重要度呈现中等程度相关（见表12）。

表12　远程教育的相关系数

			远程教育满意度	远程教育重要度
Spearman 的 rho	远程教育满意度	相关系数	1.000	0.491**
		Sig.（双侧）		0.000
		N	375	375
	远程教育重要度	相关系数	0.491**	1.000
		Sig.（双侧）	0.000	
		N	375	375

**. 在置信度（双侧）为0.01时，相关性是显著的。

远程视频通话的满意度与重要度呈现中等程度相关（见表13）。

表13　远程视频的相关系数

			远程视频满意度	远程视频重要度
Spearman 的 rho	远程视频满意度	相关系数	1.000	0.415**
		Sig.（双侧）		0.000
		N	375	375
	远程视频重要度	相关系数	0.415**	1.000
		Sig.（双侧）	0.000	
		N	375	375

**. 在置信度（双侧）为0.01时，相关性是显著的。

多屏互动的满意度与重要度呈现强相关（见表14）。

表14　多屏互动的相关系数

			多屏互动满意度	多屏互动重要度
Spearman 的 rho	多屏互动满意度	相关系数	1.000	0.657**
		Sig.（双侧）		0.000
		N	375	375
	多屏互动重要度	相关系数	0.657**	1.000
		Sig.（双侧）	0.000	
		N	375	375

**. 在置信度（双侧）为0.01时，相关性是显著的。

从前面的分析结果来看，以上14种机顶盒业务的满意度与需求重要程度之间均具有显著相关性（**）。由分析结果可知，多屏互动、同步院线两种服务的满意度与重要度相关性最强，可以重点推广。

（五）用户付费意愿分析

1. 用户为有线数字电视业务付费的意愿普遍不强

根据数据分析，用户为有线数字电视业务付费的意愿普遍不强（见图15）。当要求必须为有线数字电视增值业务付费时，用户愿意支付费用多处于每月在5~20元（见图16），此外，用户的月收入与愿意支付费用之间呈显著正相关关系（见表15）。

表15　受访者月收入和愿意支付费用的相关性分析

		收入	愿意支付的费用
收入	Pearson 相关性	1	0.131*
	显著性(双侧)		0.011
	N	375	375
愿意支付的费用	Pearson 相关性	0.131*	1
	显著性(双侧)	0.011	
	N	375	375

*. 在0.05水平（双侧）上显著相关。

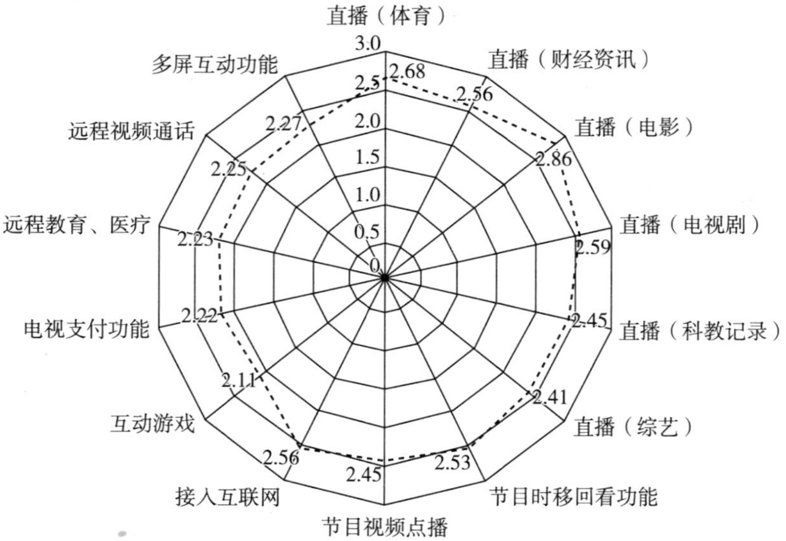

图 15　受访者对增值业务的愿意付费程度

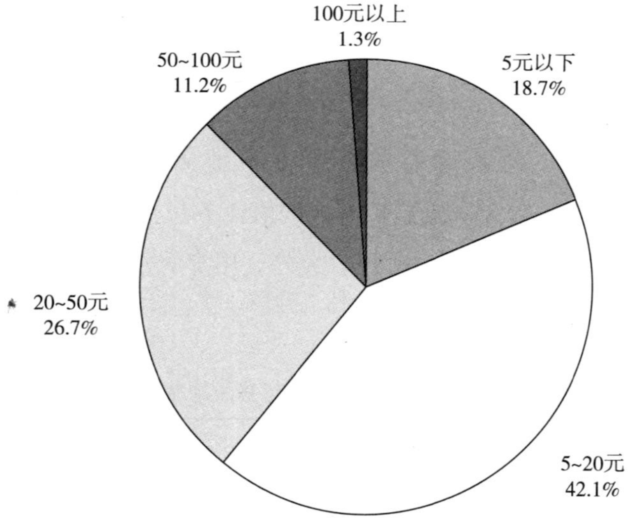

图 16　用户每月愿意为有线数字电视增值业务支付的费用

图 16 显示，近 61% 的用户在要求为有线数字电视增值业务付费时倾向于每月少于 20 元的额度。这说明用户普遍不愿意在有线数字电视增值业务

上支出太多。同时，从表15可以看出，用户愿意支付的费用额度与其月收入呈显著正相关关系，收入越高，愿意为增值费用支出的额度就相对越多大。考虑到大部分被调查者属于中低收入的年轻群体，因此调查得出的结论仅符合年轻群体的收入特点。为了巩固和发展年轻用户，机顶盒增值业务的收费并不宜过高。

但同时，尽管用户收入与意愿支付费用呈显著正相关，但相关度较弱，这说明用户收入多少不是用户消费多少的决定性因素，还有众多其他因素（包括用户对有线数字电视机顶盒相关业务的认知度、需求度和满意度等）影响人们的付费意愿和付费额度。有线运营商可以通过加大市场传播力度提升用户对相关业务价值的认知，通过加强用户调查以改进服务，提升用户的满意度。一旦有线数字电视机顶盒业务的高价值被用户所感知，用户的付费意愿也会随之增强，意愿付费额度也会得到提高。

四　基于调研结果的有线数字电视机顶盒市场发展战略

（一）明确趋势，顺势而为

第一，技术发展趋势。高清化、双向化、智能化将成为主流。

第二，政策走向。有线数字电视机顶盒的发展将受到国家政策方面的有力推动和支持。

第三，市场发展趋势。“以用户为中心”“市场细分化”将成为智能机顶盒市场的重要特征。

（二）认清现实，扬长避短，打造核心竞争力

相对于来自电信和互联网行业的两大主要竞争对手，有线数字电视机顶盒有其自身的优势和劣势，需要扬长避短，打造独特的核心竞争力。湖南卫视的“呼啦”全媒体战略的运用充分印证了在媒介融合的背景下，“内容为

王”仍然是不过时的，有线数字电视机顶盒应当以内容为主，结合推广形式，打造专属的品牌优势。

（三）直面竞争，借力发展

当下有线数字电视机顶盒面临着强大的竞争对手，市场地位正在遭受IPTV和OTT TV机顶盒的挑战。尽管在广电的垄断优势被打破后，强大的竞争力使有线数字业务的发展更加困难，但是必须认识到，在市场化的环境下，竞争是不可避免的，我们不应排斥这些竞争，更不应该无视竞争，而是应该积极地直面竞争；对广电行业而言，面临竞争并不一定是坏事，如果能够创造性地借力竞争，反而能够促使更好更快地发展。“阿里巴巴”借力电商竞争对手打造“双11”就是很好的借力发展的例子。

（四）市场推广策略

1. 关注用户需求，重视用户体验

机顶盒的产品体验可以大致分为外观体验、操作体验、内容服务体验以及性价比体验四个方面。此次调查显示，用户对当下有线数字电视机顶盒在各方面的体验都普遍较低，这说明了此前对于用户体验的重视不足。好的产品体验必然来自对用户需求的深入详细调查以及对用户反馈的及时获取，来自行业与用户的不断沟通——好的产品体验来自“用户参与”。在这一点上，“小米”公司的成功为我们提供了很有价值的借鉴。

2. 制定合理的定价策略

此次调查发现，大部分的用户对于机顶盒及其业务的价格比较敏感，付费意愿普遍较低，因此单从用户角度出发自然是费用越低越好，甚至免费最好；但是行业的可持续发展和服务的不断提升必须以赢利为基础，因此如何在用户价格敏感度和行业利润之间取得平衡是需要极大考量的问题。在此本报告提出以下赢利模式作为参考。

（1）直接收费模式。直接收费模式相当于单纯售卖有线数字电视提供的各项业务，其价格制定要考虑到内部因素和外部因素。内部因素包括企业

的营销目标和成本因素，外部因素包括市场需求因素和市场竞争因素。内部因素较为稳定，因此我们重点关注可变性较强的外部因素。

市场需求因素 有线数字电视机顶盒提供的每一项业务，首先都应当先明确其明确的目标用户，进而分析目标用户群体的消费心理和可承受的费用，在定价中将单价×销售量所得的销售额最大化。这一点在APP的营销模式中有所体现：例如游戏APP《愤怒的小鸟》和“Keynote”属于不同付费的APP，定价分别是6元和128元。两者定价相差极大，但都有各自的市场——《愤怒的小鸟》属于游戏，是冲动型消费，受众面广，定价为6元可以将自己的收益最大化；而“Keynote”定位在生产力，用iPhone、iPad来实现生产的用户本身就少，如果定价为6元反而不利于自己的最大化收益。

市场竞争因素 一方面在相对同质化的业务上，需要参考竞争对手的定价情况，相应地调整自己的定价，基本维持在行业平均水平即可；另一方面有线数字电视机顶盒可以选择性地推广特色业务，比如提供高精尖的新闻资讯付费服务。在独特的高价值产品方面，有线数字电视机顶盒业务将获得更主动的市场定价权，从中所得利润也将更可观。

（2）间接赢利模式——“受众商品化”与“注意力商品化”。在互联网时代，有线数字电视机顶盒想要赢得市场，首先得吸引消费者的注意力。高度的注意力可以吸引广告商，从而带来丰厚的广告收益。这是一种相对单纯的模式，此模式的获利主要就是靠广告，因此要尽可能吸引受众使用有线数字电视机顶盒提供的服务。如果可以结合使用者的需求来制定服务效果将会更好，一是能够提升用户满意度；二是广告投放的目标受众会更集中，广告效果也会更明显。APP市场已经能够相对成熟地使用这种赢利模式。例如，2012年4月《捕鱼达人》在iOS平台一上线便横扫各大下载排行榜，其收入的七成来源于内置广告，剩余部分才是与平台分成，有线数字电视机顶盒可以借鉴APP的这种赢利模式。但是也要看到这种模式带来的弊端——过多的广告会影响用户体验，容易造成用户流失。因此，不论是直接收费还是间接获利，都有一定的适应范围，在具体的收费策略制定中，应当具体问题具体分析，做出有针对性地选择，甚至可以创造性地对不同收费策略进行组合。

B.11

全球视听新媒体产业发展情况和趋势研究

周　菁*

摘　要： 2014～2015年，在全球范围内视听新媒体继续经历着重大变革，视听新媒体产业形成竞争驱动型发展态势。产业呈现出一系列新的发展趋势，视听服务成为信息通信产业跨界融合焦点，“视听＋”成为新媒体产业做大做强的重要途径。在激烈的市场竞争中，互联网视听服务领域寡头格局形成，呈现出强者愈强的发展态势。

关键词： 视听新媒体　视听＋　融合业务　寡头格局

2014～2015年，视听新媒体继续经历重大变革，“融合”“移动”“一切皆可连接”成为大家耳熟能详的字眼。在新的发展阶段中，视听新媒体产业形成竞争驱动型发展态势，产业发展呈现出一系列新情况、新特点和新趋势。

一　全球视听新媒体产业发展情况

视听新媒体产业高速发展，在线视听服务和产业规模不断扩张，其中移动视听服务增长尤为迅速，个性化的视听消费需求推动业务不断创新。

* 周菁，国家新闻出版广电总局发展研究中心产业所。

（一）互联网用户规模不断扩张

2014～2015年，全球互联网飞速发展，网络连接速度不断提高，互联网用户不断增加。截至2014年底，全球有40%的用户联网，达到30亿户。其中发达国家互联网的平均覆盖率已经达到76.2%。① 一方面由于很多国家将宽带互联网建设纳入国家战略，高速、超高速宽带网覆盖快速推进。欧盟发布的数据显示，欧洲已经实现了为所有家庭提供宽带的目标。欧盟有96.5%的家庭已经可以使用固定宽带，62%的家庭可以使用下载速度超过每秒30兆的宽带。根据OECD的统计，韩国、芬兰、美国等下载速度在每秒4兆以上的宽带普及率达到100%。另一方面在宽带互联网服务上保障宽带服务的公平性成为重要任务，特别是部分国家和地区提高在乡村地区固定宽带服务的覆盖率。2011年，欧洲乡村固定宽带家庭覆盖率为79.9%，经过几年的发展，覆盖率已经达到89.8%，提升了近10个百分点。②

移动互联网更加普及，成为电信市场中增速最快的产业。截至2014年底，全球移动宽带上网用户达到23.2亿，发达国家移动互联网渗透率已达84%。③ 4G技术发展迅速，全球124个国家全面推动4G商用。其中欧洲国家一年之内4G的覆盖率增长了32%，其中在瑞典4G移动网络的家庭覆盖率达到99.2%，在德国4G移动网络的家庭覆盖率达到81%，在法国这个数字是68%，在英国是63%。④

（二）在线视频产业持续增长

全球互联网视听消费占互联网流量的比例不断攀升，视听消费不断增

---

① ITU, *The World in 2014*; *ICT Facts and Figures*.

② Alzbeta Fellendnum, "Data Confirms EU Hit 'Broadband for All' Target, IHS Technology Says." https: //technology. ihs. com/502118/data – confirms – eu – hit – broadband – for – all – target – ihs – technology – says, May 29, 2014.

③ ITU, *The World in 2014*, *ICT Facts and Figures*.

④ Alzbeta Fellendnum, "Data Confirms EU Hit 'Broadband for All' Target, IHS Technology Says," https: //technology. ihs. com/502118/data – confirms – eu – hit – broadband – for – all – target – ihs – technology – says, May 29, 2014.

长。据统计，美国2014年视听服务流量占互联网总流量的78%。[①] 根据美国互联网流量监测机构comScore的统计，美国在线视频消费的持续增长，2014年6月在线视频观看达1.87亿次，2015年1月增加到1.95亿次。[②] 美国视频广告管理局（VAB）最近的调查表明，美国人每月平均观看在线视频的时间达到175小时，其中在线视频广告达35小时，占20%。[③]

在线视频特别是付费视频点播业务用户数量在不断增长，并且为越来越多的中老年用户所接纳。根据统计，有30%的英国用户每月都使用付费视频点播，截至2015年5月，45~54岁的用户同比增加了15个百分点；55岁以上的用户同比增加8个百分点。[④]

（三）OTT TV发展迅速

随着互联网的飞速发展，发达国家的OTT TV快速发展，用户数量不断上升。在部分国家，观看OTT TV的人数已经接近观看传统电视的人数。统计数据显示，截至2015年5月，有57%的美国宽带家庭用户订阅OTT服务，这一比例在英国为57%，在西班牙为29%，在德国为24%。2014年，有81%的美国家庭订阅了传统付费电视服务，有45%的电视家庭通过家中至少一台电视机以OTT的方式观看电视节目，这个比例比2013年增长了60%。2015年约有7%的美国电视家庭（840万户）订阅了宽带服务和至少一项OTT TV服务，但是没有订阅付费电视服务。随着用户的增加，OTT付费电视收入增长迅速。2014年全球付费电视总收入比上年增加7%，OTT付

① Cisco, "Visual Networking Index: Global Mobile Traffic Forecast Update 2014 – 2019 White Paper," http://www.cisco.com/c/en/us/solutions/collateral/service – provider/visual – networking – index – vni/white_ paper_ c11 – 520862.html, Fedruary 3, 2015.

② comScore, "Releases June 2014 U.S. Online Video rankings," https://www.comscore.com/Insights/Market – Rankings/comScore – Releases – June – 2014 – US – Online – Video – Rankings, July 21, 2014.

③ VAB:《研究显示美国人月均看在线视频175小时广告占20%》，中文互联网数据资讯中心网站，2015年5月22日。

④ Decipher's:《调查显示30%英国用户每月都使用付费视频点播》，中文互联网数据资讯中心网站，2015年5月23日。

费电视收入是增长最快的部分，2014 年收入比上一年增长 35%。[①]

大批新的 OTT TV 的参与者进入市场，像卫星电视服务商碟网（Dish Network）、天空卫视（SKY）等，它们通过宣传自己的 OTT TV 服务争夺用户。在这种形势下付费电视供应商已经将提供 OTT TV 服务作为留住用户的重要手段。在美国 Dish Network 提供的 OTT TV 服务争抢了大量的“剪线族”客户。

OTT TV 服务市场迅速发展，影响着视频生态环境，但是也催生了一系列性质界定模糊的服务形态。例如，美国一家名为 iCloud TV 的公司通过基于云的硬盘录像机服务（cloud - based DVR service），在线提供有线电视和卫星电视的直播服务。虽然有些机构对其在云端盗录的行为提出指控，但是目前法律上仍然没有明确界定。

（四）IPTV 步入缓慢发展期

随着发达国家 IPTV 市场渐趋饱和以及 OTT TV 带来的冲击，在发达国家和地区 IPTV 市场进入缓慢发展期。2014 年全球 IPTV 用户数达到 9270 万户发展最快的地区是亚太地区。截至 2014 年底，亚太地区的 IPTV 总用户数达到 4560 万户，占全球 IPTV 用户的 49.2%。作为传统的 IPTV 重地，西欧 IPTV 用户达到 2730 万户，占全球用户的 29.4%。在北美，由于 AT&T 和 Verizon 的竞争带动了 IPTV 业务发展，北美的 IPTV 用户数量为 1170 万户，占全球用户的 12.6%。在拉丁美洲和东欧，由于卫星电视和广播电视当道，其 IPTV 用户分别只有 120 万户和 66 万人户，分别占全球 IPTV 用户的 1.3% 和 0.7%。在中东和非洲地区，由于宽带普及率和网速极低，IPTV 总用户只有 20 万户，占全球 IPTV 用户的 0.2%。[②] IPTV 的增长一方面来自互

① IHS Infonetics “Pay TV Providers Embrace Over - the - Top Video and ‘Skinny’ Bundles to Stave Off Cord - Cutting,” https://technology.ihs.com/531556/pay - tv - providers - embrace - over - the - top - video - and - skinny - bundles - to - stave - off - cord - cutting, May 21, 2015.

② “Global IPTV Market 2015 - 2019 with AT&T, China Telecom, Iliad, Orange & Verizon Communications Dominating,” http://globenewswire.com/news - release/2015/05/20/737721/0/en/Global - IPTV - Market - 2015 - 2019 - with - AT - T - China - Telecom - Iliad - Orange - Verizon - Communications - Dominating.

联网速度的提高，另一方面 IPTV 提供商纷纷推出融合业务，也就是纷纷与互联网、语音等业务绑定，这也推动了 IPTV 用户和收入的增长。虽然发展中国家互联网环境有所改善，IPTV 迎来了发展机遇，但是在很多地区遭遇同时参与市场竞争的 OTT TV 的冲击，其发展前景不容乐观。

（五）在线收入支撑音乐产业收入增加

2014 年，全球数字音乐收入进一步增加，第一次和实体音乐收入持平。2014 年音乐产业收入总计 150 亿美元，其中数字音乐收入 68.5 亿美元，占 46%。在数字音乐收入中，在线数字音乐订购和流媒体音乐销售量迅速增长，在线数字音乐订购和流媒体音乐服务已经占据数字音乐收入的 39%。在全球范围内，在线音乐的订阅用户达到 4100 万户，比上年增长 46.4%。在线音乐广告收入增长 38.6%，在线数字音乐和流媒体音乐服务成为音乐收入增长的重要支撑。[①] 这一趋势在美国尤为明显。2014 年流媒体音乐付费用户达到 7700 万户，收入 18.7 亿美元，比 2013 年增加了 26%，占整体音乐行业收入的 27%。以 iTunes 为代表的数字音乐付费下载模式虽然贡献了行业收入的 37%，[②] 但是已经开始逐渐让位于流媒体音乐。YouTube 和 Spotify 是最主要的流媒体音乐平台。华纳音乐集团的数据显示，2014 年第四季度和 2015 年第一季度，该公司通过这两个平台获得流媒体音乐营收上涨了 33%。苹果 iTunes 等传统下载销售方式明显下滑。[③] 为了应对下载销售下滑的趋势，2015 年 7 月苹果推出了流媒体音乐服务 “Apple Music”。

（六）传输网络产业发展迅速

国外有线电视公司积极发展宽带互联网业务。2014 年，英国宽带平均

① IFIP：*Global Recording Industry in 2015.*

② RIAA：《2014 年美国音乐行业整体收入达到 48.6 亿美元微涨 2%》，中文互联网数据资讯中心网站，2015 年 5 月 10 日。

③ 华纳：《2015 年 Q1 流媒体音乐营收已超过音乐下载》，中文互联网数据资讯中心网站，2015 年 5 月 12 日。

速度约为6Mbps，占英国有线电视市场份额超过95%的第一大供应商维珍传媒提供的宽带已经达到了1.5Gbps，是平均速度的250倍。英国通信办公室（Ofcom）的统计数据显示，截至2014年底，广电机构在固定宽带市场的占有率约为40%，其中维珍传媒占20%，另一广电机构英国天空广播公司占20%，其余60%的市场被电信企业占据。[①] 在美国，自1996年以来有线电视公司在光纤互联网上的投资超过2300亿美元。这些公司基于双向有线网络提供的互联网服务覆盖了85%的美国家庭。同时他们还积极建设光纤互联网，截至2014年底，有线电视公司提供的光纤互联网服务覆盖93%的美国家庭。美国有线电视公司占国内宽带市场份额的59.4%，电信企业仅占39.2%。美国五大有线电视公司都在美国境内开展宽带互联网业务。2015年第一季度，康卡斯特的宽带用户首次赶超有线电视用户，达到2237万户左右。

移动宽带已经成为传输市场最具活力的部分，4G技术发展迅速。截至2014年底，全球124个国家全面推动4G商用，4G LTE用户数为4.97亿户。北美是仅次于中国的全球第二大LTE市场，市场份额为33%；欧洲的市场份额为16%。[②] 目前，5G已经提上了研究日程。2013年6月，欧盟委员会拨款5000万欧元研发5G技术，预计2020年在全球推出5G标准。2014年10月，美国联邦通信委员会（FCC）投票决定，将“无极限”地设法推进可以帮助创建新一代移动无线连接的新技术。[③]

WiFi作为移动连接的实现方式取得飞速发展。韩国三星电子公司已经研发出基于60GHz频段的全新WiFi技术，该技术使数据传输速率比现有消费电子设备至少提高5倍。通过该WiFi技术传输1G大小的电影，只需不到三秒钟的时间，并能够支持高清视频实时播放。康卡斯特高速互联网用户中有超过55%的用户绑定了无线网络服务。康卡斯特通过将其用户的机

① 其中英国电信BT占31%、TalkTalk占15%、EE占3%、其他电信公司占11%。

② GSA统计数据，http://www.gsacom.com/news/statistics。

③ 唐风：《美FCC将展开调研以推进5G技术研究》，新浪科技，http://tech.sina.com.cn/t/2014-10-18/06189706242.shtml，2014年10月18日。

顶盒、路由器激活为 WiFi 热点，这些设备发出独立的 WiFi 信号，附近的用户可以登录设备公开访问无线网络。游客可以每个月免费登录两个小时，继续登录将收取一定的费用。截至 2014 年底，通过这种方式康卡斯特推出了 800 多万个 WiFi 热点。提高了闲置的网络资源利用率。时代华纳有线提供家庭 WiFi 服务，其订户可以在家庭居住范围内的任何一个地点连接上网络。同时时代华纳有线还在全美部署了超过 40 万个 WiFi 热点，该公司用户只要成为其互联网订户并且拥有时代华纳的账户，就可以免费使用其部署的 WiFi 热点。为了增强竞争力，美国的主流有线电视网络运营商在 2010 年联合建立 WiFi 漫游平台，五大有线网络的高速互联网用户可以在加入平台的有线网络 WiFi 中免费漫游，不会产生额外费用。截至 2014 年底，该漫游平台一共布局了 250 万个 WiFi 热点。维珍传媒为用户提供“WiFi 复制器”设备，用户使用该设备可以随时将自己的无线网络带在身上。德国有线为家庭用户提供局域网服务，还布局了大量的 WiFi 热点，订阅了四重服务（有线电视 + 宽带 + 固定电话 + 移动电话）的用户可以免费使用 24 个月 WiFi 服务。

二　全球视听新媒体产业发展的特点和趋势

2014 ~ 2015 年全球视听新媒体产业发展呈现以下几个特点和趋势。

（一）视听服务成信息通信产业跨界融合焦点

2014 年，视听服务成为典型的融合服务形态，是各类信息通信企业产业布局热点之一。各类互联网企业进入视听新媒体服务领域，跨界提供视听服务。2014 年，美国社交网站 Facebook 成为全球最受欢迎的视频分享网站之一，在线视频浏览量平均每天超过 10 亿次①。美国 Snapchat “阅后即焚”

① Carla Marshall, “Facebook Most Popular Social Network For Video Sharing,” http://www.reelseo.com/facebook-video-social-sharing/, October 3, 2014.

分享网站于2014年1月推出Discover视频浏览服务，用户可以使用该项服务浏览来自视听分享网站Vice、时尚网站Cosmopolitan等媒体的内容。以P2P分享技术起家的互联网公司比特流（BitTorrent）于2014年推出BitTorrent Bundle服务，创作者通过该服务可以自助创建多媒体文件种子供用户下载。不仅如此，一些在线服务提供商还纷纷通过推出互联网电视终端、推动各类视听终端跨屏互动、提供OTT视听服务等方式不断进入视听行业。美国最大的在线电子商务公司亚马逊也通过推出流媒体机顶盒Fire TV等硬件设备进军在线视频市场。截至2014年10月底，Fire TV获得北美10%的机顶盒市场份额。苹果公司推出了苹果电视机顶盒Apple TV，作为参与客厅争夺战的重要工具。谷歌推出安卓电视机顶盒Nexus Player，可实现手机、平板电脑等设备与智能电视的互通。

传统广播电视服务商在几年前就预见到在线视听消费的市场前景，纷纷推出视听新媒体增值服务。2014年，随着视听消费向在线平台的转移，这些增值服务升级为独立在线视频服务。美国哥伦比亚广播公司（CBS）推出“CBS全接入”（CBS All Access），订户支付5美元订阅费即可以享受CBS提供的在线视频服务，以往只有CBS有线网订户才能享受这一服务。美国有线电视网HBO全面推出在线视频服务，将以往只有HBO电视订户才可以享受的在线视频服务扩展到互联网用户。卫星电视服务商碟网（Dish Network）也推出互联网直播频道套餐服务，该服务支持智能手机、智能电视机、游戏机等设备，内容覆盖体育、娱乐以及儿童节目等。

（二）“视听+”成为新媒体产业做大做强的重要途径

视听新媒体不再单纯依赖提供视频或者音频内容而支撑其业务发展，在做强其主流业务的基础之上，吸纳了更多的附加业务，形成了“主流业务+”的融合发展格局，推动主流产业进一步发展。

新媒体产业巨头积极投身“视听+”融合业务。美国在线流媒体音乐巨头Spotify于2015年5月宣布改版，Spotify未来除了提供流媒体音乐服务，还将在美国、英国、德国和瑞典推出视频和播客服务，其服务集中于喜剧、新闻和其他非音乐视频的订阅服务，该公司希望借此扩大收入来源、加强用户黏性。除了附加了视频内容，Spotify 还与运动应用程序进行了整合，附加了利用终端感知用户情绪或活动的功能，为订阅用户提供与其活动相匹配的音乐。亚马逊凭借其庞大的客户群体，依据其金牌会员服务积极打造各项附加业务。例如，亚马逊将大量的服务绑定在金牌会员身上，金牌会员可以享受免费快递服务、流媒体电视剧和电影观看以及电子书借阅服务。2014 年 3 月亚马逊又为金牌会员推出了音乐流媒体服务。亚马逊希望附加流媒体服务吸引消费者购买其网站的产品，而反过来他们又可以获取消费者观看偏好数据，有针对地进行产品推荐。

传统广播电视企业借助融合业务壮大视听服务。作为美国最大的有线电视网络运营商和第二大宽带运营商的康卡斯特在产业发展中不断推动融合和附加业务，对其发展起到了积极效应。康卡斯特先后推出“电视 + 互联网或语音”双重服务、“电视 + 互联网 + 语音”三重服务、“电视 + 互联网 + 语音 + 智能家庭”四重服务，并制定“阶梯定价”销售策略，用户可在不同的价格区间自由地优化组合各类细分业务，受到用户欢迎。融合服务对用户的吸引力较大。康卡斯特 2014 年年报显示其有超过 69% 的用户订阅两重及两重以上服务，美国自由集团用户中有超过 61% 的用户订阅了两重及两重以上的服务。①

市场主体基于“视听 +”积极布局家庭智能中心，推出在线教育、在线医疗、智能家居等服务。2015 年康卡斯特推出了名为 Xfinity Home 的服务，该服务主要提供家庭安全监控、家庭内部监控服务、家电管理、家庭能源管理等服务。康卡斯特称用户可以从电视机、手机、平板电脑等互联网的视听终端上下载 APP 进行监控和操作。时代华纳有线也推出了名为 Home Security 的安全服务。通过该服务时代华纳有线提供全天候的家庭安全视频监控、家庭能源管理，用户只需要安装使用其相应的 APP 就可以在任何地方对自己的住宅进行管理。

---

① 全球自由集团主页，http：//www. libertyglobal. com/about - us. html。

（三）跨屏、分享等消费行为更加普遍

消费者拥有多个视听终端的比例较高。根据调查，荷兰人均拥有3.6部智能电子设备，英国、澳大利亚人均拥有3.1部，加拿大人均拥有3部，美国人均拥有2.9部，德国、俄罗斯人均拥有2.4部。[①] 在多屏共存的情况下，用户在视听消费过程中跨屏观看的现象更为普遍。但是不可否认的是，电视机仍然是人们视频消费的主要终端。但是受众对观看终端的选择越来越受到观看场景的影响。一项调查表明，如果在家中，有58%的美国人选择使用电视机观看传统广播电视网络或IPTV提供的节目，有52%的使用电视机观看OTT TV。越来越多的受众喜欢双屏观看。调查表明，有22%的人喜欢在观看视频的时候使用手机；有29%的人喜欢在观看手机视频的同时看电视，有33%的手机长视频观看者经常同时进行伴随性双屏观看。在全球，有53%的智能手机用户在观看电视的时候会同时观看手机视频。[②]

视频分享成为人们重要的在线社交活动之一。皮尤研究中心（PEW）对美国成年互联网用户的调查显示，有18%的用户曾经将自制的视频上传到网络加以分享，有25%的用户曾经将从网上下载的视频上传到视频分享网站。[③] 智能手机用户分享视频的比例更高。在全球有68%的智能手机用户曾经分享过视频，33%的智能手机用户每周或者每天都分享视频。从地区来看，美洲有3/4的智能手机用户分享过视频，在澳大利亚和新西兰这个数字是61%。在中国这个数字是81%。[④]

用户的分享习惯带来了不同视听服务平台之间的互动和竞争。2015年6月，美国苹果公司推出流媒体音乐服务“苹果音乐”。该服务集音乐下载、流媒体音

① 新闻出版广电总局发展研究中心内参：《新媒体动态》2014年第15期。

② IAB, *Mobile Video 2015: A Global Perspective.*

③ Lee Rainie, et al., “Photos and Videos as Social Currency Online,” http://www.pewinternet.org/2012/09/13/photos - and - videos - as - social - currency - online/, September 3, 2012.

④ Cisco, “Visual Networking Index Global Mobile Data Traffic Forecast Update, 2014 - 2019 White Paper,” http://www.cisco.com/c/en/us/solutions/service - provider/visual - networking - index - vni/index - vni/white_ paper_ c11 - 520862.html, February 3, 2015.

乐电台和流媒体音乐服务于一体。这项服务一改以往苹果服务打造封闭模式将安卓用户排除在外的传统，将于2015年下半年对所有的安卓用户开放。①

（四）移动视听服务发展迅速

互联网移动设备、移动网络飞速发展。2014年全球手机以及可连接移动设备增加至74亿部，其中智能手机增加4.39亿部。2014年移动互联网连接速度比2013年增长20%。在这种市场环境下，移动视听服务发展迅猛。2014年移动视听流量占美国移动总流量的55%。② 2012～2014年，移动视听观看次数年均复合增长率高达152%。③ 移动广告市场不断扩张，2014年美国移动广告支出达189亿美元，比2013年增长81.5%；移动视频广告支出为15亿美元，比2013年的7.22亿美元翻了一番；2014年移动视频广告占数字视频广告比重达到26%，超出2013年7个百分点。

未来移动连接占据的互联网流量将大幅度增加。预计到2019年，互联网流量中将有66%是由移动设备产生。④ 移动视听流量占移动数据流量的比不断加大，预计到2019年，移动视频流量将比2014年全年流量增加13倍，在全部移动数据流量的比重也将从目前的50%达到72%，平均年增长率将达到66%。⑤ 这种发展趋势将在很大程度上推动移动设备间传输技术M2M（Machine to Machine）的发展。

移动服务市场的飞速发展，必将带来移动收入的提高。一方面在于移动

---

① 《苹果公司新推出流媒体音乐服务》，《青岛财经日报》2015年6月11日。

② Cisco, "Visual Networking Index: Global Moblie Data Traffic Forecast Update 2014 - 2019 White Paper," http: //www. cisco. com/c/en/us/solutions/collateral/service - provider/visual - networking - index - vni/white_ paper_ c11 - 520862. html, February 3, 2015.

③ Ooyala, *Online Video Global Index Report 2014 Q1*，该报告是针对全球239个国家的1.5亿个观看行为进行分析后得出的数据。

④ Cisco, "Visual Networking Index: Global Mobile Data Traffic Forecast Update, 2014 - 2019 White Paper," http: //www. cisco. com/c/en/us/solutions/service - provider/visual - networking - index - vni/index - vni/white_ paper_ c11 - 520862. html, February 3, 2015.

⑤ Cisco, "Visual Networking Index: Global Mobile Data Traffic Forecast Update, 2014 - 2019 White Paper," http: //www. cisco. com/c/en/us/solutions/service - provider/visual - networking - index - vni/index - vni/white_ paper_ c11 - 520862. html, February 3, 2015.

设备的普及和移动互联网的持续高速发展，另一方面移动视听服务具有先天的付费条件，可能会带动移动消费的增长。

（五）优质原创内容成为竞争重点

独家原创视频持续成为内容竞争热点，部分视听新媒体机构在内容上的投入甚至超过传统媒体。国际互联网巨头奈飞、亚马逊、Hulu、YouTube 等都投身于原创视频的购买和生产。2014 年，亚马逊工作室推出了一系列原创剧集，包括《阿尔法屋》《博世》《亡后》《林中莫扎特》等，以及部分原创儿童剧。据统计，2014 年亚马逊在视听内容领域的投入为 20 亿美元。2015 年，亚马逊工作室开始投资制作原创电影，计划全年投拍 12 部电影。这些原创电影将先在电影院放映，4～8 周之后通过亚马逊金牌会员视频（Prime Instant Video）服务播放。订阅 Prime Instant Video 服务的金牌会员在亚马逊网站上浏览时间比其他会员更长，其在网站上的支出是普通消费者的 3 倍多。[①] 2014 年 YouTube 进军好莱坞，资助独立制片商制作优质内容，选择 30 分钟以内的高质量网络视频节目，为每套节目提供 100～300 万美元的支持。为了支持原创视频，YouTube 建立了创作者工作室（Creator Studio），增加了“粉丝”众筹功能；收购了视频编辑软件 Director，以帮助原创者进行视频编辑。[②] 奈飞（Netfliex）长期投资原创剧集，早期靠《纸牌屋》《女子监狱》等一鸣惊人；2014 年奈飞加大了对原创内容的投入，投拍了《马可波罗》《夜魔侠》等剧集，并在艾美奖颁奖典礼上获得了 31 项提名；2015 年奈飞将原创内容投入增加到 30 亿美元，推出 320 小时的原创内容，是 2014 年原创剧数量的 3 倍；[③] 目前奈飞每年在节目内容上的投入甚至超过了老牌电视媒体英国广播公司（BBC）。[④]

---

① 数据来源：亚马逊工作室主页，studios. amazon. com。

② 书隶：《传 YouTube 考虑投入更多资金资助内容制作者》，新浪科技网站，http：//tech. sina. com. cn/i/2014－07－14/08279492417. shtml，2014 年 7 月 14 日。

③ Netfliex 2014 年年报。

④ Chris Diiadul，“Netflix content spend overtakes BBC”，http：//www. broadbandtvnews. com/2015/03/12/netflix－content－spend－overtakes－bbc/，March 12，2015.

（六）互联网视听服务国际化

无国界本是互联网的根本特性，发达国家的互联网视听节目服务商凭借强大的资本实力、成熟的市场营销推广手段，不断把业务推向国际市场。据统计，全球10大互联网公司有7家在美国，这些公司的业务遍布全球各地。例如，谷歌公司的业务遍布全球130多个国家，仅搜索引擎就占全球68%的市场份额。截至2014年底，Facebook用户总数达到22亿户，其中在美国本土只有6亿用户，其他16亿用户均在海外。截至2014年底，奈飞全球用户数量达到5739万户，其中在美国本土有3911万户，国际用户1828万户。从2012年加强海外扩张以来，海外用户数量已占总用户数的1/3。

2015年，视听新媒体企业纷纷推出各自的全球扩张计划。奈飞表示将在2年内把服务扩展至全球200个国家和地区。调查机构的统计表明，2015年奈飞在欧洲的用户数将达到其总用户数的1/5。① Facebook将在巴西、法国、德国、日本、加拿大、澳大利亚和英国等7个国家推出视频广告。

（七）互联网视听服务领域寡头格局形成

随着国际化进一步推进，互联网资源正越来越集中到少数的几个互联网公司，市场竞争全球垄断格局正在形成，主要由美国几个互联网公司巨头瓜分市场。据统计，市值排名前15位的互联网公司有12家在美国（见表1）。②

美国是全球互联网产业发展的引领者，在视听新媒体产业及其相关领域也形成美国企业寡头垄断格局。根据Aleax综合排名，在美国排名最前的互联网视听节目提供商依次是谷歌、Facebook、雅虎、亚马逊以及Twitter。在

---

① IHS, "Europeans Will Comprise One - Fifth of All Netflix Subscribers by 2015," https://technology.ihs.com/509417/europeans-will-comprise-one-fifth-of-all-netflix-subscribers-by-2015-ihs-technology-report-says, August 22, 2014.

② Mary Meeker, "2015 Internet Trends," http://www.kpcb.com/blog/tag/Internet%20Trends, May 27, 2015.

表 1　全球市值排名前 15 位的互联网企业

单位：亿美元

排名	公司名称	所在国	市值
1	Apple	美国	7635.67
2	Google	美国	3734.37
3	阿里巴巴	中国	2327.55
4	Facebook	美国	2260.09
5	Amazon. com	美国	1991.39
6	腾讯	中国	1901.10
7	eBay	美国	725.49
8	百度	中国	715.81
9	Priceline. com	美国	626.45
10	Salesforce. com	美国	491.73
11	京东	中国	477.11
12	Yahoo. com	美国	408.08
13	Netflix	美国	377.00
14	LinkedIn	美国	247.18
15	Twitter	美国	239.65

注：统计数据截至 2015 年 5 月。

视听用户占有上，寡头垄断现象也非常突出。统计显示，2014 年 6 月，美国观看在线视频总人数为 1.87 亿人。浏览次数排名依次为：谷歌网站，1.53 亿次；Facebook，9148 万次；美国在线旗下网站，6702 万次；雅虎旗下网站，5319 万次。[①] 也就是说在美国观看视频行为中，有 82% 的行为发生在谷歌旗下相关网站，49% 在 Facebook，36% 在美国在线旗下相关网站，28% 在雅虎旗下网站。在欧洲，根据 Aleax 综合排名，排名最前的互联网视听节目提供商也是美国的谷歌和亚马逊，其次才是 BBC 等欧洲本土机构。

视听服务寡头之间形成差异化竞争格局。例如谷歌在本土搜索领域占据

① comScore, "Releases June 2014 U. S. Online Video Rankings," https://www.comscore.com/Insights/Market - Rankings/comScore - Releases - June - 2014 - US - Online - Video - Rankings, July 21, 2014.

68%的市场份额，在欧洲市场的份额甚至高达90%；Facebook 和 YouTube 则在以 UGC 为主的视频分享领域占据市场，Netfliex、Hulu 和亚马逊则以专业视听内容的在线点播和租售为主要阵地。这些视听服务寡头通过资本运作，不断汇聚产业链上的资源，显示出了强者更强的发展势头。例如 Facebook 为了在非洲吸引更多的用户，采用直升机推动无线网络传输。谷歌准备在全球架设独立的无线网络系统，以建立自己的无线互联网王国。

（八）网络安全问题日益得到重视

在全球范围内，网络安全问题日益受到重视。一方面由于互联网的普及；另一方面由于网络犯罪分子投资回报率高达14.25倍（每投资5900美元可以获得84100美元的回报）①。这导致网络犯罪与普通互联网用户的关系"更加紧密"而且"日益频繁"。根据赛门铁克（Symantec）2014年公布的数据，2013年在全球范围内，互联网定向攻击次数比上一年增加91%，网上侵权数量增加62%，有5.52亿人的身份信息被网络侵犯而曝光，网络攻击数量比上年同期增加23%，38%的手机用户遭受过网络攻击。② 2014年底，索尼影视和微软 Xbox Live 等在线服务先后遭 DDoS③ 攻击而瘫痪。这些攻击给大型服务提供商带来利润流失、客户隐私被窃等严重后果。2014年，韩国信用卡公司1亿余条客户个人信息因为黑客攻击而遭到泄露。

基于这种情况，一方面发达国家加强了对网络安全的管理。澳大利亚加强社交媒体监管，对拒绝删除"有害内容"的社交媒体提供商进行民事处罚。英国政府召集谷歌、微软、Facebook 等互联网企业，商讨加强网络监控，打击网络上的非法极端主义。韩国企划财政部等部门公布了防止金融领域个人信息泄露的综合方案。另一方面在投资领域，开始针对网络安全产业

---

① Trustwave, "Malware attaoks give criminals 1, 425 Return on Investment," http://www.net-security.org/malware-news.php?id=3059, June 15, 2015.

② Symentec, *Internet Security Threat Report 2014*.

③ 黑客攻击的一种手段，中文名为"分布式拒绝服务"，英文名 DDoS（Distributed Denial of Service），俗称洪水攻击。

的收购和资本运作。微软收购云安全商 Aorato，英特尔收购技术安全公司 Pass word Box；美国支付服务公司 PayPal 收购信息安全公司 CyActive；贝恩资本（Bain Capital）以 24 亿美元的价格收购信息安全公司 Blue Coat Systems；毕马威澳大利亚（KPMG Australia）收购亚太区的网络安全技术解决方案公司 First Point Global。

B.12

跨界与创新：CCTV 证券资讯频道的运营模式分析

陆 娟*

摘 要： 本文对 CCTV 证券资讯频道如何突破发展瓶颈、如何架构传媒与金融跨界发展的战略布局进行了分析，并提出行动方案。

关键词： 数字电视付费频道 运营模式 证券资讯 跨界

一

2010 年，是 CCTV 证券资讯频道商业模式创新的启蒙年。这一年，证券资讯频道找到了一种能维持平稳发展、适合现阶段生存发展的模式，全年实现收入 1800 万元，第一次扭转长期大幅亏损的局面。2011～2014 年，频道经营收入分别为 3000 万元、6300 万元、1.35 亿元、1.42 亿元。5 年的累计收入超过了频道自开播以来 9 年的成本投入的总和，从而实现了真正意义上的盈利。

（一）当前证券资讯频道的运营模式

证券资讯频道的这种商业模式，描述起来实际很简单，就是"证券资讯电视专栏 + 衍生电子资讯服务"。频道播出专业的证券投资类专栏节目，

* 陆娟，CCTV 证券资讯频道制片人。

推广栏目衍生的证券资讯深度挖掘能力和专业的投资能力，从吸引受众的注意力，到获得部分受众的认可，再到最后的受众订阅，从而完成衍生电子资讯服务的销售。这些购买了频道各类资讯服务的投资者在长期收看电视节目和接受服务的过程中对频道逐渐形成了依赖，成为沉淀在这个平台上的忠实观众以及购买产品服务的客户。

当然，这样的商业模式之所以能够行得通，首先得益于频道的专业定位。全天 8 个小时的直播节目、8 个小时的录播节目，并 24 小时滚动播出，完全围绕股票、期货交易、外汇和衍生理财服务内容展开，贴近市场、贴近交易，给投资人提供了实时、有效的资讯服务，自然能够得倒投资人的认可和依赖。

另外，作为数字电视付费频道中唯一一个以“CCTV”冠名的财经类频道，品牌公信力和品牌影响力的助推，也使得受众能够接受在这个频道平台上产生消费。于是，频道重新定位“付费”，将付费这个环节从前端的付费收看节目转到后端付费购买节目的衍生资讯上。

（二）当前运营模式存在的危机

虽然 2014 年证券资讯频道的收入比 2013 年的 1.35 亿略有微增，但完全依赖这种商业模式的危机已经显现。分析原因，至少有以下几点。

1. 频道落地覆盖不增反减

网络运营商开始发展高清、互动等新业务，一个高清频道占用 6 ~ 8 套标清频道的带宽资源，导致频道资源又开始回到稀缺状态。网络运营商将不再全部或大批量引进集成平台上的全部数字付费频道，建立数字付费电视甄选机制，转向部分引进少量市场回报好的频道进行传输、销售，数字付费电视市场正经历从捆绑数字化整体转移粗放型销售逐步转变为以根据节目内容为主的频道精细化营销的发展过程。在这样的背景下，前期部分捆绑在集成平台基本包里的证券资讯频道，因为受众过窄，被一些网络运营商停止续约。直接的后果就是频道的受众基础没有了继续大幅增长的可能，直接影响到资讯销售的增长。

2. 互联网金融的冲击

2013 年可以说是互联网金融元年，这种全新的金融模式一改金融专业神秘而高不可攀的形象，完全从投资者的体验和需求出发，非常亲民的与投资者多层次的理财需求相对接，各路电商、媒体都已经开始了各种“宝”的尝试。对于投资者来说，与其在持续低迷的证券市场里艰苦地“挖金”，还不如将部分资金投入到“余额宝”之类的“宝宝”们上去，使理财产品多元化。

3. 资讯产品的高端定位和高端价格，将很多投资者拒之门外

频道的资讯产品大部分定价都在 1 万～10 万元（每份），主要目标客户群集中在高净值客户身上。假设频道有 1 万名受众都是投资者，但里面具备百万元以上级别投资能力的客户才有 1000 人，而这 1000 人里只有 100 人愿意付费购买资讯产品。那么还有 9900 名受众就成为频道未能开发的人群。如何激活这些准客户，成为频道在今后运营上亟待解决的问题。

（三）转变运营模式的客观环境

那么，证券资讯频道未来的战略发展方向是什么？运营模式应该如何调整？在回答这两个问题之前，首先要正确认识行业政策、外部环境，及时把握市场变化，调整经营思路。

1. 对“政治红利”的认识，体现为国家对文化产业发展的大力支持上

2014 年出台的《关于推进文化创意和设计服务与相关产业融合发展的若干意见》《关于支持小微文化企业发展的意见》《关于深入推进文化金融合作的意见》，一方面促进了文化产业与科技的跨界融合，包括移动互联网在内的数字文化产业、动漫、手游等文化创意企业都将获得扶持；另一方面促进了文化产业与资本的融合，大规模资本运作将催生更多综合性文化产业集团。此外，还要促进文化产业与实体经济的融合，提升产业附加值，推动其他产业创新和转型升级，是“鼓励金融资本、社会资本、文化资源相结合”的具体举措。在这样的政策红利下，数字电视付费频道在与互联网等新媒体的跨界融合上、在资本市场融资运作上有了更多的政策支持。

2. 全民炒股让证券资讯频道有了更广泛的社会基础

证券资讯频道开播于2006年，即上一轮牛市的初始阶段，股票市场从1000多点涨到2008年的6000点上方，强大的赚钱效让股票成为家喻户晓的投资品种。2014年下半年发动的一轮上涨行情，再次激活了大众的投资欲望。同时，互联网媒体对互联网金融和理财产品的推广，也让公众有了更为强烈的投资欲望，这从另一个角度为证券资讯频道的业务发展做出了铺垫。

3. 技术革新对于证券资讯频道来说，既是竞争压力，更是业务创新和发展的助推器

一是中国数字电视技术的创新，让证券资讯频道有了诞生的机会。二是互联网技术的快速发展，让证券资讯频道还在纠结数字电视付费频道算不算新媒体时，就彻底被归类到传统媒体之列。三是当证券资讯频道刚刚在互联网上借力发力时，移动互联的出现又一次让证券资讯频道措手不及。证券资讯频道能做的，就是迅速与互联网、移动互联融合，借助互联网的快速创新，更大的发挥自身的传媒品牌优势和内容优势，把市场基础做大，从而把蛋糕做大。

二

结合上述分析，CCTV 证券资讯频道的运营模式已经到了必须要有所创新的时候了。

（一）跨界：频道的重新定位——传媒金融机构

互联网金融的兴起，将“跨界”这个概念阐述的淋漓尽致。事实上，证券资讯频道自2010年从单纯做传媒转向“传媒+证券资讯产品”，就是一种跨界。如今，随着中国投资理财观念的普及和各类金融创新工具的出现，证券资讯频道跨界的步伐需要再向前迈进一步，从专注于证券扩大到专注于金融，从专注于证券资讯的传播和证券资讯产品的生产与销售，扩大到传播金融资讯和提供各类金融理财产品。也就是说，证券资讯频道要实现从传媒机构→传媒+证券资讯机构→传媒+金融资讯机构的跨越，证券资讯频道未来三年的发展战略应该是成长为国内领先的“传媒金融机构”。

要实现这样的跨越，对于证券资讯频道来说，首先要从观念上再次对自身进行颠覆。颠覆的核心就是不再把自己作为一个频道来发展，而是作为一家企业来发展。也就是说，在考虑频道未来的战略定位时，不再局限于这个频道要制作和传播什么样的内容，而是中央新影数字传媒有限公司这个运营主体今后的主营业务是什么，频道是运营主体中的一个重要部门，相应地承担什么样的分工。一旦明确了公司的定位，频道的分工也就相应明确了。

1. 跨界第一步：从“证券资讯提供商”向“金融资讯提供商”转变

金融业是指经营金融商品的特殊行业，它包括银行业、保险业、信托业、证券业和租赁业。那么，频道要制作和传播的金融资讯不可能把所有行业的所有资讯都罗列进去，重点是筛选出与投资者投资活动或受众最密切相关的资讯。比如，在银行资讯里，各类理财产品的投资资讯是最受普通投资者欢迎的，因为这一类理财产品的投资门槛低；在保险资讯里，带有投资分红型的保险产品是排在保险资讯报道首位的；而在信托业，基础设施信托产品和房地产信托产品是最近几年比较受欢迎的投资品种，比如在2012年极其火爆的各类矿业和高速公路的信托产品以及房地产基金。另外，私募股权基金和私募证券基金也常用信托的方式发行，这些都是频道资讯要重点涉及的产品范畴。频道在定位“金融资讯提供商”的同时，也要精准定位资讯的报道范畴，真正做到对频道受众、对投资者有参考价值。

截至2014年底，证券资讯频道拥有超过10万人的高净值客户群，这些客户通过产品销售被锁定在平台上，另外还有数百万计的普通投资者在收看着这个频道，这是频道可以快速向金融领域全面扩展业务的市场基础所在。因此，在扩展金融全面业务时，频道可以从当下最为火热、介入门槛偏低、风险偏好较低的银行理财产品切入，将媒体平台作为理财产品的推广平台和销售渠道，从而形成新的业务增长模式。同时对原有的《我要理财》《投资理财》栏目进行内容上的更精准定位，全面为投资者提供理财资讯、产品信息和投资顾问服务。

2. 跨界第二步：拓展频道衍生产业——金融理财产品

频道的衍生产业对于其运营主体中央新影数字传媒有限公司来说，就是主营业务。频道是公司的核心部门之一，而公司的另一大核心部门将不再局限为证券资讯产品的生产部门，而是金融理财产品的生产部门。

2014 年，中央新影数字传媒有限公司挖掘市场中各类具备专业能力的团队与其合作，以参股、控股的方式成立合资基金管理公司、资产管理公司，并在基金业协会备案，成为合格的基金管理人。这样的金融跨界布局一旦全线完成，未来的中央新影数字传媒有限公司不再仅仅是传媒运营主体，同时还是一个金融运营主体。这样的传媒 + 金融的双能力结合，使得频道在传媒领域、公司在金融领域具备了独特的市场竞争力。

在跨界的前期，频道需要继续确保以证券资讯类节目 + 证券资讯类产品的生产销售为主，逐步上线其他类型的金融理财资讯和理财产品。比如，频道从 2014 年开始成立中央新影集团参股的基金管理公司，尝试发行并管理基金产品；2015 年，频道继续加大基金管理的规模，并针对频道客户进行推广和销售。这样一来，频道可以对客户进行二次开发、三次开发，挖掘客户的更多消费，以“资讯类节目 + 资讯类产品 + 投资理财产品 + 投资管理服务”的形式，将投资在频道的平台上形成一个闭环，也将频道的主营业务从单一的资讯产品衍生为“资讯产品 + 投资理财产品 + 投资管理服务”。

（二）跨界：电视 + 互联网 + 移动互联多渠道发展

1. 多方式继续推进频道落地

对于频道来说，付费电视用户是市场基础。随着“全省一张网”的推进，频道在落地推广时已不需要像之前那样与市级、县级网络运营商逐一合作了。不同的省网虽然对频道的落地合作依然有着不同的诉求，但如今有了多种衍生产品，多一个地区的覆盖，就多一群目标客户。因此，频道必须在依靠集成平台做先锋的同时，继续推进频道的自主落地，重点地区（如广州、深圳、上海）甚至可以参考开路频道付费落地的方式去实现覆盖。

2. 推进与网售代理商的合作

频道曾在资讯产品发展初期与销售渠道商进行合作，无奈其在销售过程中过度营销，使频道不得不放弃这一模式。但是，频道一旦上线销售信托、基金等理财产品，销售渠道很难对这些标准产品进行过度营销，对此比较适合继续推荐到各种销售渠道中去。比如，频道培训中心于2015年初开始搭建网络视频直播培训平台www. cctvcfkt. com，并同步上线了手机端的APP。在运营这个视频直播培训平台的同时，培训中心还将视频链接到和讯网、优酷、腾讯等合作网络媒体，将这些媒体作为推广和销售的渠道。

3. 把握移动互联的动向、占领新的平台和渠道

频道在2014年与中国联通达成合作，为其定制“沃·投资”资讯产品。产品主要形态是以APP的方式进行频道视频直播的观看，并将此产品捆绑定手机进行销售，产生的收入以一定比例进行分成。通过这样的合作方式，频道以内容提供商的身份触碰到中国联通的客户群体，一方面通过低价销售获得大量的用户群体，从而扩大频道的传播覆盖；另一方面也从移动互联的增值业务收入里分一杯羹。

在今后的网络推广中，频道可以充分发挥自己的内容提供商优势，以内容定制的方式深度合作互联网视频和移动互联视频，将其发展为频道的推广平台和分销渠道。

（三）跨界：深化品牌整合营销

在电视为王的年代里，“CCTV”无疑是一块金字招牌。但是，在信息爆炸的今天，在互联网+的发展趋势下，想要保持住频道的品牌优势，想要在频道的品牌形象上再赋予一道“金融”的光环，深化品牌整合营销是当务之急。

1. 加强与金融机构的合作

频道要进军金融领域，就必须将自己与金融机构联系在一起，进而将自己融入金融机构中去，成为其中的一员。频道可以与金融机构合作，共同研发和管理理财产品，也可以发起各类培训、论坛活动，提升频道在金融领域里的知晓度和知名度，为自身打上金融的烙印。

2. 加强频道代言人的推广

包装明星、推广明星，是媒体特有的一项功能。频道要推广自身的品牌形象，就要加大与传统媒体和新媒体的合作，加大对频道核心栏目和核心产品主创人员的包装与推广，让这些核心人员成为频道中某类产品的代言人。就如同提到孟一，业界就会想到证券资讯频道的《期货时间》栏目；提到洪宇，业界就会想到《外汇时间》一样，对栏目评论员的推广就是对栏目和频道的推广。

3. 频道大型活动的策划与执行

大型活动一直是媒体的重点赢利项目和品牌塑造的契机，比如《中国企业家》杂志的“企业家年会”，再如 CCTV 财经频道的“年度经济人物评选活动”等。频道应该加强对已经举办了 3 届的“投资者大会”加强策划和统筹，并竭全频道之力执行好这场活动，使之成为频道品牌推广的一面旗帜，并由此衍生出季度性分论坛，保持品牌推广的热度和连续性，也保持其赢利的可持续性。

B.13

传统电视如何应对新媒体时代：融合与用户

刘奕奕*

摘　要：本文结合案例分析，对电视媒体如何主动与新媒体融合、如何实现传统媒体的“跨媒体”发展提出了自己的建议。

关键词：新媒体联网　媒介融合财经资讯　跨媒体

一项重要的新技术运用于社会时，在第一个 10 年会广受好评，让相当一部分人憧憬其美好的前景；在第二个 10 年会饱受诟病，让不少人觉得它一无是处，毫无前途；只有到了第三个 10 年，它才会被公允地评价，并真正融入日常生活，成为生活的一部分。

——罗杰·菲德勒《媒介形态变化》

在 2014 年巴西世界杯足球赛期间，体育频道的一个广告有意无意地进入了我们的视野，央视足球评论员刘建宏拿着手机说：随时随地都可以看世界杯了。看似不经意的广告，却是央视处心积虑的做了几年的一个大工程，就是“新媒体”。

当耳熟能详的央视新闻联播节目接近尾声时，除了规范化的结束语，我们还听到了这样的补充：“您还可以关注屏幕下方的央视新闻微博、微信号，继续了解相关内容。”短短一句增加的说明，不禁让人深刻地感受到，

* 刘奕奕，中央新影集团证券资讯频道节目总监。

媒体的多元化时代已经来临。

我们曾经引以为豪的电视文化时代已不再处于强势，一种新的传播手段正逐步改变着大众的生活，也改变了电视媒体的经营模式。

新媒体概念并不是新近产生的，而是哥伦比亚广播电视网（CBS）技术研究所所长戈尔德马克在1967年率先提出的。新媒体是科技发展带来的传播形态的转变，是报刊、广播、电视等传统媒体以后发展起来的新的媒体形态，是利用数字技术、网络技术、移动技术，通过互联网、无线通信网、卫星等渠道以及电脑、手机、数字电视机等终端，向用户提供信息和娱乐服务的传播形态和媒体形态。严格来说，新媒体应该称为数字化媒体。

如果说传统媒体是工业社会的产物，那么新媒体就是信息社会的产物。网络不是新媒体，它只是传播工具。新媒体的“新”体现在个性化、互动性，新媒体不仅是技术平台，也是媒体机构。与传统媒体相比，变化的不仅仅是新媒体技术的运用，更具有商业模式的创新。因此我们不能简单地把报纸、电视等媒介统称为“传统媒体”，也不能单一地把网络视频、手机电视称为“新媒体”。所谓“新媒体时代”，应该是融合了所有传播介质的特色和功能，互为补充，多元发展。

回顾过去，电视机是传播视频信息的主要载体，电视台只需要尽可能多的抓住电视观众的视线。随着“三网融合”的实施，受众可以通过有线网络、互联网、IPTV和手机等获得视频信息，传输终端由电视机逐步扩散到电脑、手机、户外屏和楼宇电视等，网络平台将成为这些视频传输渠道的主要内容载体，网络电视将成为视频传输的主流平台。

无论承认与否，新媒体跻身主流媒体行业已是大势所趋，有两个重要的指标可以佐证：广告收入和影响力。中国广告市场在2012年广告经营额为3125亿元，同比增长33.54%，而新媒体份额占了大半。与此同时，社交化媒体行为的深入、手机等移动互联的便捷都在为新媒体发展助力。

2009年12月28日，中国网络电视台正式上线，标志着央视新媒体战略的正式启动。网络新媒体产业的发展将成为央视未来工作的重点。

央视开路频道借助新媒体的运作值得参考，2011年，“央视新闻”在发展新媒体方向进行了“微博、微信、客户端三步走”的平台建设。其中微博是第一步，是央视新闻向新媒体进军的第一块阵地；第二步是2013年4月推出了微信公共账号，目前央视新闻微信是第一个突破百万用户的媒体账号；第三步是2013年5月和7月先后推出搜狐客户端和独立客户端，现在订阅数已双双突破千万户大关。三大平台相辅相成，微信突出“互动”，客户端以“视频”见长，而微博主打“首发”。作为电视新闻节目的延伸空间和再造平台，央视新闻微博也配合电视屏幕，推介了很多有影响的深度调查报道，比如毒胶囊、假羊肉、假花旗制药、人造鱼翅、证难办脸难看等等。在这些微博里，一以贯之的是媒体的责任和对民生的关切。2014年3月15日消费者权益日，央视3·15晚会在网络上同步直播，网友、观众与晚会现场积极互动，曝光非法企业、投诉消费难题，“线上线下”共同发力，更重要的是受众的关注和声音成为主流，发挥了“全民记者”共同参与的影响力。媒体全方位的报道造就了强大的社会效益。

中央高层也在关注新媒体，2014年，中央全面深化改革领导小组第四次会议审议通过了《关于推动传统媒体和新兴媒体融合发展的指导意见》。习近平强调，要着力打造一批形态多样、手段先进、具有竞争力的新型主流媒体，建成几家拥有强大实力和传播力、公信力、影响力的新型媒体集团。

新媒体潮流已势不可挡，曾经是媒体中的佼佼者——电视媒体面临前所未有的挑战。然而，仅是“联网”并不能成为新媒体。

简单的技术改造，内容复制，造就不了新媒体。从一个电视人转变为网络经营者的央视国际总经理汪文斌的感受就一个字：难。他的观点，一是“基因”不同：电视本身就是专业机构生产内容，可是互联网的本源是用户产生内容，电视机构认为在互联网也能做出很好的内容，就会有很多用户，会有很好的评价，后来发现当把内容放上去的时候，并没有很多用户过来。二是“规则”不同：做电视是有门槛的，不是谁想做都能做的，可是在互联网领域里面，没有门槛，大家都可以办。三是导致的结果就是完全竞争，充分竞争，甚至是恶性竞争，这种竞争是不同体制间的竞争，所以规则就不一样。过去电视台只做内容，不需要去考虑技术，也不需要考虑渠道，可是互联网的规则不同，光做内容不行，必须做技术，必须要做渠道，甚至还要去做终端。因此，两个基因和规则迥异的媒体要融合发展，必须互为补充，各取所长。

20 世纪 90 年代中期，广播电视行业开始创建各自的网站。最初的电视台网站只是电视台的一个官方“脸面”，只是一个信息发布的平台，介绍电视台的发展动态、栏目划分、主持人情况等。网站结构相对简单，内容单一，与电视节目内容相关的信息较少。这个时期的电视台网站更新较慢、点击率和浏览量较少，网站的影响力非常微弱。在各大网站影响力排行榜中根本看不到电视台网站的影子。

随着网络技术的不断提高，网络媒体的影响力越来越大，各电视台的网站也开始根据时代的发展渐渐充实内容，网站也从最初的信息发布转向更为丰富的互动交流。网民可以在电视台的网站上查询节目时间表、在线收看电视直播、下载节目内容、与主持人进行在线交流、发布个人观点等。电视台网站渐渐成为综合图文影音资料，兼顾信息发布与在线点播功能，连接受众与电视台的交互平台。

处在行业前沿的以中央电视台、凤凰卫视和上海文广为代表的电视媒体一直采用并创新多种手段开拓全新的信息传播平台，这个平台不仅依靠广播电视以新的形态开发其强大的功能和资源，更成为一种极具发展潜力及影响力的多媒体平台。这一阶段的电视台网站将互动性与自主性发挥得淋漓尽致，依托互联网更是融入了 IPTV、手机等，并渐渐从电视媒体中分离出来，成为相对独立的机构，开始自主探索多媒体融合的发展道路。

从目前新媒体为受众提供的传播信息和内容来看，多是照搬电视节目进行直播或转播。专门为新媒体技术量身定做的电视节目少之又少，其所提供的节目往往是基于互联网或新媒体技术这一平台，而并非真的在平台上进行内容创新和改造。作为受众来说，无论是通过电视，还是通过互联网，甚至手机，都希望看到真实可信的资讯、内容精良的节目。凤凰卫视刘长乐认为，传统媒体在新媒体时代仍需坚守“内容为王”的理念。内容是数字媒体产业价值的源头，如果没有丰富的内容，数字内容产业就成了无源之水。

电视在长期的历史进程中，倚靠其强大的背景和资源，在主流化内容的生产和传播中，占据着垄断地位，在公众中形成了较高的权威性，在信息采集、制作、编排和播出的全过程中，都有着较为严格的审查、把关和监控。而相比较而言，新媒体在这个方面对自由度和个人化色彩更为着重，但主流化和权威性不够。不断提高电视内容的主流化和权威性可以使电视得以维持其内容的强势。

“取其精华，去其糟粕”是鲁迅先生留给我们的箴言，电视媒体的发展同样离不开这一律条。由传统媒介提供内容，新兴媒体提供技术支持，共同发挥综合协同效应的跨媒体合作是新时代下传统媒体生存与发展的必经之路。

“媒介融合”是近年来较为流行的一个话题。这个概念是由美国马萨诸塞州理工大学教授浦尔提出，指各种媒介呈现出多功能一体化的发展趋势。从本质上讲，媒介融合首先是指两种或多种技术融合后形成某种新的传播技术。但是，它的意义并非只限于此，随着媒体界限的淡化，在节目内容和形式上将呈现更多的发展空间。凤凰卫视的《网罗天下》便是这样一种尝试：从内容上讲，它每天为观众搜索全球各地的网站和论坛中有价值的信息，展示网民意见，还有 Flash 动画等形式既让整档节目活泼有趣，又不失知识性。从形式上讲，它的制作并不华丽，甚至有点粗糙。有人说这档节目就是“口水 + 剪刀”，口水是主持人的语言，剪刀则是筛选剪辑。节目基本上只有两个主体：主持人和网页。受众能从一档节目中得到不同的东西。更重要的是，《网罗天下》已经超越了原有的简单媒介融合方式——短信和网络的互动，它带给我们的是一种全新的电视媒体发展思路，顺应潮流，却不丧失自我。

有人评价“电视是适应新文盲的媒体”，这话也许极端，但是我们不可否认图文并茂、声形同步给观众带来真实和亲切的感受。越来越多的迹象表明，从跨媒体整合中寻求新的竞争优势已经成为各大电视媒体的关注焦点。在媒介融合过程中，各种媒介并不是互相取代，而是“取人之长，补己之短”。只有这样，才能在竞争白热化中安身立命。今天的电视媒体必须未雨绸缪，果断出击，利用自身优势，加快多媒体融合，并结合自身媒体长期建立起来的市场优势，打造自己的影响力，树立起电视媒体话语权的新形象，成为新传播时代的“第一媒体”。我们要做的，并不是等待新媒体来融合电视，而是用电视来融合新媒体。

中国的数字付费电视从2003年发展至今，走过了10多年的艰难之路，在用户和频道的数量上都有了长足发展，但是在频道的影响力和节目的质量上却没有增加，使得数字付费电视发展遇到了瓶颈。与开路电视频道不同的是，数字付费频道的运行模式是闭路传输电视信号，通过卫星加密的方式向全国各地传输，只有购买收视卡才能收看到加密的电视或广播节目。长期以来中国的电视观众享受“免费大餐”的国民待遇习惯还一时很难转变。与此同时，在新媒体的冲击下，传统模拟电视（开路频道）的收视也呈现下滑态势，电视频道同质化现象十分明显，收视容量日趋饱和。

在当前传播渠道多样化，“三网融合”大趋势的条件下，不断创新和整合新的业务内容、满足观众不断增加的互动需求、尽快找到频道生存发展的赢利模式，成为数字付费电视的发展战略方向。

在与开路（免费）频道并存、传播渠道受限的市场现实压力下，数字付费频道只有制作出高质量和稀缺性的节目，才能吸引受众（用户）、培养用户忠诚度。而与新媒体的有机结合，互为补充，必定能成为推动数字付费频道发展的强劲动力。

有一类新闻资讯，既包含人们日常生活中时时关注的数据，比如物价、利率、汇率，又包含人们寻求资产保值增值的渠道，比如债券、基金、股票。这类资讯看似乏味、理性，却能带给人们实用有效的信息，同时也在人们投资理财的过程中找到获益的机会。

这就是财经资讯。被称为最具价值的新闻。利用数字电视这一渠道而创办的专业财经频道——CCTV证券资讯频道（以下简称“证券频道”），就是一个为所有希望为自己的资产保值增值实现财富梦想的受众提供财经资讯服务和个人投资指导的媒体平台。

证券频道从2006年开播至今，目前已是24小时滚动播出，首播栏目超过12小时，节目内容已涵盖证券、期货、外汇、贵金属等投资领域。从电视制作的角度，频道几乎囊括了所有的电视节目制作形式，作为数字付费频道，也具有所有同类型频道所面临的共同问题与现实，那就是如何通过自身节目运营获得发展空间。

2014年可谓是“互联网金融”元年，借助互联网金融强劲发展的推动，证券频道利用频道官网、手机APP等渠道，加大了电视节目与网络互动、理财产品服务等线上线下的多渠道推广，网络不仅是电视节目的推广平台，更是投资理财的服务平台。继而发展成金融产品的交易品台。在未来的新媒体融合之路上，证券频道已经迈出了坚实的一步。

事实证明，未来的媒体发展方向必须走向“跨媒体”之路。正如传媒大亨默多克所言：“权力正在发生转移，从拥有和管理媒体的人向正在变得日益挑剔的读者和观众那里转移。这些读者和观众年轻而富有朝气，对新技术极其敏感，不愿意被领导，并且知道在这个媒体充满竞争的世界里他们可以随时、随地、随心所欲地用任何他们喜欢的方式获得任何他们想要得到的资讯。”这意味着，内容传播打破了媒介形态的限制，受众可以选择任何终端设备获取某一媒介上的内容。跨媒体的核心不在于如何在不同的载体上展示同样的内容，而在于如何通过新的载体为目标受众提供新的增量价值。只有在这一点突破并转变，媒体才能具有更强大的生命力。

B.14

中央电视台俄语国际频道对外传播中的问题与改进策略

周玲玉　周 亭*

摘　要：中央电视台俄语国际频道的开播，是中央电视台加强国际传播能力、实现全球化战略格局的重要举措之一。中俄作为世代友好邻国，为我国对外传播提供了良好的外部环境，俄语频道也在俄语地区国家的传播中起着积极作用。然而，由于受传播观念和能力的制约，俄语频道在节目设置、内容特色和针对性、受众定位以及品牌建设上存在不足，反映了我国对外传播中存在的问题。因此在未来的传播实践中，需要不断更新传播理念，改进传播策略，加强节目的针对性和独创性，注重受众调查，加强品牌建设以扩大频道影响力，从而进一步提升对外传播的效果。

关键词：中央电视台　俄语国际频道　对外传播

自1992年10月1日，中国第一个面向海外的24小时国际卫星电视频道——中央电视台中文国际频道正式开播以来，我国的对外传播事业随着英语、法语、西班牙语国际频道的相继建成开播而取得长足的发展。2009年9月10日，适逢中俄建交60周年，中央电视台俄语国际频道开播，这是中央

* 周玲玉：中国传媒大学硕士研究生；周亭：中国传媒大学广播电视研究中心副研究员，研究领域为媒介生产、国际传播。

电视台实现多语种、覆盖广的全球化战略格局的新举措，是中央电视台加强对外传播能力建设方面迈出的新步伐。中国和俄语地区国家由于特殊的地缘关系，相互交往源远流长，俄语国际频道的开播成为俄国了解中国文化，进而了解中国政治、经济和社会的一个突破口。北京大学2012年初完成的一项研究发现，在俄罗斯受众能接触到的中国对俄的传统媒体中，中央电视台俄语频道名列使用率排行榜的第二位，三成以上受众通过央视俄语频道了解中国，其使用率为31．3%，仅次于中国出版的俄文图书（41．5%），远高于报纸、广播等其他对外媒体。①

一 央视俄语频道概况及特色

中央电视台俄语国际频道（CCTV-Русский）于2009年9月10日正式开播。俄语频道在节目设置上以新闻为主打，同时播出综合娱乐节目、文化节目和服务类节目。频道开播之初，节目播出方式为6小时一单元，除新闻资讯类节目及时更新外，其他节目每天首播1次，重播3次。通过对俄语国际频道新闻等节目内容的分析我们发现，俄语频道最具代表性的新闻节目是《综合新闻》，该新闻分别于圣彼得堡时间早7点到晚8点七次播放，播出时长为每次15分钟，节目准确、及时的综合报道国内国际新闻要事，在突出报道中俄两国要闻的基础上，增加了对体育、社会、民生等新闻的报道，报道角度广泛而内容深刻。另外，俄语频道也进行很多有关中国各类重大节日的报道，从而提升了俄语受众对中国节日的了解，提高了中国文化的国际影响力和感召力。

二 俄语国际频道对外传播中存在的问题

结合俄语频道受众调查，分析央视俄语频道的节目设置和传播内容，我

① 2008年度国家社会科学基金重大项目课题“我国对外传播文化软实力研究”研究报告。

们发现频道在内容针对性、受众定位及品牌建设等方面存在不足，反映出中央电视台对俄语地区传播存在的问题。

（一）传播内容缺乏针对性和独创性

1. 内容缺乏针对性

比如《跟我学》属于文化类节目，转播的是中央电视台戏曲频道节目，在俄语频道除星期日外每天四次播出，播出时间分别涵盖圣彼得堡时间的早、中、晚和午夜。该栏目以普及戏曲艺术、弘扬传统文化为己任，向观众教授京剧和地方戏曲。诚然，它的播出有助于让俄语受众了解戏曲这种中华优秀的传统文化，是我国实行“文化走出去”的重要渠道之一。然而，我们同样要思考，京剧作为国粹，中国人真正喜爱京剧和地方戏曲的少之又少，这种以戏曲和方言形式传递的文化经典又能在多大程度上为外国人所感知和了解？不加修饰的从戏曲频道搬来的曲目经典，在俄语频道全天多次播放，真的能起到“文化走出去”的作用吗？这样的传播又能产生多大的传播效果？在一项“Google 搜索呈现俄语受众对中国的兴趣指向”的调查中显示，在有关中国文化方面，俄语受众最关注的是影视明星和其主演的中国文化类、故事类影片。中国功夫、风水文化和道家思想在俄语受众的 Google 搜索中高居榜首，俄语受众对“中国武术”的月均搜索量为 49.05 万次，与排名稍后的中国服装、中国网店、中国菜相比，“中国武术”的搜索量是他们的 10 倍，风水的搜索量是他们的 2 倍。[①] 综合调查结果显示，在文化传播方面，俄语频道《跟我学》栏目所传播的戏曲缺乏针对性，并不是俄语受众的兴趣指向，显然未能满足他们对中国文化的了解需求和兴趣（见表 1）。

表 1　《跟我学》栏目播出时间表

栏目名	《跟我学》	《跟我学》	《跟我学》	《跟我学》
播出时间(圣彼得堡)	0:45	8:15	14:45	19:45

① 罗兵：《Google 搜索呈现俄语受众对中国的兴趣指向》，《当代传播》2013 年第 2 期。

又如转播自宁夏卫视的服务类节目《生活百科》，一天播放两次。播放该节目的目的是为中国观众解答生活中的小问题，对俄语受众来说毫无针对性。对外传播学者沈苏儒先生认为，要根据两个原则来选择对外传播的材料，一是国外受众感兴趣，二是他们能理解。① 这种传播受众不感兴趣又难以理解的内容，显然不能达到传播效果的目的。

2. 栏目设置上缺少独创性

在本文统计的21档俄语频道栏目中，除了《中国厨艺》《综艺大观》《欧亚新闻联播》《纪录片》这四个节目的首播是在俄语频道，其他节目均来自对别频道的转播。这就意味着，不仅节目内容缺少对俄语受众的针对性，还缺少独创性。将其他频道制作播出的内容以简单的直译原内容的方式搬到俄语频道，不仅会减弱俄语受众对所传播内容的兴趣，也会带来因意识形态不同而产生的误读、曲解或产生反向传播的效果。这也正是对外传播的难点：传者和目标受众之间的意识形态差异将造成传播障碍和传播隔阂（见表2）。

表2 俄语频道栏目转播情况

栏目名称	《生活百科》	《跟我学》	《旅游指南》	《综合新闻》	《生活在中国》
首播频道	宁夏卫视	CCTV-11 戏曲	CCTV-NEWS	CCTV-A 阿语频道	CCTV-E 西语频道

（二）受众定位不精准影响传播效果

中央电视台国际频道除了阿语频道和俄语频道以外，其他频道的主要覆盖地区是全球各地。和其他频道相比，俄语频道的重点服务受众应该是12个独联体国家、东欧和波罗的海东岸3国等国家和地区（见表3）。因此，频道的受众定位应集中在此地区。俄语频道从开播之初到现在，始终把以莫斯科为中心的欧洲俄语地区作为了传播的重点地区。近几年，随着政治上中俄两国伙伴关系的深入发展，以及“睦邻惠邻”政策的提出，中亚地区的民众也

① 沈苏儒：《对外报道业务基础》，今日中国出版社，1989。

越来越关注中国的发展。中亚五国人口总数达5780万人，相比欧洲俄语地区，亚洲俄语地区由于同中国相邻，在经济合作和人文交流等方面更显活跃。这些国家和地区的电视发展水平还相对落后，随着经济和社会的发展，受众必定会有相当大的信息需求，而欧洲俄语地区相对发达，并且无论是频道落地还是节目进入都已经趋于饱和。[①] 因此，如果无法准确定位受众，继续将重点放在欧洲俄语地区，将有悖俄语频道建立的初衷，进而影响频道对外传播效果。

表3 央视主要国际频道及覆盖地区

频道名称	开播时间	覆盖地区
中文国际频道	1992年10月1日	全球各地
英语国际频道	1999年9月25日	全球各地
西班牙语国际频道	2007年10月1日	全球各地
法语国际频道	2007年10月1日	全球各地
阿拉伯语国际频道	2009年7月25日	北非及中东
俄语国际频道	2009年9月10日	12个独联体国家、东欧和波罗的海东岸3国

（三）栏目品牌认知度低，影响传播范围及效果

俄罗斯社会舆论基金会在2011年4月2~3日进行了一项题为“信息渠道”的问卷调查。在“媒介接触”这个问题中，调查结果显示，电视是俄罗斯人获取信息最重要的渠道，92%的受访者选择电视，23%的受访者选择了平面媒体（报纸、杂志），19%选择了新闻网站，19%选择了广播。[②] 2010年，在另一项俄罗斯境内的问卷调查中，将问卷题目划分为“收看过中国中央电视台俄语频道”及“未收看过中国中央电视台俄语频道”，在316份有效样本中，仅有28人收看过中国中央电视台俄语频道节目，占受访者总数的8.9%，“未收看过”但“听说过”的俄语观众为40人，占样本总数的12.6%，有高达78.5%的观众从未听说过中国中央电视台俄语频道（见图1）。[③]

① 丁勇：《俄语电视节目传播策略分析》，《对外传播》2014年第4期。
② 俄罗斯社会舆论基金调查网，http://corp.fom.ru/about/17.html。
③ 戴莹、付饶：《央视俄语频道在俄罗斯的观众期待度调查》，《电视研究》2010年11期。

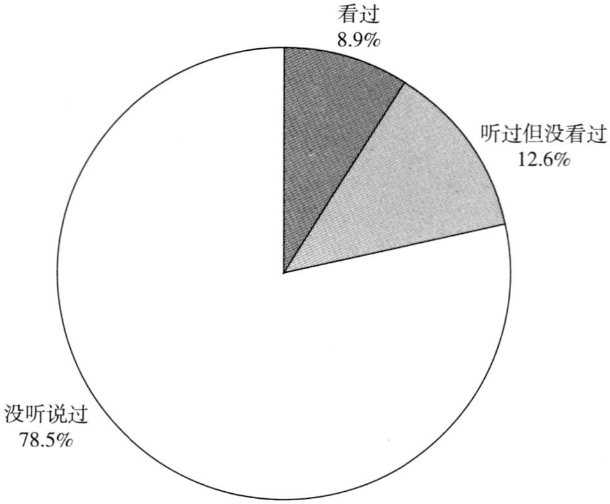

图 1　央视俄语频道受众认知度

在俄罗斯，电视是受众获取信息渠道最主要的方式，然而，在对俄罗斯受众的抽样调查中发现，俄语频道的认知度极低。认知度是认可度的前提，只有进一步提高俄语受众对俄语频道的认知度，才能进一步谈及传播效果。美国有线电视新闻网（CNN）经常在各大频道、各类节目中频繁推出频道和栏目自身的宣传片，而且形式多样，这样的宣传和视觉冲击无疑稳固了其在忠实受众中的地位，并且能吸引新的受众，而央视俄语频道缺少频道和品牌宣传，因而很难培养一批忠实的受众，也缺少对新受众的吸引力，认知度和认可度都会大打折扣。

三　央视俄语国际频道对外传播的改进策略

央视俄语国际频道要进一步提高对俄语地区传播能力和国际影响力，需要不断更新传播理念，改进传播策略，加强节目的针对性和独创性，注重受众调查，加强品牌建设以扩大频道影响力。

（一）传播内容策略

1. 调整节目内容针对性——强调“中国特色”

从传播者的角度来看，国际传播讲求“全球化战略、本土化思考”，这里的本土化思考，不仅首先考虑传播者的本国因素，更重要的是考虑目标受众的“本土化思维”。什么才是目标受众容易接受的，愿意接受的。在“俄语受众期待的节目内容”调查中，受访者选择最多的是“侧重介绍中国本土”的内容，占总数的36.7%，其次是国际视角24.9%，再次是中俄关系发展24.4%。[①] 由此可见，受访者普遍倾向央视俄语频道播出有“中国特色”的内容，将其看成是俄国观众了解真实中国的一个窗口。因此，保持节目的“中国特色”应是央视俄语频道重要的发展举措。在传播“中国特色”时，应注意多传播俄语受众感兴趣的文化内容，并以受众容易理解的方式传达。如中国功夫、风水和道家思想可以制作成纪录片在俄语频道播放；播放俄语受众喜欢的明星演出的有关中国故事和中国文化、中华文明的影视剧等都不失为一个好的选择。

2. 创新栏目设置——注入文化和历史元素

为解决内容缺乏独创性的问题，俄语频道应多开办符合自身传播目标的栏目，根据对外传播区域的不同，采用多种方式制作传播内容。如与俄罗斯等国的媒体进行节目交换、合作制作节目、借鉴俄罗斯等国的节目编排形式、启用外籍制片人、编导等，以增强节目的接近性。

俄语频道应逐渐改变综合新闻占主要传播内容的节目设置，多制作一些文化类节目，如纪录片。从传播学的角度来看，跨文化传播强调扩大我们与他者意义交换的空间，传播学者施拉姆把它定义为双方共同的经验范围。俄语频道的内容生产者需要更多考虑，什么是对我们传播有意义而同时又是外国受众可接受的，双方共同的文化或简言之有没有普世的价值观，这种普世的文化价值又是什么？

俄语频道应在节目内容设定上增添文化和历史元素。近年来，我国大力主张弘扬和发掘中国历史的重要作用，无论是国内社会主义核心价值观的建立，还是对外传播要注重优秀历史的当代表达，我们都看到了历史的重要性。文化研究者认为文化是构成历史的重要内容，历史中的文化应当是我们

---

① 戴莹、付饶：《央视俄语频道在俄罗斯的观众期待度调查》，《电视研究》2010年11期。

对外传播中的重要内容。俄语频道在节目内容的设定上应增加历史和文化的元素，比如播放中国历史题材的电视剧。

（二）加强市场导向和频道品牌建设以扩大频道影响力

长期以来，中央电视台作为党的媒体一直以贯彻做好对外宣传工作为目标，即使我们现在突出“外”淡化“宣”，或干脆以“传播”等其他词语取代“宣传”，但在理念上仍不能摆脱宣传思想的影响。而西方媒体又是怎样对外传播的？众所周知，跨国节目制作公司是西方国家推行本国政策和传播意识形态的机构，而跨国公司的节目制作和产品宣传都是以市场为导向，坚持市场至上的观念。显然，我国媒体这种“只要报道没错就好”的宣传目标所带来的利益与传播效果，远远不如市场驱动下由激烈的市场竞争带来的传播内容所产生的效果。俄语频道等国际频道应当借鉴跨国节目制作公司的市场导向理念，市场导向并不是强调以市场利益为核心和根本出发点，而是更多的研究受众市场的特点和需求，将央视的设备、平台、人才资源加以充分利用，转化成市场优势，达成服务国家对外传播大局的根本目的。

加强频道品牌和节目品牌的建设，做好频道和节目的宣传工作，培养代表品牌的优秀主持人，在俄语地区举办扩大节目影响力的活动。比如，2014年首届央视俄语大赛的举办，就非常有利于频道的形象宣传。同时加强与俄罗斯一些有影响力的媒体、经济、文化组织合作，通过线上内容和线下活动相结合的方式快速提升央视俄语频道快速提升在俄语地区的知名度和认可度，从而扩大频道的品牌影响力。

参考文献

2008 年度国家社会科学基金重大项目课题“我国对外传播文化软实力研究”研究报告。

俄罗斯社会舆论基金调查网，http：//corp. fom. ru/about/17. html。

戴莹、付饶：《央视俄语频道在俄罗斯的观众期待度调查》，《电视研究》2010 年 11 期。

丁勇：《俄语电视节目传播策略分析》，《对外传播》2014 年第 4 期。

郭庆光：《传播学教程》，中国人民大学出版社，2013。

罗兵：《Google 搜索呈现俄语受众对中国的兴趣指向》，《当代传播》2013 年第 2 期。

沈苏儒：《对外报道业务基础》，今日中国出版社，1989。

皮书起源

"皮书"起源于十七、十八世纪的英国，主要指官方或社会组织正式发表的重要文件或报告，多以"白皮书"命名。在中国，"皮书"这一概念被社会广泛接受，并被成功运作、发展成为一种全新的出版型态，则源于中国社会科学院社会科学文献出版社。

皮书定义

皮书是对中国与世界发展状况和热点问题进行年度监测，以专业的角度、专家的视野和实证研究方法，针对某一领域或区域现状与发展态势展开分析和预测，具备权威性、前沿性、原创性、实证性、时效性等特点的连续性公开出版物，由一系列权威研究报告组成。皮书系列是社会科学文献出版社编辑出版的蓝皮书、绿皮书、黄皮书等的统称。

皮书作者

皮书系列的作者以中国社会科学院、著名高校、地方社会科学院的研究人员为主，多为国内一流研究机构的权威专家学者，他们的看法和观点代表了学界对中国与世界的现实和未来最高水平的解读与分析。

皮书荣誉

皮书系列已成为社会科学文献出版社的著名图书品牌和中国社会科学院的知名学术品牌。2011 年，皮书系列正式列入"十二五"国家重点图书出版规划项目；2012~2014 年，重点皮书列入中国社会科学院承担的国家哲学社会科学创新工程项目；2015 年，41 种院外皮书使用"中国社会科学院创新工程学术出版项目"标识。

中国皮书网

www.pishu.cn

发布皮书研创资讯，传播皮书精彩内容

引领皮书出版潮流，打造皮书服务平台

栏目设置：

- □ 资讯：皮书动态、皮书观点、皮书数据、皮书报道、皮书发布、电子期刊
- □ 标准：皮书评价、皮书研究、皮书规范
- □ 服务：最新皮书、皮书书目、重点推荐、在线购书
- □ 链接：皮书数据库、皮书博客、皮书微博、在线书城
- □ 搜索：资讯、图书、研究动态、皮书专家、研创团队

中国皮书网依托皮书系列“权威、前沿、原创”的优质内容资源，通过文字、图片、音频、视频等多种元素，在皮书研创者、使用者之间搭建了一个成果展示、资源共享的互动平台。

自2005年12月正式上线以来，中国皮书网的IP访问量、PV浏览量与日俱增，受到海内外研究者、公务人员、商务人士以及专业读者的广泛关注。

2008年、2011年中国皮书网均在全国新闻出版业网站荣誉评选中获得“最具商业价值网站”称号；2012年，获得“出版业网站百强”称号。

2014年，中国皮书网与皮书数据库实现资源共享，端口合一，将提供更丰富的内容，更全面的服务。

子库介绍
Sub-Database Introduction

中国经济发展数据库

涵盖宏观经济、农业经济、工业经济、产业经济、财政金融、交通旅游、商业贸易、劳动经济、企业经济、房地产经济、城市经济、区域经济等领域，为用户实时了解经济运行态势、把握经济发展规律、洞察经济形势、做出经济决策提供参考和依据。

中国社会发展数据库

全面整合国内外有关中国社会发展的统计数据、深度分析报告、专家解读和热点资讯构建而成的专业学术数据库。涉及宗教、社会、人口、政治、外交、法律、文化、教育、体育、文学艺术、医药卫生、资源环境等多个领域。

中国行业发展数据库

以中国国民经济行业分类为依据，跟踪分析国民经济各行业市场运行状况和政策导向，提供行业发展最前沿的资讯，为用户投资、从业及各种经济决策提供理论基础和实践指导。内容涵盖农业，能源与矿产业，交通运输业，制造业，金融业，房地产业，租赁和商务服务业，科学研究环境和公共设施管理，居民服务业，教育，卫生和社会保障，文化、体育和娱乐业等 100 余个行业。

中国区域发展数据库

以特定区域内的经济、社会、文化、法治、资源环境等领域的现状与发展情况进行分析和预测。涵盖中部、西部、东北、西北等地区，长三角珠三角、黄三角、京津冀、环渤海、合肥经济圈、长株潭城市群、关中-天水经济区、海峡经济区等区域经济体和城市圈，北京、上海、浙江、河南、陕西等 34 个省份及中国台湾地区。

中国文化传媒数据库

包括文化事业、文化产业、宗教、群众文化、图书馆事业、博物馆事业档案事业、语言文字、文学、历史地理、新闻传播、广播电视、出版事业、艺术、电影、娱乐等多个子库。

世界经济与国际政治数据库

以皮书系列中涉及世界经济与国际政治的研究成果为基础，全面整合国内外有关世界经济与国际政治的统计数据、深度分析报告、专家解读和热点资讯构建而成的专业学术数据库。包括世界经济、世界政治、世界文化、国际社会、国际关系、国际组织、区域发展、国别发展等多个子库